샤머니즘의 사상

샤머니즘사상연구회 학술총서 1

샤머니즘의 사상

초판1쇄 발행 ｜ 2013년 3월 23일

엮은이 샤머니즘사상연구회   펴낸이 홍기원

주간 박호원
총괄 홍종화
디자인 정춘경 · 김정하
편집 오경희 · 조정화 · 오성현 · 신나래 · 정고은 · 김민영
관리 박정대 · 최기엽

펴낸곳 민속원   출판등록 제18-1호
주소 서울 마포구 대흥동 337-25   전화 02) 804-3320, 805-3320, 806-3320(代)   팩스 02) 802-3346
이메일 minsok1@chollian.net   홈페이지 www.minsokwon.com

ISBN 978-89-285-0437-4
S E T 978-89-285-0431-2   94380

샤머니즘
사상연구회
학술총서
1

샤머니즘의 사상

| 양종승 책임편집 |

민속원

샤머니즘사상연구회 창립에 부쳐

샤머니즘은 인류의 종교 및 문화의 모태가 됨은 물론 오늘날도 현대인의 종교문화이자 생활문화의 하나로서 우리 주변에 있다. 그럼에도 우리는 샤머니즘에 대한 오해가 많다. 샤머니즘에 무슨 사상이 있는가. 원시적이다. 과거의 유물이다. 혹세무민하는 것이다 등 곡해나 무지가 많다. 따라서 샤머니즘을 제대로 인식하고 정립시키려 한다면 샤머니즘의 사상이 규명되어야 한다. 샤머니즘이 내포하고 있는 보편적 사상이야 말로 샤머니즘의 가치를 제대로 인식시켜 줄 수 있기 때문이다.

그동안 샤머니즘에 대한 연구는 의례에 대한 관찰을 중심으로 한 텍스트에 관심이 집중되었다. 한국 무속연구에 있어서도 그 자체에 대한 규명보다는 분과학문의 소재주의식 연구가 대다수를 차지하였으며 그러다 보니 샤머니즘의 본질이나 사상에 대한 탐구는 제대로 조명 받지 못했다.

샤머니즘사상연구회는 철학, 윤리학, 교육학, 종교학, 역사학, 민속학, 인류학 등의 학문분야에서 샤머니즘 사상에 관심을 가진 연구자들이 모여 전문적인 사상연구를 목표로 한다. 이를 통해 궁극적으로는 유불도에 버금가는 샤머니즘 사상을 정립하여 한국사상사의 한축을 쌓아 그 위상을 강화하고 샤머니즘의 본질규명에 이바지하고자 한다. 구체적인 학술연구는 신神에 관한 논의(巫俗神學), 무속에서 관찰되는 윤리적, 철학적 문제, 무속의 사상적 구조나 논리 등 이른바 사상전반을 다루게 된다. 이러한 취지를 가지고 앞으로 샤머니즘사상연구회는 단순한 문화적 접근을 넘어 샤머니즘 그 자체에 대한 깊이 있는 탐구에 진력하며 샤머니즘 연구의 새로운 동력으로 한 축을 담당하고자 한다.

본 학술서는 샤머니즘사상연구회의 창립 멤버인 연구위원들의 글을 한 자리에 모은 것이다. 연구회가 창립되고 이제 첫해를 보내고 있다. 연구회 차원에서 보면 아직 샤머니즘 사상에 대한 연구가 무르익지 않은 상황이긴 하나 그동안 한 길을 묵묵히 걸어오면서 다진 연구위원들의 샤머니즘에 대한 이해는 결코 가볍지 않다. 샤머니즘 사상에 대한 연구와 그것을 통한 학술적 성과는 차후 괄목할 만한 양질로 산출될 것이다. 이러한 장기적인 목표를 가지고 본 학술서는 그동안 연구위원들이 발표했거나 아니면 새로 쓴 글들을 묶어 샤머니즘 이해를 증진시키는 데 기여하고자 한다.

본 학술서를 통해서 독자들은 한국을 비롯하여 대만, 몽골, 시베리아 등의 샤머니즘을 특정한 주제에 맞추어 보다 깊이 있게 이해할 수 있는 장을 만날 수 있다. 이러한 가운데서 보여지는 사상적 측면들은 어떤 것들이 있는가를 찾아보려고 하였다. 그리고 그 사상적 측면들을 심화시키고 전문화하는 과정에서 샤머니즘 사상 연구는 한층 발전되어 갈 것이라 생각한다. 이제 본 학술서에 소개된 논문을 해제해 본다.

양종승의 「샤머니즘의 본질과 내세관 그리고 샤먼 유산들」은 샤머니즘 본질을 비롯하여 죽음, 제물, 쇠붙이 및 짐승가죽, 신어 그리고 샤머니즘의 조사 및 연구 접근에 대한 글이다. 샤머니즘은 인간 생명과의 연관 선상에서 생성되고 지속 발전되어 왔기에 인류사 관점에서 이 논제를 다루었다. 샤머니즘이 신앙적 체계를 확립할 수 있었던 것도 곧 (1) 인간 탄생과 (2) 삶으로의 영위 그리고 (3) 죽음 및 (4) 사후 신격으로의 부활 등과 같은 삶의 제반 문제들과 직간접적으로 얽혀 있기 때문이다. 그래서 샤머니즘 속에서는 (1) 태어나는 것, (2) 사는 것, (3) 죽는 것, (4) 부활하는 것 등이 인간사와 관련되어 작용되고 이것들은 의례행위를 통해 적절히 표현되고 응용된다고 보았다. 그러면서 샤머니즘 신앙 속에서는 인간으로 생명을 제공받게 된 자에 대한 (1) 뼈, (2) 살, (3) 피, (4) 머리카락 등으로 구성된 유형의 육체적 형태와 그 속에 담겨져 있는 (1) 영, (2) 혼, (3) 넋, (4) 숨 등으로 구성된 무형의 정신적 모습들을 다루면서 조절하고 통제하게 되는 것이다.

샤머니즘 속에서는 죽은 자가 산자들에 대한 지배권을 갖고 있기 때문에 산자들의 사고에는 죽은 영혼들이 불멸하여 영생한다는 믿음이 전개되어 죽은 자가 어떠한 형태로든 산자들 삶에 관여하게 된다고 믿는다. 이를테면, 산자의 삶 속에서 좋지 못한 해를 입거나 반대로 이로운 재복을 얻게 되면 이는 죽은 자의 영혼과 관련 있다고 생각하는 경우가 그것이다. 그러므로 사람들은 죽은 자의 영혼을 보살피지 않으면 해로움이 다가온다고 믿고 이를 극진히 대우하게 된다. 고로 샤머니즘 신앙관에서의 산자는 죽은 자를 봉양해야 하고 죽은 자 또한 산 자의 현실적 조건을 증진시키는 기능을 가지고 있음을 알게 한다. 이러한 구조하에서 쇠붙이, 짐승가죽 그리고 샤먼 접신으로 인한 신어 사용 등은 주요하게 기능한다. 이와같은 샤머니즘 학술 연구는 19세기를 마감하고 20세기의 새로운 학문적 도약을 위한 새로운 길목에서 본격화되었다. 특히 사회주의와 자본주의 사상가들에 의해 동시적으로 시작되어진 샤머니즘 연구는 활자나 문서로 기록되어 남아있는 자료들을 기초삼아 문헌고증학적으로 여러 각도로 접근되었다. 그런데 사회주의에서의 샤머니즘 연구에서는 신앙체계 자체가 사회도덕과 윤리를 저해하는 일종의 미신적 잔재라는 부정적 견해를 낳았다. 자본주의 구조와 제도의 모순과 과오를 극복하기 위해 제도화한 사회주의 사상과 철학 그리고 정치는 사유 재산권을 박탈하고 경제 및 상업적 생산 수단을 동일화하는 것이었음은 주지의 사실이다. 이러한 사회 및 경제 구조 위에서의 샤머니즘이란 그동안 사회주의적으로 점철되어진 철학과 사상의 실천에 부합되지 않는 이른바 비논리적이고 비이성적인 것이라는 연구 결과를 내놓게 된 것이다. 동양에서의 샤머니즘은 동양 제문화권이 갖고 있는 대단히 민족적인 신화 및 설화를 분석함으로써 그 진실을 알게 한다. 이와 더불어 동양에서는 또한 영적 존재에 대한 인식체계가 오래전부터 긍정적으로 받아들여진 전통이 있다. 이러한 부분은 오랜 시간을 거쳐 여러 곳곳에서 전승 발전되어진 역사성을 갖고 있는 유·무형적 문화와 맞물려 있고 영적 존재와 더불어 발전된 특정한 민족적 정서가 있다. 뿐만 아니라 영적 세계에서 발휘되는 다양한 신빙성이 받아들여지고 그것은 종교의 기원과 신앙의 기초가 된다는 진실을 왜곡하지 않아 왔음도 중요한 부분이라 할 수 있다.

박일영의 「클라크의 샤머니즘 연구」는 클라크의 저술을 번역한 글이다. 초기 서양 선교사들의 한국 샤머니즘 연구는 클라크(Charles-Allen Clark, 1878~1961)에 이르러 그 절정에 달했다고 할 수 있다. 미국 북장로회 소속 선교사로 평양 장로회 신학교 교수를 지낸 그는 『오래된 한국의 종교』[1]라는 책을 1929년에 출판하였다. 미국의 프린스턴 신학교(Princeton Theological Seminary)에서 행한 1921년의 강연 원고를 다시 정리하여 내어놓은 저술이다. 헐버트나 언더우드의 연구 결과를 재정리하면서 자신의 현지 경험과 견해를 덧붙이는 형태를 띠고 있다. 전체적으로 그리스도교를 가치 판단의 절대 기준으로 삼아 당시의 일방적인 선교 이해에 근거하여 집필된 만큼, 한국 고유종교에 대한 인식에는 상당한 한계가 있다. 한국의 불교, 유교, 천도교, 샤머니즘 등에 대하여 논하고 있는데, 샤머니즘은 이 책의 제 4장

1_ Ch. A. Clark, *Religions of Old Korea*, New York : Fleming H. Revell, 1932(초판 : 1929).

에서 서술하고 있다. 개략적인 내용은 다음과 같다.

한국의 샤머니즘은 시베리아 샤머니즘과의 접촉으로 이루어졌다. 그리고 시베리아 샤머니즘의 특징은 자동최면(auto-hypnotism)과 황홀경을 통한 인격전환(a state of trance or alternate personality)[2]의 요소이다. 그래서 남자 무당이 굿을 할 때에 여자 옷을 입으며, 이 점은 시베리아 샤만이 행하는 성의 교환과 공통된다. 샤만의 호칭도 시베리아 제민족의 명칭과 유사하다. 한국에서 무당이라는 명칭은 시베리아나 몽골의 우다간(utagan)을 한자로 표기하기 위하여 약간 변형된 것이다.

시베리아 샤만의 제의가 밤에 이루어지듯이, 무당굿도 주로 밤에 거행된다. 시베리아 샤머니즘의 제의에 북과 춤이 빠지지 않듯이, 한국 샤머니즘도 그렇다. 한국 샤만의 유형으로는 무당, 박수, 판수, 지관地官, 일관日官이 있다. 그 중에서 무당과 박수가 시베리아 샤만과 직결되며 나머지는 중국의 영향으로 생겨난 변형이다. 그밖에도 클라크는 무당의 소명과 수련과정, 굿의 구조와 종류, 민간신앙의 신령들의 종류를 체계적으로 분류하였다.

그는 그리스도교 신론과의 비교적인 관점에서 샤머니즘의 신관에도 관심을 기울였다. 한국에서는 하늘을 신으로 보고 있는데, 그 신[天神]은 그리스도교의 유일신과는 다르나, 한국인의 하늘은 단순한 자연적 하늘은 아니고 인격적인 요소가 들어있다고 보았다.[3] 한국인이 신으로 여기는 하늘은 자연의 귀신들과는 전적으로 다른 존재임을 말한다. 애초에 하느님은 지고신이었다가 차차 '한가한 신(Deus Otiosus)'이 되었다고 본 것이다. 한국인의 하느님관은 단군의 이야기에 그 흔적이 남아있듯이, 하느님은 희미하게 이

2_ Ibid., p.173.
3_ Ibid., pp.116~117.

름만 남아 샤머니즘 만신전(shamanistic pantheon)의 우두머리가 되고 말았다는 것이다.[4]

결론적으로 클라크는 한국 샤머니즘의 특성을 이렇게 짚고 있다. 한국의 샤머니즘에는 지고신의 개념이 없으며, 윤리의식과 죄의 개념이 빠져 있으며, 그러면서도 영혼의 불멸성은 믿고 있다는 것이다.[5] 이러한 특징을 지니는 한국 샤머니즘은 좀처럼 소멸되기가 쉽지 않을 것이나, "이 은자의 나라를 위하여서는 가능한 한 그 시간이 빨리 오기를 희망한다"[6]고 말한다. 클라크의 이 글은 많은 논란거리를 제공하지만, 1세기 전 이 땅에 진출한 서양 선교사의 눈에 비친 한국의 샤머니즘을 알아볼 수 있는 자료적 가치를 가지고 있는 문헌이다. 한국의 샤머니즘에 관심을 갖는 국내외 학자들이 빼놓지 않고 거론하는 문서이기도 하다. 아직 한국어로 그 전문이 번역 소개되어 있지 않기에 이번 기회를 빌려 소개하는 것이다.

박환영의 「몽골 샤머니즘과 동물상징」은 정령숭배(animism), 토테미즘 totemism 그리고 유목적인 우주관을 반영하고 있는 몽골 샤머니즘 속에 내재되어 있는 동물상징을 세밀하게 분석하고 있다. 몽골의 샤머니즘에 나타나는 동물상징은 몽골인들이 가지고 있는 자연관이나 믿음세계 그리고 설화와 같은 몽골의 민속문학 속에도 잘 투영되어 있다. 몽골의 샤머니즘과 관련해서 보면 대지와 물의 수호신인 로스-사브다크Lus-Savdag가 동물의 모습으로 나타나기도 하며, 늑대와 독수리 그리고 곰을 대상으로 하는 몽골의 토템신앙이 샤머니즘 속에 혼재되어 들어있기도 하다. 또한 몽골 샤머니즘에서는 뱀의 상징이 중요하게 다루어지는데, 불교의 영향으로 조금 약화는 되었지

4_ Ibid., pp.196~197.
5_ Ibid., p.217.
6_ Ibid., p.219.

만 민간에서는 여전히 뱀과 관련된 다양한 속신俗信이 전해져 내려오고 있다. 한편 샤먼이 입는 무복巫服의 소매에 새 날개 모양의 장식을 달아서 굿을 하게 되면 샤먼이 새처럼 날 수 있다고 믿기도 하며, 무복과 무구巫具에도 많은 동물이 상징화 되어 있어서 몽골 샤머니즘은 동물과 많은 연관성을 가지고 있다. 또한 몽골 샤머니즘은 몽골의 설화 속에서도 쉽게 찾아볼 수 있다. 즉 몽골의 설화는 몽골 최초의 여자샤먼과 관련한 솔개의 이야기와 불교의 영향으로 세속화된 샤먼을 비꼬는 이야기, 그리고 독수리로 변한 샤먼의 이야기를 통하여 어떻게 샤먼이 몽골에서 생겨났으며, 불교의 영향으로 조금의 변화를 가졌지만 여전히 샤먼은 샤먼으로서 의무와 책임감을 가지고 있음을 잘 묘사해 주고 있다. 이러한 논의를 통하여 몽골의 샤머니즘이 가지는 정령숭배(animism)와 토테미즘totemism적인 요소를 비롯하여 옹고드, 무복巫服, 무구巫具에 숨어있는 동물상징 그리고 설화 속에 투영되어 있는 동물상징이 가지는 민속학적인 의미를 명확하게 밝히고 있다.

상기숙의 「대만 샤머니즘 연구의 흐름과 동향」은 한족과 원주민으로 대별하여 대만 샤머니즘 연구의 흐름과 동향을 고찰한 글이다. 연구목적은 당대 대만의 샤머니즘 연구개황 및 동계와 갈마란족 여무사를 고찰하여 대만의 민간신앙인 샤머니즘의 단면을 이해하는데 있다. 대만의 샤머니즘은 중화권인 중국, 한자권인 한국과 역사적·지리적·사상적 차이로 변별력이 있을 터 이들의 비교연구는 장래과제로 남긴다. 본고는 대만의 샤머니즘 연구개황과 함께 한족은 동계를 중심으로, 원주민은 갈마란족의 여무사를 중심으로 논의한다.

한족 샤머니즘에 대한 연구는 대학 및 연구소의 제 학문 분야에서 이루어지며 최근 〈대만중앙연구원〉 민족학연구소의 〈민중종교연구군〉에서 지속적인 연구 성과가 발표되고 있다. 야외 현장조사를 바탕으로 무술신앙·의식행위·신령사회·신의 종류와 내용 및 신격·공능·귀신신앙·무술활동·묘우·제전·신격 비교 등 광범위한 내용을 총망라한다. 반면 원주민 샤머니즘에 대한 연구는 〈당대 정경 중의 무사와 의식 공연 연구군〉을 중심으로 이루어진다. 내용은 무사의 정의와 비교 의제의 재사고; 현대 사회 속의 신 무사의 발전; 무사의 보편 동일성과 진화적 심리학; 충돌·침략, 우주관과 서로 연결된 무사활동; 무사 의식언어, 특별히 음창언어의 변형과 반사의 분석 등이다. 연구진은 주로 대만 한족의 중·신진 학자들이며 더러 원주민 출신도 포함된다. 한편 원주민에 대한 민간신앙 연구의 일환으로 일거시기 대만총독부와 일인학자에 의한 조사보고서 및 문헌·논문에 대한 번역과 정리 작업 또한 활발하다. 대만 한족의 샤머니즘은 유불도 삼교가 혼재하며 주로 무사 개인의 신단이나 묘우를 중심으로 나타난다. 묘우의 공능은 신앙의 중심지로 신을 제배하고 봉사하는 장소이며, 신의 초자연력을 빌려 세인을 위해 봉사함이다. 민중의 각종 곤란을 해결하고 현실 생활의 구체적인 이익과 화해를 구하는 한편 전통신앙·윤리도덕을 계승한다. 제신의 주요 목적은 신에게 문복하고 기도하는 것이다. 신과 소통하는 방법은 개인이 문복하거나 제3자(중개인)를 통한다. 특히 도교적 성격이 강하며 신령과 소통하는 샤먼을 무사·동계·도사·법사·술사·점복사·산명가 등으로 혼칭한다. 이들은 빙의되거나 도구를 통해 신의 계시를 받는 한편 『주역』을 풀어 복괘한다. 동계의 다양한 법술은 치병과 액막이를 주요 내용으로 부녀자의 순산, 갓난아이의 무병장수 등을 기원하고 기복구사 한다. 한편 신탁받은 자로서 불 위를 걷거나 신체에 물리적인 타격을 가해 영험함을 드러내 보인다.

대만 원주민의 하나인 갈마란족의 샤머니즘 의식은 여무사가 주도하며 내용은 주로 농업과 관련있다. 무사(Mtiu)가 될 여자아이는 치유할 수 없는 지병을 앓는데 성무례를 거쳐 비로소 건강을 회복한다. 선택된 무사는 일종의 숙명으로 벗어날 수 없다. 이는 우리나라의 강신무가 무병을 얻어 내림굿을 받아 무로 입문하는 과정과 매우 유사하다. 자격은 반드시 약 10세에서 18세 여자아이로 미혼이어야 한다. 선택받는 방식은 꿈을 통해 신령, 갓난아이 귀신, 이미 죽은 여자 조상이나 무사 등이 나타나며 이들 쌍방은 초자연적 모계전승 관계를 맺는다. 그 외 노무사나 다른 집안의 모계 쪽 무사가 점을 쳐서 결정한다. 그러나 갈마란족은 최후의 결정권은 다른 세계에 존재하는 여신에게 있으며, 여신은 부를 가져온다고 믿는다. 무사의 선택에 있어 가계 간의 공동체 의식과 경쟁이 존재한다. 여신의 대리인인 무사는 치병기복 의식을 거행하여 부락의 생명력을 지속시키며 외경심의 대상으로 위상이 높다. 반면 한족의 동계는 대만 사회에서 비교적 존중받지 못해 시사하는 바가 크다.

　이건욱의 「시베리아 민족들의 동물에 대한 관념과 상징」은 시베리아 원주민들의 동물에 대한 관념과 상징을 소개한 글이다. 샤머니즘은 주변 자연환경과 밀접한 관계를 지닌다. 특히 인간과 오랜 세월을 같이 해 온 동물들은 샤머니즘뿐만 아니라 인간의 모든 삶의 요소와 관계를 맺고 있다. 시베리아에도 많은 동물들이 원주민들과 수 세대를 거쳐 함께 살고 있다. 원주민들은 동물들의 생태적 특징을 주의 깊게 들여다보았고, 여기에 따른 관념과 상징을 만들었다. 이 글에서는 신화와 종교관에 등장하는 동물들을 중심으로 정리를 하였다. 창세신화 및 샤머니즘과 관련된 각종 구비전승 자료와 필자가 직접 조사해 얻은 자료들을 중심으로 글을 엮었다. 인문학에서의 각종 이론들이 사람의 삶과 정신에 도움이 되지 않는다면, 인문학을 하는 사람들만의 리그가 될 뿐이다. 필자는 시간이 갈수록 인간의 본질에 접근하기보다 이론과 형식을 중요시하는 그들을 위해 이 글을 쓰지 않았다. 긴긴 시간을 날개와 또는 네 다리로 인간과 함께 달려 온 동물들과 그들을 보고 고단한 삶 속에서 상상력을 끌어낼 수밖에 없었던 우리 옛사람들의 마음을 소개하고 싶은 마음으로 썼다. 또한 필자는 "시베리아 샤머니즘의 특징은 아마도 자연과 더불어 관념 지어졌던 우리의 태고적 종교관을 그대로 담고 있다는 것이 아닌지. 이 지역과 사람들 그리고 샤머니즘을 연구하면서 우리 주변에 늘 있던 자연에 대해 다시 보게 되었다."고 한다.

김덕묵의 「무속의례에서 놀이의 생성－굿의 구성원리로 본 신놀이」는 굿을 놀이의 본체로서 보고 굿에서 놀이가 '만들어지는 과정'에 주목하였다. 김덕묵은 신놀이는 굿의 구성원리이자 본질이며 놀이가 생성되는 법칙이라고 보고 굿의 구조는 다양한 신격의 노는 과정이 반복되어 굿거리의 시공간을 시계열적으로 배열하고 있으며, 그것을 여러 개의 群(거리)으로 묶음에 따라 하나의 굿이 형성된다고 보았다. 그는 굿의 구조를 심층적으로 분석하며 종교현상학적으로 굿의 본질을 보고자 하였고 그 결과, 굿은 신이 노는 놀이이며 그것은 굿에서 놀이가 생성되는 원리라고 보았다. 또한 그는 신놀이의 내용을 고찰하며 굿을 보다 분석적으로 이해할 수 있는 시야를 제공하고자 하였다. 그의 연구에 의하면 신놀이의 내용은 등장신격에 대한 정보의 총합인 신화이며 이것은 일상적 모습으로 함축될 수 있다고 보았다. 따라서 신놀이의 표현행위는 신화의 재현인 동시에 곧, 일상의 재현이라고 볼 수 있고 이 문법 위에 등장신격은 신화를 알리는 상징기호를 발화하며 새로운 이야기를 만들어낸다고 보았다.

"신놀이는 이러한 무속의 체계를 설명하는 논리로서 만물은 곧, 놀고 싶은 욕망을 가진 것으로 놀려주어야 한다는 사고가 내재되어 있고 굿은 이러한 신놀이를 위한 장치이다. 만물의 원초적 놀이본능과 그러한 성질을 중시여기는 무속적 인식이 신놀이를 가능케 하며 그것은 무속의 놀이개념을 함축하고 있다(본문 중에서)." 이 글에서 알 수 있듯이 그는 무속의례의 본질로서 신놀이를 설명하고 그 신놀이에는 만물의 원초적인 놀이본능을 중시여기는 무속적 사유체계, 즉 그러한 무속사상이 내포되어 있다고 보았다. 그는 이러한 무속사상을 신놀이의 논리로 설명하며 해석학적 현상학으로 유명한 하이데거의 존재론적 노선에 있는 놀이 사유와 견주어보았다. 또한 그는 신놀이에는 신명이 작용하며 그것은 신놀이를 만드는 원초적인 힘이며 한국인의 기질 속에 작용하는 신바람과 동일한 맥락에서 보고자 하였다. 김덕묵의 연구는 무속의례에서 보여지는 보편적인 구조와 원리, 내용과 사상 등을 신놀이라는 소재를 통해서 파악해 보고자 하였다. 또한 그는 굿에 대한 소재주의식 놀이연구에서 오는 한계를 일정부분 비판하며 보다 본질적인 입장에서 굿의 놀이를 보고자 하였다.

김동규의 「한국무속의 다원성: 학적 담론과 무당의 정체성 형성 사이의 '루핑 이펙트(looping effects)'」는 현대 한국 사회에서 목격되는 무속의 다양한 현실을 이해하기 위한 하나의 시도로써, 무속을 단일한 실재(a single unity)로 보기보다는 다원성(plurality)의 틀로 이해하고자 하는 노력의 산물이다. 한국 무당의 이미지는 한편으로는 민족문화의 전승자로서 혹은 전통종교의 사제로서 그려지기도 하며, 또 다른 한편으로는 여전히 미신업자 혹은 사기꾼 등으로 한국인의 일상적 의식에 각인되어 있다. 필자는 이러한 역설적인 무속 현실을 한국의 근대 지성사를 연관시켜 이해한다. 그리고 이러한 관련이 가능한 이론적인 배경으로써, 분류행위와 분류된 대상 사이의 역동적인 상호관계를 설명하고자 고안된 이안 해킹의 "루핑 이펙트"라는 개념을 소개한다. 아울러, 필자는 인터뷰와 현지조사를 통해 본문에서 두 명의 한국 무당을 소개하고 있는데, 다니와 무운이라는 두 명의 한국 무당들이 학적 담론들을 전유하면서 무당으로서 자신들의 삶에 어떤 의미를 부여하며, 자신들의 정체성을 확해 나가는지를 분석한다. 한편, 필자는 무당이 학적담론을 전유하는 방식이 권력의 일방적인 수용이 아니라, 무당소비자로서의 또 다른 형태의 생산이 이루어지고 있음을 지적하고 있는데, 이는 최근의 문화연구의 한 시각을 보여주고 있는 것이기도 하다. 이러한 필자의 문제의식과 접근 방법은, 그것이 긍정적인 것이든 혹은 부정적인 것이든 한국 무속의 다양한 현실들을 이해할 수 있는 하나의 해석틀을 제공하고 있다는 점에서 그 의미를 찾을 수 있겠다.

목진호의 「경기 도당굿 '화랭이' 개념에 관한 문화기술지 연구」는 경기 지역의 세습무부에 관한 내용을 다루고 있다. 불과 1970년대까지만 해도 일반시민들은 세습무부를 일컬어 '화랭이'라고 불렀다. 이들은 토착종교인 무巫의 사제자였고, 기예를 펼치는 연희자인 동시에 악기를 연주하는 악사이기도 했다. 그들을 샤먼shaman이라고 말하기에는 조금 낯설다. 아직까지도 국내의 무녀巫女와 무부巫夫를 샤먼의 일종으로 해석하는 시각에도 다양한 견해가 뒤따르기 때문이다.

샤머니즘을 샤먼중심의 신앙체계로 볼 것인지, 또는 샤먼과 연결된 공동체의 신앙체계로 볼 것인지에 관한 논의는 샤머니즘을 이해하는데 상보적인 유익함을 가져다준다. 그러한 견지에서 경기 지역 '화랭이'에 관한 이 연구는 샤먼과 지역공동체의 관계성을 드러내는 데 다양한 시사점을 던져주고 있다. 즉, '화랭이' 당사자들이 지역공동체 안에서 어떤 경험을 했는지, 그들의 기능과 역할은 무엇인지, 이글은 네 가지 분석틀을 사용하여 고찰하고 있다.

이글에서 밝힌 주된 내용은 세습 무부들의 소멸된 이유를 사회적 상황에서 찾고자 했다는 점이다. 해방 전후의 상황을 드러내는 '화랭이'라는 용어는 토착종교인에 대한 사회적 천대의 단편을 드러낸 것이며, 오늘날 학계에까지 널리 사용되는 용어라고 저자는 밝히고 있다.

2013년 봄
샤머니즘사상연구회 연구위원 일동

한국사례

총론

샤머니즘 본질과 내세관 그리고 샤먼유산들 ‖ 양종승

샤머니즘 본질과 내세관
그리고 샤먼유산들

양종승
샤머니즘박물관 관장

1. 샤머니즘의 본질

샤머니즘 연구에서 선구적 업적을 낸 유럽의 샤먼학자들은 지구상의 샤먼 문화를 북방권 시베리아 샤머니즘과 남방권 히말라야 샤머니즘 두 축으로 구분하여 접근한다. 그리고 두 영역 사이에 끼어 있는 한국을 비롯한 몽골, 중국, 일본, 동남아시아 등의 국가들이 양자로부터 영향을 주고받았거나 교류 매개체로서 역할을 해 왔다고 생각한다. 그러면서 두 축에서 시작된 샤먼 문화는 인류 문화의 창조와 지배 그리고 발전과 전승을 총체적으로 아우르고 있는 이른바 역사, 종교, 문화, 사회의 총체적 시원이라고 말한다. 그러면서 샤머니즘이 삼라만상을 지배해 온 신앙체계라고 한다면 여기에는 우주 만물의 창조와 진화는 물론이고 전파와 답습 그리고 현존하는 이유 및 그 실체가 있기 때문에 이를 탐구하는 것은 곧 인류문화의 총체를 알아보는 것이라 할 수 있을 만큼 연구의 폭은 넓다. 연구자들은 또한 샤머니즘 현재 진행형의 신앙이며 또한 종교체계로서 인류문화의 전승과 발전을 도모하고 있다고 주장하기도 한다. 뿐만 아니라 샤머니즘 총체는 주술적 힘에 쌓여 있어서 초자연적 존재와의 소통으로 얻어진 영감이 인간 삶에 응용될 때에 비로소 그 가치를 인정받는다는 관념을 논리화하기 위해 많은 시간을 투자해 왔다. 그뿐만 아니라 연구자들은 샤먼들이 초자연적 영역에 담겨 있는 신격 존재와의 통신은 물론이고 그 영적 현세로 힘을 끌어내어 인간 삶에 응용할 수 있는 자로서의 정체를 유지하는 데 힘을 보태기 위해 노력해 왔다.

샤머니즘 조사와 연구 업적에서 빼놓을 수 없는 논저 『Shamanism - Archaic Techniques of Ecstasy』는 수많은 동서 연구자들에게 샤머니즘 연구의 중요성을 안겨주는 동시에 이 분야 연구활동에 자극제 역할을 하였다. 뿐만 아니라 이 책은 샤먼 의례에 대한 현장 조사의 중요성을 더욱 촉진시키는데 일조하기도 하였다. 『Shamanism - Archaic Techniques of Ecstasy』 저자 미르체아 엘리아데Mircea Eliade(1907~1986)는 루마니아에 태어나 근대 철학과 비교종교학을 동시에 섭렵한 당대 최고 학자였다. 엘리아데는 자신의 연구활동 동안 지구의 많은 문화권에 널리 펴져 있는 각 민족 또는 종족의 신앙과 종교를 폭넓게 조사하고 연구하는데 전념하였다. 그리고 이에 대한 구체적 형태와 중요성을 자신의 논저를 통해 강조하였다. 그러면서 엘리아데는 또한 여러 조사자 또는 연구자들이 각국의 샤머니즘 사례에 대해 발표하였거나 언급하였던 내용을 취합하여 이들 자료들을 비교함은 물론이고 지역적 또는 형태적 특성을 밝혀내는 데 오랜 시간을 투자하였다. 그러한 노력 끝에 샤머니즘 연구에 있어서 백과사전이나 다를 바 없는 수준 높은 『Shamanism - Archaic Techniques of Ecstasy』를 출간하게 된 것이다. 특히 엘리아데는 시베리아 샤머니즘에 대한 폭넓은 안목을 통해 이 지역 샤머니즘 구조는 물론 기능과 형태 그리고 역사성을 고찰함으로써 시베리아 지역의 샤머니즘 연구 지평을 넓히는 데 크게 기여하기도 하였다. 이제 이 책은 샤머니즘 분야에 조금이라도 관심을 갖고 있는 연구자라면 읽지 않을 수 없을 정도로 각광받는 책이 된 것이다.

엘리아데는 자신의 저서를 통해 샤머니즘은 "고대로부터 있는 엑스터시 Ecstasy의 기술"이라고 규정하고 있다. 샤먼 영혼이 몸 밖으로 이탈되어 신령과의 접촉을 통해 엑스터시 현상이 일어난다고 보았으며 이러한 영적 현상이 '샤머니즘 본질'이라는 것이다. 엘리아데 논리로 보면 '엑스터시' 그 자체는 샤머니즘을 이해하는 데 핵심적 역할을 하고 있다. 그리고 엑스터시 상태에 돌입하기 위해서는 샤먼이라는 직능 자가 특정 기술을 발휘해서 자신의 영혼을 밖으로 내보내게 된다는 것이다. 이러한 엘리아데 견해는 원시종교학, 언어학, 인류학, 민족학 등의 다양한 연구에서 큰 두각을 나타냈던 오스트리아 출신 슈미트Schmidt Wilhelm(1868~1954)의 논리에 반하여 주목된다. 슈미트는 엘리아데와는 반대로 신령이 샤먼 몸으로 들어와 강신되는 것이 샤머니즘 본질이라고 규정한 바 있기 때문이다. 그런데 엘리아데와 슈미트의 두 개 논리를 종합하여 보면 샤머니즘에서의 엑스터시 현상을 갖게 하는 것은 크게 두 형태로 구분될 수 있다. 하나는 샤먼 자신의 영혼이 신체 밖으로 나가서 하늘이나 지하세계 또는 여러 지역의 곳곳을 여행하면서 신령과 접촉되어지는 이른바 '탈혼접신형'이다. 또 다른 하나는 신령이 샤먼 몸으로 강신되어져 엑스터시가 생성되는 이른바 '강신접신형'이다. 전자는 샤먼 영혼이 신령을 만나러 몸 밖으로 나가는 것이고 후자는 신령이 샤먼 영혼과 만나기 위해 찾아온다는 것이다. 그런데 이러한 엑스터시 현상을 불러일으킬 수 있는 자는 오로지 엑스터시의 진입 방법을 터득하고 있는 샤먼이어야만 한다는 점이다. 샤먼은 입무 과정에서 엑스터시 진입에 관한 특정 기술을 터득하게 됨은 주지의 사실이다. 그렇다면 여기서 주목할 것은 '탈혼접신형'이든 '강신접신형'이든 샤먼 영혼이 신령과 접촉되는 목적은 동일함을 알 수 있다. 다만 이 두 개의 형태는 엑스터시 접촉을 위한 방법일 뿐이다. 따라서 탈혼접신형 또는 강신접신형은 샤머니즘 본질이 아니라 샤머니즘 본질을 이해하기 위해 마련되어야 하는 엑스터시로의 진입 방식일 뿐이다. 그렇다면 무엇이 샤머니즘 본질인가 하는 것이다. 이에 대한 해답은 지금까지 지구상 수많은 샤먼 문화권의 현지조사 및 연구에서 얻어진 결과물을 통해 알 수 있다. 샤머니즘 본질이란 샤먼의 엑스터시 진입 후 영령靈의 세계에서 이루어지는 "영적 활동"을 말하고 있다. 이것은 무한정의 시간과 공간 속에서 생성되는 우주 구조론과 맞물려 있다. 즉 샤먼이 신령과의 접촉에서 펼쳐지는 삼계관三界觀 – 하늘천상계, 땅지상계, 바다지하계의 형태·기능·상징이 인간 삶을 대상으로 응용되어지는 구조론이 곧 샤머니즘 본질이라고 할 수 있는 것이다. 따라서 샤머니즘 본질을 파악하는 것은 영령靈 영역을 올바르게 인식하는 것으로부터 시작된다. 이는 신성하고 완전한 생명의 뜻과 질서에 의해 구축된 무위자연無爲自然의 형이상적 세계관을 말하고 있기 때문이다.

엑스터시Ecstasy 상태는 샤먼이 영적 존재인 신령과의 접신을 통해 생성되어지는 영령靈의 차원으로 구축되어진 무아경의 세계이다. 그렇기 때문에 엑스터시 상태에서의 샤먼 언어와 행동은 평상시와는 판이하게 다른 신이한 신어神語, 괴이한 몸짓, 신비한 행동 등의 불가사의적 맥락으로 일관된다. 샤먼은 시공 초월 속에서 이루어지는 인간세계와 영적세계의 왕래자로서 그리고 두 공간의 매개자로서 양쪽 세계를 설명하고 표명하는 처지가 된다. 이러한 엑스터시 현상에서 야기되는 수많은 영적인 상징적 언어와 행동거지는 지구상 수많은 신앙과 종교 현상에서 나타나는 것과는 확연히 구별되는 것이며 이러한 임무를 수행하는 자는 오로지 엑스터시 돌입의 기술을 터득하고 있는 샤먼shaman이어야만 가능하다는 것이다. 여기서 우리가 주목할 것은 샤먼이란 존재는 이와 같은 초자연적 존재와의 접촉을 위해 엑스터시 현상으로의 돌입을 위한 기술을 소유하고 있다는 것이다. 그리고 이와 같이 샤먼이 갖고 있는 기술은 지구 곳곳의 여러 문화권에 존재하는 수많은 샤머니즘 현상에서 동일하게 조사되어져있다.

2. 샤머니즘과 죽음

샤머니즘은 인간 생명과의 연관 선상에서 생성되고 지속 발전되어 왔기에 인류사 관점에서 이 논제를 다루는 것은 당연한 것이다. 샤머니즘이 신앙적 체계를 세울 수 있었던 것도 곧 (1) 인간 탄생과 (2) 삶으로의 영위 그리고 (3) 죽음 및 (4) 사후 신격으로의 부활 등과 직접적으로 얽혀 있기 때문이다. 그리고 이러한 요소들에 대한 해답은 샤머니즘 실천 행위 속에서 적절하게 제시되고 있다. 그래서 샤머니즘 속에서는 (1) 태어나는 것, (2) 사는 것, (3) 죽는 것, (4) 부활하는 것 등이 인간사와 관련되어 작용되고 이것들은 의례행위를 통해 적절히 표현되고 인간 삶에 응용되는 것이다. 그러면서 샤머니즘 신앙 속에서는 인간으로 생명을 제공받게 된 자에 대한 (1) 뼈, (2) 살, (3) 피, (4) 머리카락 등으로 구성된 유형의 육체적 형태와 그 속에 담겨져 있는 (1) 영, (2) 혼, (3) 넋, (4) 숨 등으로 구성된 무형의 정신적 모습들을 다루면서 조절하고 통제하게 된다.

이와 함께 여기서는 인간이 가장 두려워하는 죽음에 대한 샤머니즘적 사고는 이렇다. 즉 샤머니즘 신앙관에서의 망자는 현세적 공간과는 반대되는 또 다른 공간으로 이동하게 된다. 그리고 그 곳에서 또 다른 삶을 영위하게 된다. 사람이 죽어가는 저승(내세적 공간)은 현세적 공간과는 반대되는 곳으로서 누구나 언젠가는 죽은 후 가야 할 곳이다. 그런데 저승으로 이동한 망자의 그곳의 삶은 이승(현세적 공간)과 연계 된다. 이승의 삶은 또한 전승(전세적 공간)의 삶으로부터 연결되어져 왔다고 믿는다. 이를 달리 말하면, 저승의 삶은 이승의 삶이라는 현실세계가 대비되어 논의될 수 있으며, 이승의 삶 또한 전생의 삶으로부터 연장이라는 가치에 의해 전개된다. 이로써 샤머니즘적 인간의 삶은 곧 전승(전세)과 이승(현세) 그리고 저승(내세)으로 구조화된 이른바 삼생三生적 구도로 되어있는 것이다. 이승은 현실세계이며 저승은 죽은 후의 사후세계이고 전승은 태어나기 전의 세계로서 이들은 각기 독립되어져 있는 것이 아니라 서로 얽혀 있으면서 연속선상에 놓여 있다. 그러므로 인간은 태어나기 전과 인간으로 태어나 삶을 영위하는 것 그리고 죽은 후 사후세계 과정이 서로 이어져 있다는 구조이다.

한편, 샤머니즘의 영혼관 육신관은 이렇다. 죽음이란 넋(영혼)과 몸(육신)이 분리되는 현상이고, 넋은 혼魂이며 몸은 백魄이라는 혼백魂魄 분리에 따라 육체는 소멸해도 영혼은 영원히 존재한다는 사상이다. 이와 같은 샤머니즘적 영혼관은 전세-현세-내세로 이어지는 이른바 일원적一元的 내세관來世觀으로 구도화 되어 있다. 그래서 인간이 죽으면 몸뚱이는 땅에 묻히거나 재로 변해 날아가고 또는 또 다른 생물에게 공양되어져 없어지는 것이지만, 그 넋은 또 다른 공간으로 이동하여 활동이 계속 이루어지게 되는 것이다. 그러면서 영혼은 산자들 삶에 어떠한 방법으로든 나름대로 영향력을 행사하게 된다. 그리고 산자들은 일상적 생활에서 영혼을 대응 또는 대우해야 하는 것이다.

샤머니즘 속에서는 죽은 자가 산자들에 대한 지배권을 갖고 있기 때문에 산자들의 사고에는 죽은 영혼들이 불멸하여 영생한다는 믿음이 전개되면서 죽은 자가 어떠한 형태로든 산자들 삶에 관여하게 된다고 믿는다. 이를테면, 산자의 삶 속에서 좋지 못한 해를 입거나 반대로 이로운 재복을 얻게 되면 이는 죽은 자의 영혼과 관련 있다고 생각하는 경우가 그것이다. 그러므로 사람들은 죽은 자의 영혼을 보살피지 않으면 해로움이 다가온다고 믿고 이를 극진히 대우하게 된다. 이렇게 볼 때, 샤머니즘 신앙관에서의 산 자는 죽은 자를 봉양해야 하고 죽은 자 또한 산 자의 현실적 조건을 증진시키는 기능을 가지고 있음을 알게 한다.

3. 샤머니즘과 제물

샤먼 의례에서 가장 보편적이면서 가장 주요하게 쓰이는 제물은 닭이다. 이 때의 닭은 식용만을 위한 단순한 가축이 아니다. 이러한 닭 제물과 관련하여 히말라야 샤머니즘 속에서의 닭의 내력과 응용은 이렇다. 히말라야 샤머니즘에서의 닭은 신화 속에 등장하는데, 천지창조와 얽혀 있는 수탉의 역할에 대해서 다음과 같이 전하고 있다.

"처음에는 동쪽에서 수탉이 창조되었다. 그 후 서쪽에서 암탉이 창조되었다. 둘은 돌아다니다가 만나 함께 살게 됐다. 닭 부부는 둥지를 만들어 보금자리를 삼았다. 그런데 암탉이 '다르샨 둥가Darshan Dhunga'라는 흰 돌을 삼키게 되어 열병에 걸렸다. 그리고 암탉이 알을 낳았고, 22일 후 알에서 병아리가 나왔다. 그 후, 닭 부부는 나이가 들어 모두 하늘로 날아갔다. 그 당시에는 하늘에 불이 없었다. 그래서 하늘의 신들은 닭에게 불을 가져오라고 다시 땅으로 내려 보냈다. 그러면서 땅에 내려가서는 결코 아무것도 먹어서도, 울어서도 안 된다고 말했다. 땅으로 내려온 수탉은 인간에게 하늘로 가져갈 불을 달라고 간청했다. 그 때는 낮도 밤도 없는 세상이었다. 인간은 수탉에게 우리가 주는 것을 먹고 세 번 울어 주면 불을 주겠다고 했다. 수탉은 선택의 여지가 없음을 알고 인간이 요구한 조건을 수락했다. 그리고 수탉은 인간이 준 음식을 먹고 울기 시작했다. 첫 번째 울 때 빛이 약간 생겼다. 두 번째 울 때는 그 빛이 더 밝아졌다. 그리고 세 번째 울 때 환한 빛이 비쳤다. 해는 동쪽에서 떠올랐으며 달은 서쪽으로 졌다. 그리하여 수탉은 인간이 준 불을 다리 사이에 넣고 하늘로 올라갔다. 그러나 하늘로 올라간 수탉은 하늘의 신이 땅으로 내려갈 때 경고 했던 말을 어겼기 때문에 벌을 받았다. 그 벌은 땅에 있는 인간들이 아플 때 닭을 희생 제물로 바치게 하는 것이었다."

신화 속에 등장하는 닭은 오늘날 샤먼 의례에서 제물로 삼아져야 하는 닭의 역할을 문화적으로 합리화시키는 데 크게 작용하게 된다. 그리고 닭은 단순히 히말라야 역사를 설명하는 데 그치지 않고 더 나아가 인류 창조와 시원을 알게 하는데 의미를 부여하고 있다. 그러면서 히말라야 샤먼 의례 속에서의 닭은 이 지역의 문화를 상징화하는 짐승으로 군림해 온 것이다. 닭이 달걀을 낳고 달걀은 닭이 되는 원리를 따져 재생적 동물로 신앙의 대상이 되어 왔으며, 닭과 달걀의 지속적 반복을 통해 끊임없이 새 생명을 탄생시키는 영원한 생산성의 동물로 여겨져 온 것이다. 한편, 닭에 대한 이러한 믿음은 히말라야 샤머니즘 뿐 아니라 동양의 여러 종족 사이에서 오랫동안 신앙되어 왔다. 한국의 예를 들면, 닭은 불멸적인 영원한 삶을 바라는 인간의 소망을 담고 있는 짐승으로 여겨진다. 그리고 아직까지도 닭은 샤먼 의례 속에서 인간 생을 희생시키는 방패막이 또는 재생시키는 소생물로서 그 역할을 해오고 있는 것이다. 이와 같은 믿음은 히말라야 샤먼 의례 속에도 그대로 담겨 있어서 히말라야 산간 마을 주민들의 좋지 못한 운수와 운명을 막아줄 뿐만 아니라 그들의 죽음을 대신하는 동물로 군림하고 있는 것이다. 닭의 이 같은 상징성을 갖은 문화적 코드는 한국 상황에서도 크게 다를 바가 없다. 닭이 대수대명代數代命 의례 속에서 인간을 대신하는 희생물로서 죽임을 당하는데 이는 신을 달래기 위한 방법으로 신과의 타협적 의례에서 절대적으로 쓰이게 된다. 좋지 못한 인간의 수數에 살아 있는 생명체인 닭(또는 달걀)이 죽음을 대신함으로써 인간의 명命을 연장케 하는 이른바 소생원리에 근거하고 있는 믿음이고 신앙이다.

　주지하다시피, 의례에서의 제물에 관한 연구는 일찍이 에드워드 타일러(Sir Edward Burnett Tylor)가 제시한 증여론(Gift)과 윌리엄 스미스(Sir William Robertson Smith)가 표명한 성찬론(Communion)을 들 수 있다. 원시문화 연구를 통해 타일러는 제물은 인간이 신에게 은덕을 구하기 위한 일종의 증여물이라고 생각하였다. 그래서 사람들이 신에게 복종하거나 또는 헌물을 받침으로써 신은 이를 흔쾌히 받아들이고 영적인 힘을 인간들에게 행사한다는 것이다. 그리고 이러한 원리를 알고 있는 인간들은 신에게 제물을 받침으로써 신의 영향력을 조절할 수 있다고 생각하게 된다는 것이다. 그러나 타일러는 의례 속에서 제물이 축소되거나 경우에 따라서는 제물이 아예 제공되지 않는다는 것을 밝혀 타일러 개념의 신빙성을 떨어지게 하였다. 그러면서 스미스의 제물 이론이 관심사로 떠오르게 된 것이다. 스미스에 따르면 사람들은 제물로 바쳐진 공동 음식을 통해 인간과 신 사이의 연대를 강화하기 위한 것이라고 한다.

　그는 인간집단에서 토템Totem과 같이 신성시되는 동물만이 제물로 선택됨을 강조하면서 신격의 위상을 가진 동물이 신의 제물로 받아들여진다는 것은 곧 신이 영적 존재를 먹는 것과 같은 것이라고 하였다. 그러기 때문에 신격의 제물을 신이 먹고 또한 인간도 나눠 먹는 것은 인간이 신의 존재를 먹는다는 것으로 이해하고 이는 인간이 신과 직접적 교감을 갖는 것으로 결론지었다. 그러나 이와 같은 스미스의 교감이론에 대해 미하엘 오피츠Michael Oppitz는 부정적 입장을 표명하였다. 오피츠는 자신의 오랜 히말라야 샤머니즘 조사를 통해 신성 동물(Sacrificial Animals)은 인간집단이 신성시하는 토템이 아니라고 하면서, 이는 신이 받는 제물이 신과 인간의 일체성을 갖게 하는 것이 아니라고 하였다. 오피츠는 자신의 논문을 통해 샤먼 의례에서의 제물은 신과 영혼을 진정시키고 달래기 위한 것이라고 하면서 결국 제물을 바침으로써 신과 영혼이 산자에게 앙심을 품지 못하도록 하기 위함이라고 하고 있다. 신과 영혼은 제물을 받음으로써 살아있는 자의 주위를 떠나게 되고 자신의 세상에서 활동하게 된다는 것이다.

사회적으로 인간과 신은 이원화되어 있다. 이 때의 이원화는 삶과 죽음의 세계에서 각각 다른 패턴을 가진 구조 속에서 군림함을 말한다. 그리고 이는 속세와 영계라는 이원적 구조로 설명되어지기도 한다. 인간은 어지러운 속세에 존재하고 신은 존엄한 영계에서 군림하고 있는 것이다. 속세의 유형적 존재로서의 인간과 영계의 무형적 존재로서의 신은 둘이면서 또 한편으로 하나의 공동체적 운명 속에 공존하기도 한다. 그리고 문화를 통해 늘 서로 간에 접촉하고 교류한다. 이 때 둘 사이의 접촉과 교류는 간접적이다. 그리고 문화권마다 각기 다른 특색을 지니면서 상징적 형태로 표현되는 '의례'로써 그 내용을 파악하게 된다. 그런데 이러한 상징적인 문화적 구조를 논리화하는 데에는 특정인에 의한 의례 행위나 특정 물체를 통한 방식이 존재하게 된다. 그것은 둘 사이의 접촉자 또는 교류자 내지는 접촉물 또는 교류물로서 역할하게 되는 제물제공자 또는 제물이라는 것이다. 여기서 주목할 것은 제물로 받들어지는 물체다. 이 때의 물체는 식물이나 동물, 또는 자연물이나 가공품, 그리고 깨끗한 것이든 더러운 것이든 어떠한 것이라도 상관없다. 일단 제물로 삼게 되면 의례를 통해 정화되기 때문이다. 원시적 형태로 남아 있는 히말라야 샤먼 의례에서 확인된 것은 대부분의 육류제물이 바쳐지기 위해 현장에서 도살되는 동물들이다. 의례 전 이미 도살되어진 것이라 할지라도 의례를 통해 도살과정을 되살리고 그 원래 모습과 기능을 되살리기 위해 피와 가죽 등 도살 현장에서 얻어진 물증들을 모아 의례를 통해 또 다시 표현화한다. 의례를 통해 그 과정이 상세히 표현된 이후에야 제물로 삼아지게 됨을 알 수 있다. 그리고 제물은 존엄한 영계의 존재들에게 바치기 위한 특별한 정화 과정을 밟게 된다.

제물은 '바치기' 위한 것이다. 이는 영어의 'To Sacrifice'이다. 제물을 마련하는 것은 곧 바치기 위한 것이다. 그런데 샤먼 의례를 보면 제물을 살아있는 짐승(집짐승 또는 날짐승)을 죽여서 바치게 된다. 이 때의 죽임Killing 행위에는 인간이 신으로부터 다가가기 위한 상징적인 의미가 부여되고 있다. 제물을 죽임으로써 제물 제공자인 인간은 짐승의 죽음이라는 과정을 통해 상징적으로 신격의 세계로 들어가는 의미를 부여받게 된다. 그리고 이러한 행위를 거쳐 인간은 신과 결속되어진다고 생각한다. 이러한 구조는 제물은 인간과 신의 연결고리이거나 또는 적어도 신과의 관계를 완충하게 하는 계기를 마련하게 됨을 알 수 있다.

제물을 바치는 일에는 특별한 의례가 존재한다. 삶을 죽음으로 변환하는 것이고 또한 속성俗性을 성성聖性으로 전환하는 것이기에 더욱더 치밀한 계획성을 필요로 하는 의례로 일관된다. 그리고 제물의례는 대체적으로 다음과 같이 선정, 일정, 방식 등 세 가지 기본적 전제에 따라 이루어진다. 첫째는 내용물 선정이다. 어떠한 것을 제물로 삼을 것인가 하는 문제이다. 히말라야 샤먼 의례에서의 육류 제물은 집짐승과 날짐승으로 구분되어진다. 그리고 이것들은 네 발 달린 걸음짐승과 두 발 달린 날짐승으로 구분되기도 한다. 제물을 받게 되는 신격에 따라, 또는 의례 현장의 상황에 따라 내용물이 다를 수 있다. 둘째, 일정이다. 제물이 바쳐지는 일정은 매우 중요하다. 일정은 정기적, 일시적으로 구분된다. 정기적 일정은 상시 또는 매월 또는 매년 전통적으로 정해진 날에 치러진다. 정기적 일정은 특별한 날을 정해 치르는 것이어서 대체적으로 정해진 날에 행해진다. 상시적인 일정은 수시로 사건이 발생한 때이다.

셋째는 방식이다. 어떠한 방식에 의해 제물화 할 것인가이다. 보편적으로 육류 제물은 의례 속에서 죽임이라는 과정을 거쳐 정화된 후 제물로 인정받게 된다. 죽임을 당한 짐승이라도 정화의례를 거치지 않고서는 신이 제물로 받아들이지 않기 때문에 정화의 과정은 대단히 중요하다. 짐승 제물 이외의 것들도 정화의 과정을 거치지 않고서는 신에 바치는 제물로서 역할을 하지 못한다. 이러한 원리를 본다면 정화의례는 제물의례에서 상당히 중요한 비중을 차지함을 알 수 있다.

4. 샤머니즘과 쇠붙이 및 짐승 가죽

샤머니즘에서의 쇠붙이와 짐승 가죽은 샤먼을 상징하는 대표적 신물神物들이다. 쇠붙이에는 신의 소리를 내거나 접신할 때 쓰는 방울, 천상 세계를 암시하면서 직위를 표명하는 관冠, 무기로서 신의 위엄을 나타내고 악귀를 물리치며 제물을 올릴 때 사용하는 칼이나 삼치창, 신의 형상을 비춰보거나 소리를 내게 하는 동경, 종, 해·달과 별 및 우주를 상징하는 패용장식, 천상 지상 세계를 왕래하는 새, 불을 밝히는 촛대, 향을 올리는 향로, 제물을 담는 술잔이나 제기 등이 있다. 이와 같은 쇠붙이 신물들은 고대사회로부터 오늘날까지 신성한 신물神物로의 기능을 하면서 샤머니즘의 유형적 형상을 상징하는 대표적 의례기구로 군림하여 왔다. 이것들은 머리에 쓰거나 몸에 달기도 하고 신성한 공간에 모셔두기도 하는데, 의례를 진행할 때는 각각의 기능이 구체화된다.

샤먼에게 쇠붙이 신물들은 샤먼으로서 직명을 부여받을 때부터 일생동안 간직하게 된다. 그러면서 샤먼을 상징하는 신물로 신앙되어지고 동시에 신의 위력이나 영검함의 표상表象 또는 지배권 상징 등을 갖게 된다. 이를테면, 시베리아 샤먼들이 머리에 쓰는 샤먼 관冠은 태양 상징으로서 새형무당 (bird-type shaman)의 의상을 갖춘 무왕巫王 즉 Shaman King의 모습이라고 해석한다. 한국의 강신무들이 신내림을 받을 때 쇠걸립을 하게 되는데, 이 때에 쇠붙이를 받아 귀물鬼物을 제작하여 평생 동안 소유하면서 신의 상징물로 간직한다. 히말라야 세습적 샤먼들이 윗대로부터 물려받게 되는 신구들 중 쇠붙이로 된 방울을 가장 귀중한 것으로 여기는 것에서도 그 중요성을 알 수 있게 한다. 한국의 제주 심방이 소유하는 쇠붙이 신물 중에서도 귀중하게 여기는 것이 울쇠이다. "울음(소리)을 내는 쇠"는 심방 신단에 두었다가 의례 때 꺼내 사용한다. 구리銅로 제작되는데 그 구성은 (1) 해거울 - 일광경 日光鏡(해 상징), (2) 들거울 - 월광경月光鏡(달 상징), (3) 몸거울 - 병경柄鏡(자루거울, 십장생 문양, 인간 부귀영화 및 수명장수 상징), (4) 아왕쇠 - 방경方鏡(연꽃 문양, 네모거울), (5) 뽀롱쇠 - 성령星鈴(별방울, 별 상징)으로 되어 있다. 이와 같은 쇠붙이들은 불 다루기로부터 기능이 발휘된다. 불은 샤먼 의례에서 정화력을 표명하지만 또 한편으로는 과학과 문명의 상징으로 군림한다. 그래서 불은 쇠붙이의 다른 상징물이 되는 것이다. 불을 다루는 대장장이는 샤먼이 사용할 신물神物을 신과의 연관선상에 완성하곤 한다. 예컨대 야쿠트 샤먼의 관념에 대장장이 영혼이 불 속에 있다고 생각하는 것도 이와 같은 것이다.

샤머니즘 의례에서 쇠붙이는 신의 형체와 그 세계로의 진입 그리고 인간이 감지 못하는 또 다른 세상일을 들여다보는 것에 그 쓰임새 목적이 있다. 그것은 샤먼들이 신의 세계나 미래를 설명할 때 쇠붙이(명두나 동경)로 비춰지는 무형적 형체에 기반하고 있는데서 알 수 있다. 인류문화사 틀에서 보면, 쇠붙이가 암시하는 것은 세 가지 측면이 있다. 첫째 "비치는 것"이고 둘째 "트는 것" 셋째 "나가는 것"이다. 비치는 것은 세상을 환하게 비친다는 것으로서 자연의 이치 속에서 인간은 하늘의 뜻을 담고 살아가야 한다는 원리를 반영하다. 튼다는 것은 성질 또는 형식이 다른 두 개의 유기체 또는 무기체를 합일하려는 소통이다. 이를테면, 인간 세상과 신의 세계, 삶과 죽음, 하늘과 땅, 남과 여, 위와 아래, 어둠과 밝음 등으로 구분되어 막혀있는 것을 소통하기 위함이다. 나가는 것은 문명의 길을 뜻한다. 이는 인류

삶의 현대적 발전을 도모하는 것을 의미한다. 고대사회로부터 현대사회로의 진입은 쇠붙이가 아니었다면 불가능했을 것이라는 것을 보면 쉽게 알 수 있다.

짐승 가죽으로 제작되는 샤먼 북은 샤먼의 대표적 상징물 중 또 하나이다. 북이 갖는 상징성과 주술적 힘은 강하고 다양하다. 샤먼이 신복을 차려 입고 의례에 임할 때에는 반드시 북이 포함되어야 한다. 그래서 북은 샤먼을 대변하는 물체로 불리기도 한다. 샤먼이 영의 세계로 들어가기 위해 필요한 것이 바로 북소리이기 때문에 샤먼은 북을 소중하게 여기지 않을 수가 없다. 뿐만 아니라 샤먼이 접신되거나 접신 후 이곳저곳의 세계를 날아다니는 데에도 북소리는 필수적이다.

샤먼 북에서 흘러나오는 강한 가죽소리는 신을 불러들이고 신을 좌정시킨다. 샤먼이 서사무가를 읊을 때에도 북소리가 필요하며 샤먼이 몸을 흔들어 신과 접촉을 시도할 때에도 북소리가 필요하다. 음악적 리듬의 북소리는 언어적 신의 음성과 조화를 이루어 신어神話를 만들어내기도 한다. 이는 신의 세계를 샤먼 북소리를 통해 읊어내는 것이다. 샤먼 북소리는 원래 좋지 못한 해로운 존재를 물리치는 힘을 가진 것이라고 믿어졌었다. 그러던 것이 점차 세월의 흐름 속에서 샤먼이 의도하는 바를 이루게 하는 소원의 소리로써도 기능하게 되었다. 그러므로 샤먼 북소리는 해로운 악을 물리치는 역할을 하는 것은 물론이거니와 샤먼이 신과 접촉을 유도하는 데 반드시 필요한 것이기도 하다. 뿐만 아니라 신을 즐겁게 하고 신을 돌려보내는 것 역시 북소리 역할이다. 이처럼 샤먼들은 의례 진행을 시종일관 북소리와 함께 한다.

샤먼이 사용하는 북의 역사는 오래되었다. 청동기시대의 것으로 추정된 샤먼 북이 시베리아 지역 샤머니즘 조사에서 밝혀졌는데 이에 대한 것은 이미 러시아 서부를 흐르는 볼가Volga강 지류에 해당되는 오카Oka강 암벽에 그려진 폭 18cm 규모의 북 그림으로 증명되어졌다. 이와 같이 오랜 역사

속에서의 북은 샤먼들에게 중요한 관습을 남겼으며 그 전통은 오늘날까지 이어지고 있다.

북에 사용되는 가죽은 특별하다. 이를테면, 네팔 히말라야 샤먼의 북은 집짐승으로 길러진 양이나 염소의 것이다. 도살될 짐승은 이미 신의 의지에 따라서 미리 정해져 있다. 이들은 대부분 인간과 좋은 관계를 맺으며 생을 살았던 건강하고 총명한 짐승들이어야 한다. 그래서 오래전부터 함부로 대하지 않고 늘 관심을 갖고 길러진 짐승들이다. 그리고 때가 되면 정해진 짐승은 샤먼 북을 위해, 더 나아가 신을 위해 희생되는 것이다. 샤먼이나 주위 사람들은 북에 쓰일 가죽을 제공하게 되는 짐승이 신의 세계로 가게 된다고 생각하기 때문에 이를 슬퍼하기보다는 오히려 기쁘게 생각한다. 샤먼 북에 짐승 가죽을 쓰는 것은 곧 신의 의지이며 뜻이라고 믿는다. 그렇기 때문에 해당 짐승은 죽음이라는 과정을 거친다 하더라도 그것은 숭고한 것이라 생각한다.

샤먼 의례에서는 샤먼 자신이 직접 북을 연주하기도 하지만 북을 전문으로 다루는 악사들이 연주하기도 한다. 그리고 샤먼 의례에서의 북은 단순히 소리를 내는 악기로서만 기능하는 것이 아니다. 북소리로서 신을 부르고 신을 모시며 또한 신을 즐겁게 하고 신을 보내기도 한다. 샤먼 의례가 시작되면 샤먼이 가장 먼저 접하게 되는 것이 북소리이며 마무리에서도 필수적으로 북소리가 있어야 한다. 그래서 북은 샤먼이 있는 곳이면 어디든지 함께 있어야 하는 샤먼의 필수적 악기이며 동시에 신물이다. 그야말로 북은 샤먼의 존재와도 같은 것이라 할 수 있는 이른바 샤먼 총체나 다름없다. 샤먼 의례 음악은 크게 타악기로 연주되는 북소리와 쇳소리가 있는데 서사무가를 구송할 때에는 북소리를 내게 되며 춤을 추거나 여타의 의례를 진행할 때에도 북소리를 낸다. 그런데 이 때에는 북소리에 쇳소리가 더해진다. 경우에 따라서는 또 다른 관현악기 소리가 가미되기도 한다. 북소리에 쇳소리가 더해지는 것은 의례 음악을 상출하는데 절대적이다. 두 악기의 소리가 어우러질 때에야 비로소 큰 힘을 더욱 발휘하게 되기 때문이다. 즉 땅을 울리는 북소리가 하늘을 울리는 쇠붙이 소리와 화합되어 천하를 움직일 수 있기 때문이다. 쇳소리로서 방울소리와 종소리는 신을 불러들이기도 하고 동시에 좋지 못한 해로운 악귀를 쫓아내기도 하는 기능을 갖는다. 이러한 것은 신이 쇳소리를 좋아하기도 하지만 동시에 무서워하기도 하기 때문이다. 샤먼의 종과 방울은 각각의 소리를 내기도 하지만 또 한편으로는 여러 개가 한 묶음으로 묶여져 이들이 서로 부딪쳐서 병합성의 화음을 내기도 한다. 이러한 구조로 인해 종과 방울의 음 고저는 다양하게 표현된다.

샤먼 음악은 신의 소리이다. 이는 신악神樂이라고 믿는 그들의 신앙에서부터 비롯된다. 그래서 아무 때나 악기를 다루지 않는다. 신을 모시고 만날 곳에서만 악기를 다루고 악기에서 흘러나오는 음을 존엄하게 생각한다. 그렇기 때문에 음악에서 무한정으로 이어지게 하는 이음과 여음을 중시한다. 그래야만 신이 강림하여 인간과의 접촉을 갖게 된다고 믿기 때문이다. 한편, 의례음악을 연주하는 악사들은 자신들의 연주를 통해 샤먼이 신과 접촉할 수 있다는 것을 알고 있다. 그래서 음악 연주를 할 때 악사들의 자세는 대단히 엄숙하다. 음악을 연주할 때는 자신들이 갖고 있는 모든 기운을 샤먼을 향해 내뿜는다. 그래서 악사들은 자신들의 음악이 속성俗性적인 인간이 성성聖性적인 신에게로 다가갈 수 있도록 만든다고 생각한다.

5. 샤머니즘과 신어

샤머니즘 행위 속에는 신어神語가 있다. 신어는 일반인 사이에 통용되는 그것과는 큰 차이를 나타내는 전문집단의 전문 용어이다. 이러한 신어는 오로지 샤먼들 사이에서만 통용되는 특수한 샤머니즘적 속성을 갖는 것이 특성이다. 신어는 샤먼과 신봉자를 중심으로 오랜 시간 전승되어진 고어인데 크게 두 형태가 있다. 하나는 말소리로 구사되는 언어적(verbal)이고 또 다른 하나는 행동이나 행위에 의해 표현되는 비언어적(non-verbal)이다.

언어적 신어에는 신가神歌를 비롯한 연극적 재담, 영험적 공수, 의례적 대화 등의 내용들이 포함된다. 비언어적 신어에는 손짓, 몸짓, 얼굴표정, 수학적 등식, 그림, 신구神具 활용을 통한 기호와 상징으로 이루어진다. 이와 같은 신어는 샤머니즘을 신봉하거나 의례를 주관하는 샤먼들 사이에 공유되면서 신과 인간 사이의 통신(communication) 전달을 목적으로 기능한다. 그러면서 샤먼들의 오랜 전통에 따라 세대에서 세대 그리고 지역에서 지역으로 전해지고 샤머니즘의 중요한 모체로 인식되어진다.

신어는 샤머니즘 문화권에 따라 그 형식을 달리한다. 동일 샤먼 문화권이라 할지라도 집단 특성과 지역 구조에 따라 다르게 표현되거나 응용되는 특성을 갖는다. 이와 같이 신어는 사용자가 속해 있는 샤머니즘 문화 특성과 밀접하게 관련되어 있으므로 이를 이해하기 위해서는 샤먼이 속해 있는 집단의 샤머니즘 신앙체의 전반적 맥락을 파악할 필요가 있다. 샤머니즘 신어의 생명은 집단적 공유성과 배타적 습성에 있다. 샤먼들은 자신들 세계에서 통용되는 신어가 타 집단(일반인 집단) 및 구성원에게 공유되는 되는 것을 철저히 금하는 경우가 많다. 그래야만 신어의 생명이라고 할 수 있는 공유적 비밀이 유지될 수 있다. 샤먼들은 이러한 신어 지속성을 위해 샤먼 계보에 따라 또는 집단에 따라 철저한 교육을 하기도 한다. 한편, 신어는 샤머니즘 신앙 행위와 관련되어 발생된 것들이고 응용되는 것이기 때문에 주로 신앙을 실천하는 의례 진행에서 사용된다. 신을 부르거나 모실 때, 신의 세계를 여행하게 될 때, 신의 말을 지시받거나 이행하고 이를 인간에게 전달할 때 등에 사용된다. 신어는 샤먼들의 심리와 생활수준 그리고 신앙의례 등을 직접적으로 반영하고 있기 때문에 샤먼들 사이에 일체성, 동질성, 결속성 등을 도모하는데 크게 작용한다. 또한 신어는 샤먼적 특수 및 전문 용어가 혼용되어 있을 뿐만 아니라 일반인들이 잘 알아듣지 못하는 내용으로 꾸며지기 때문에 샤먼들의 신비성과 특수성을 상승시킨다. 그러면서 비사용자들과의 이질성을 나타내어 자신들만의 세계가 있다는 것을 표방하기도 한다. 그러면서 사람들로 하여금 신의 세계를 추상케하고 삶의 사고를 보다 폭넓고 깊게 만들어 주는 능력을 갖게 만든다.

6. 샤머니즘 조사, 연구, 접근

샤머니즘 학술 연구는 19세기를 마감하고 20세기의 새로운 학문적 도약을 위한 새로운 길목에서 본격화되었다. 특히 사회주의와 자본주의 사상가들에 의해 동시적으로 시작되어진 샤머니즘 연구는 활자나 문서로 기록되어 남아있는 자료들을 기초삼아 문헌고증학적으로 여러 각도로 접근되었다. 그런데 사회주의에서의 샤머니즘 연구에서는 신앙체계 자체가 사회도덕과 윤리를 저해하는 일종의 미신적 잔재라는 부정적 견해를 낳았다. 자본주의 구조와 제도의 모순과 과오를 극복하기 위해 제도화한 사회주의 사상과 철학 그리고 정치는 사유 재산권을 박탈하고 경제 및 상업적 생산 수단을 동일화하는 것이었음은 주지의 사실이다. 이러한 사회 및 경제 구조 위에서의 샤머니즘이란 그동안 사회주의적으로 점철되어진 철학과 사상의 실천에 부합되지 않는 이른바 비논리적이고 비이성적인 것이라는 연구 결과를 내놓게 된 것이다. 한편 이와는 달리, 서구를 중심으로 일어난 자본주의 국가에서의 샤머니즘 연구는 그 실상을 대체적으로 긍정하는 추세를 보이면서 연구 평가도 나름대로의 가치를 갖게 하였다.

이와 같이 자본주의적 견지에서의 연구가 사회주의적 견지에서의 연구보다는 더 긍정적이고 객관적일지라도 그에 대한 심층적·본질적 문제에 도달하여서는 사회주의적 연구와 별 다른 바가 없는 것이었다. 이성이나 논리적 타당성 근거에 의해 인식, 체계화되고 구조화된 서구의 자본주의 국가들의 기본적 인식은 기독교적 합리주의이다. 이러한 견지에서는 아무리 샤머니즘이 인류 역사와 문화 그리고 신앙 등에 크게 기여하여 왔다고 할지라도 이에 대한 본질과 총체적 구조가 이해되지 않을 수 있기 때문이다. 따라서 서구의 자본주의에서의 샤머니즘도 기본적으로는 그들의 신앙에 위배되는 것으로 여겨졌던 것이다. 그러므로 자본주의적 샤머니즘 연구에서도 샤머니즘 총체가 온전하게 평가되지 못한 부분이 적지 않다.

동양 문화권에서 바라보는 샤머니즘은 다르다. 특이한 것은 동양에서의 샤머니즘은 민족주의와 연계되어 있어 눈길을 끈다. 그리고 동양에서의 샤머니즘은 동양 제문화권이 갖고 있는 대단히 민족적인 신화 및 설화를 분석함으로써 그 진실을 알게 한다. 이와 더불어 동양에서는 또한 영적 존재에 대한 인식체계가 오래전부터 긍정적으로 받아들여진 전통이 있다. 이러한 부분은 오랜 시간을 거쳐 여러 곳곳에서 전승 발전되어진 역사성을 갖고 있는 유·무형적 문화와 맞물려 있고 영적 존재와 더불어 발전된 특정한 민족적 정서가 있다. 뿐만 아니라 영적 세계에서 발휘되는 다양한 신빙성이 받아들여지고 그것은 종교의 기원과 신앙의 기초가 된다는 진실을 왜곡하지 않아 왔음도 중요한 부분이라 할 수 있다.

네팔 히말라야 샤머니즘 활동이나 조사 및 연구 그리고 접근의 예는 독특하다. 네팔에는 새로운 외래 종교 유입에 따라 기능과 역할이 새롭게 포장되긴 하였지만 그동안 골 깊게 남아 있는 근본적인 큰 기둥까지는 흔들리지 않았다. 그렇기 때문에 히말라야 문화권에서의 샤머니즘은 시공의 흐름 속에서 유입된 수많은 새로운 철학과 사상 그리고 신앙과 부딪혀도 그 본질은 그대로 살아 숨 쉬어 온 것이다. 겉으로 드러나는 샤머니즘 현상은 종족에 따라 다양하게 표출되어진다. 샤먼 의례 또한 사회 구조와 문화 양식에 기반을 두어 전승 발전됨으로써 종족에 따라 여러 수많은 양상들이 표현되어지고 있다. 그렇지만 샤머니즘 핵심이라고 할 수 있는 샤먼의 영적 활동은 크게 다르지 않다. 강도의 차이는 있겠지만 영적 존재와의 접촉을 통한 신비적 반응은 민족, 종족, 집단, 성별, 노소, 빈부 등에 관계없이 모든 샤먼들에게 나타나는 일반적이고 공통적인 현상이다. 샤먼들은 자신들만이 행할 수 있는 특수한 의례를 통해 인간 세계와 영적 세계의 광활한 공간을 자유롭게 넘나들어 초인적 능력을 과시하면서 샤머니즘 세계관을 그려낸다. 그리고 그것은 샤먼의 신들림 과정에서 표출되는 무형적 언어와 행위 그리고 유형적 장치물과 제물로 상징되는 샤머니즘 세계관으로 논의되어진다. 그리하여 샤먼 역할의 궁극적 목표는 영적 존재와의 관계 속에서 얻어지는 자신들의 능력을 물리적 행동과 정신적 행위로 표현하여 이를 인간 삶과 연결된 공리성 위에서 타당성을 갖게 하는 것이다.

네팔 히말라야 샤머니즘을 연구하는 네팔의 자국 학자는 전무하다. 인도학(Indiology)에서 자극받아 탄생된 네팔 국립트리뷰반대학교(Tribhuvan University)의 부설 연구기관 네팔·아시아연구소(CNAS : Centre for Nepal and Asian Studies)가 네팔의 역사를 비롯하여 문화, 사회, 미술, 고고 등 인문학 조사 연구에 몰두하고 있지만 샤머니즘을 주 전공으로 하는 학자는 없다. 히말라야 샤머니즘을 조사 또는 연구하거나 이를 대중에게 교육하는 사람들은 한결같이 샤먼 행보를 가리켜 '그들이 가는 길은 사랑의 길'이라고 말하곤 한다. 이러한 표현 속에는 수행과도 같은 히말라야 샤먼들의 고난과 고초가 담겨져 있다고 할 수 있다. 이는 곧 눈으로 보이는 아픔과 안으로 숨겨져 보이지 않는 슬픔의 치유자로서의 사명을 묵묵히 수행하는 히말라야 샤먼들의 진정한 모습을 그려낸 표현일 것이다. 사실 히말라야 샤먼들은 증오를 사랑으로, 질투를 관대로, 무시를 겸손으로 바꾸도록 싸우는 존재이다. 그래서 그들은 샤먼으로서 자부심을 갖는다.

피나는 고난과 어려운 역경 속에서도 꿋꿋하게 삶을 일구고 있는 히말라야 오지의 수많은 종족들과 함께 영靈의 길을 걸어가는 데 주저하지 않는 것은 그들에게는 이와 같은 자부심이 있기 때문이다. 그들은 부의 축적을 위해서나 또는 자신의 삶을 풍요롭게 하기 위해서 샤먼의 임무를 수행하려 한다면 이는 옳지 못한 선택일 뿐만 아니라 일종의 사기꾼과 같은 것이라고 규정한다. 신의 부름을 받은 자 그리고 신의 하명에 따라 묵묵히 그 소임을 수행할 수 있는 자만이 히말라야 샤먼으로서 인정받게 된다는 것을 그들은 알고 있다. 히말라야 샤먼들은 자신들이 실천으로 옮겨야 하는 엄격한 삶의 통제 그리고 사회 구성원으로서의 절제 및 억제를 주어진 숙명으로 받아들임으로써 자신들의 소임을 다하고 있는 것이다. 이와 같이, 때 묻지 않은 생생한 현장은 샤머니즘 연구자들로 하여금 히말라야 샤먼의 정신세계가 얼마나 중요한 것인가를 일깨우게 한다. 그리고 연구자들은 이러한 모습의 샤먼 전통과 실천적 행위 속에서 인류 문화의 원형적 모습을 찾고자 하는 것이다.

히말라야 샤머니즘 연구는 일찍이 외부 연구자들에 의해 시작되었다. 특히 1950년대에 들어서면서 유럽 학자들이 히말라야 샤머니즘의 중요성을 인식하고 현장 조사와 연구가 본격화되었다. 유럽의 많은 학자들 중, 특히 독일 연구자들에 의한 현지 조사와 연구는 수십 년 동안 이루어졌으며, 그들은 히말라야샤먼학파를 형성할 정도로 가치 있는 명성을 떨치면서 수많은 연구 업적을 축적해 왔다. 그들 중, 히말라야 샤머니즘 연구 1세대로 꼽히는 취리히대학교 미하엘 오피츠Michael Oppitz 교수가 있다. 그는 1959년부터 지금까지 반세기 이상 동안 네팔 전 지역의 샤머니즘 현장을 쫓아다니며 끊임없는 조사와 연구를 행해 왔다. 그로 인해 오피츠 교수가 발표한 논문과 단행본은 후세대 연구자들의 지침서 역할을 할 정도가 되었다. 특히 오피츠 교수는 자신의 밑에서 수학하는 석·박사 과정의 학생들까지도 히말라야 샤먼 의례 현장으로 끌어들여 젊은 연구자들로 하여금 조사와 연구가 지속되록 자극하여 왔다. 일례로 오피츠 교수의 지도로 샤머니즘을 연구한 안드레아 그레터Andrea Greter는 네팔 동부지역의 고니 라이족 샤머니즘 연구를 위해 다년간 현지 조사를 하였다. 그리고 취리히대학교에서 석사논문을 마쳤으며 그 후에도 지속적으로 현장 조사를 해오고 있다.

한국에서의 히말라야 샤머니즘 연구자는 전무하였다. 1988년에 5개년 계획으로 이루어진 사단법인 한국공연예술원 주최의 '샤머니카 프로젝트 – 인류문화의 시원, 한국문화 뿌리 찾기'가 국내 몇몇 관련자들로 하여금 히말라야 샤머니즘에 관심을 갖게 만들었다. 당시 샤머니카shamanika 프로젝트는 사단법인 한국공연예술원이 한민족 공연예술의 뿌리를 찾기 위한 전략으로 5개년 계획 프로그램에 맞춰 추진되었던 것이다. 이는 국제심포지엄 및 공연예술제였으며 2차 년도인 1988년에는 9월 18일부터 24일까지는 [샤머니카II]가 "한국과 히말라야 시원문화 비교 심포지엄 및 공연 – 샤먼 유산의 발견 – International Symposium, Discovery of Shamanic Heritage"이라는 주제로 유네스코 한국본부와 공동으로 한국프레스센터 국제회의장과 예술의 전당 한국정원 등에서 펼쳐졌다. 필자는 당시 샤머니카 프로젝트 운영위원으로 활동하면서 내한한 네팔 셰르파Sherpa족 밍마르Mingmar(남, 72세), 타망Tamang족 툴리 라마Thuli Lama(여, 50세)에 대한 샤먼 생애사를 조사한 바 있으며 그들의 의례를 공개행사에서 소개한 바 있지만 당시만 하더라도 그 이상의 현지 조사나 연구는 진척하지 못했다.

한편, 지금까지 한국에서의 외국 샤머니즘 연구 또는 동향에 대해서는 주로 시베리아 지역이나 몽골 지역에 한정되어 소개되어져 왔다. 이를테면, 시베리아 지역 사례에 대한 것은 17세기 후반 시베리아 남부 바이칼 호 동쪽에 있는 산악지방의 트랜스 바이칼과 시베리아 예니세이 강가에 살고 있는 퉁구스Tungus인들의 토착어 'Saman'(주술사)이란 용어가 한국 상황에 응용되거나 비교되어 왔었던 게 그 이유였다. 20세기 후반부터 본격화되어진 북방 민족의 역사, 문화, 언어 등이 한국의 것과 비교 되면서 몽골 및 북방 샤머니즘도 우리에겐 값진 자료로 소개되기에 이르렀다.

문화적 모체를 독립적이거나 자생적인 면에서 찾는다고 할지라도 그것은 시간적 흐름 속에서 형성되어진 타 문화와의 상호 영향관계를 따져보아야 할 것임에 틀림없다. 뿐만 아니라 역사와 문화의 시원적 논의 속에서 북방으로부터 문화가 유입되었다고 한다면, 남방 문화 영향도 중요하게 다루어져야 한다. 이렇게 본다면, 히말라야 샤머니즘 조사와 연구는 한민족 역사 및 문화의 흐름, 전승과 현존적 가치를 총체적으로 살펴보는 데 중요하지 않을 수 없다.

이 글은 국립민속박물관 '2011 국제샤머니즘특별전 - 하늘과 땅을 잇는 사람들, 샤먼' 도록에 실린 것이다.

각국사례

Ch. 클라크의 샤머니즘 연구

찰스 알렌 클라크*
박일영 옮김
가톨릭대학교 종교학과 교수

『종교·윤리 백과사전』(*The Encyclopedia of Religion and Ethics*)은 샤머니즘을 다음과 같이 정의한다.

> 샤머니즘이란 다신多神을 숭배(poly-theism)하거나 다령多靈을 숭배(poly-demonism) 하는 원시종교이다. 샤머니즘은 자연숭배 사상에 그 뿌리를 두고, 일반적으로 지고신을 섬긴다. 샤먼은 제사장으로서의 기능을 가지기도 하지만, 보통은 병을 고치고 점을 치는 일을 한다. 이는 샤먼이 초자연적인 세계와 가까운 관계를 유지하기에 가능한 일이라고 한다. 어떤 신령神靈이 그를 도와주고, 그를 소유하며 그 명령을 따른다.

* 한국 이름 곽안련(郭安連, 1878~1961). 미국 북장로교 소속 선교사, 1902년 내한. 평양 장로회 신학교 교수 역임.

그는 신령들과 직접 이야기를 나눌 수도 있고, 실제로(육신이든 영혼이든) 영의 세계에 다가갈 수도 있다. 신령들의 도움을 받기에, 샤먼은 일반인들 보다 인식력이 더 뛰어나고, 그래서 악령들 혹은 그 권세를 쫓아낼 수 있다. 이런 일을 할 때면 확실히 샤먼의 영의 상태는 평상시의 상태와는 다르게 변해 있다고 한다.

여러 가지 방법으로 이루어지는 자기 최면을 통해, 황홀경(trance)의 상태 혹은 또 다른 자아가 생기기도 한다. 그는 신들과 혼령들 사이의 중재자가 되는가 하면, 신과 인간들 사이를 중재하기도 한다. 그는 신과 혼령들의 비밀을 알고 있다고 한다. 그들은 악을 행하는 경우가 많으며, 여러 가지 행위나, 의식 또는 희생제물을 통해 신령들을 꾀고 신들을 압도하는 그들의 힘에 모든 사람의 행복이 달려 있다고 말한다. 이렇게 함으로써, 그는 신령들의 은혜를 기리기도 한다. 야쿠트 족들은 샤먼이 수호 신령을 모시고 있거나 죽은 샤먼의 영이 함께 있으면서 그를 도와주고 조언도 해준다고 생각한다. 아니면 샤먼들이 많은 영들을 거느릴 수도 있는데, 거느리는 영이 많으면 많을수록 그 힘이 더욱 막강하다고 생각한다.1_ [역주 1]

위의 사전 항목을 집필한 사람은 시베리아의 샤머니즘을 토대로 해서 글을 썼기에, 한국의 샤머니즘에 대해서는 아는 것이 하나도 없다. 하지만 몇 가지 소소한 경우를 제외하고 보면, 이는 오늘날의 한국에서도 볼 수 있는 현상을 정확히 그리고 있는 것도 사실이다.

반자로프Banzaroff는 말한다. "이 주제를 깊이 연구해 보면 샤머니즘은

1_ "Shamanism" 항목.
[역주 1] 『종교 · 윤리 백과사전』의 항목을 가리킨다.

불교나 다른 종교에서 유래된 것이 아니라, 몽골 민족에게서 유래되었음을 알 수 있다. 아울러 샤머니즘은 미신이나 샤먼의 의식에서 뿐만 아니라 외부의 세계인 자연과 내부의 세계인 영혼을 바라보는 원시적인 방법에서도 유래한다."[2]

『종교・윤리 백과사전』은 이렇게도 말한다. "샤먼이라는 단어는 원래 퉁구스 족들이 '제사장'을 가리키는 단어인 '사만saman'에서 나온 것으로 보인다. 이 단어는 또한 부리아트 족과 야쿠트 족도 사용하던 것이다. 사만은 팔리어의 사마나Samana[산스크리트어로는 슈라마나(Shramana)]가 변형된 형태로 추측된다. 이는 불교의 승려나 탁발승을 가리키는 것이기는 하지만, 중국어로 봐서는 정말 그런지 그 증거가 확실하지 않다. 그러나 이 단어가 페르시아어 샤멘Shamen(신상 또는 사원)에서 유래했다는 주장은 설득력이 약하다. 퉁구스 어로 '사만'은 '흥분한 사람, 움직이는 사람, 부양浮揚된 사람'이란 뜻이다."[3] 클레무츠Klemutz는 예의 그 백과사전에서 "부리아트" 항목을 쓰면서 다음과 같이 기록했다. 곧, 이 단어는 이제 시베리아에서는 사용되지 않지만, 반자로프의 말을 인용하여, 7세기에는 사용되었다고 한다. 하지만 이는 한국에서 사용된 적이 한 번도 없다. 한국인들은 샤머니즘의 의례를 통틀어서 단순히 '신교神敎(Sinkyo)', 즉 신령 숭배神靈崇拜(Spirit worship)이라고만 불렀다.

다른 나라에서도 샤머니즘의 본질적인 특성을 찾아볼 수 있다. 예를 들면 아프리카 부두voodoo 치료사들과 실론[스리랑카]의 치료사들에게서 샤머니즘의 본질적인 요소를 찾아볼 수 있다. 하지만 이것은 오히려 북아시아의 원주민에 의해 행해진 종교 혹은 종교-주술적 형태로 봐야 할 것이다. 발트 해에서 죽 가로질러서 알래스카까지, 그리고 알래스카를 포함해서 한 줄

2_ *Black Faith*, pp.4~5.

3_ "Shamanism" 항목. Underwood, *Religions of Eastern Asia*, p.93.

로 늘어서 있는 땅들 그리고 북극 지방에서부터 아래로 만주와 몽골 그리고 일본에 있는 아이누 족에 이르기까지 이런 공통적 현상을 볼 수 있다.[4] 물론 이 남쪽 지역들을 따라가면서 샤머니즘이 불교, 유교와 도교 등 고등종교와 접촉하는 과정에서 심층적으로 변모하였다. 어느 정도는 사실 상호 작용하는 것이었다. 예를 들면 몽골에서 불교 승려는 샤머니즘에 관한 지식을 가지고 있어야 했다. 우리는 한국 불교에서 같은 예를 이미 보았다.

한국의 샤머니즘은 의심할 나위 없이 이러한 접촉의 산물이다. 그 기원적인 토대를 보자면 샤머니즘은 우리가 앞에서 본 다른 주요한 종교들보다 먼저 한국에 들어온 것으로 추정된다. 이를 통해 샤머니즘은 풍요로워졌고 도교의 영혼 숭배에 의해 변형되었다. 또한 불교에서 많은 것들을 받아들였다. 1901년에 헐버트(H. B. Hulbert)는 말하였다. "한국의 토착화된 귀신 신앙은 불교와 결합되었고, 혼합된 종교로 형태를 갖추게 되면서 이쪽 또는 저쪽이라고 부르기가 어려운 것이 되었다. 이 모든 것을 통해서 점차 근본 불교의 구조는 네 개의 토대를 이루게 된다. 즉, 신비주의(mysticism), 운명론(fatalism), 염세주의(pessimism)와 정적주의靜寂主義(quietism)가 된 것이다."[5] 헐버트가 너무 강하게 불교의 영향을 강조한 듯하지만, 이에 대한 그의 일반적인 이론은 받아들일 만하다.

한국인은 원래 시베리아에 있는 아무르 강의 계곡에서 그 기원이 시작되었다고 한다.[6] 언어는 우랄 알타이어족에 속하는 게 확실하다.[7] 그들은 아주 일찍부터 중국의 영향을 받으면서 이 땅에 왔다. 서력기원 전 1122년 이래, 그들은 원 조상의 땅인 북쪽 지방보다는 중국의 서쪽 지방과 많은 접

4_ Czaplicka, *Aboriginal Siberia*, p.166.

5_ *Royal Asiatic Society Records*, 1901, p.39.

6_ Griffis, *The Hermit Nation*, p.19.

7_ *Annual Report Administration of Chosen*, 1926~7, p.6.

축을 하면서 지낸 것 같다. 영혼을 믿는 이 근원적인 믿음은, 한 종족의 같은 혈통에서 나온 것으로 보인다. 그리고 이 믿음은 문명의 변화와 외부 종교가 들어옴에도 지속된 듯하다.

주자朱子(Chuja) 이후에도 유학자들은 여전히 영적 세계에 대해 경멸했지만, 그래도 귀鬼(Kwei)와 신神(Shen)에 대한 믿음은 결코 없애지 못했다. 그리고 그들 자신도 이를 신봉했고 때로는 용의 혼령에게 제물을 바치기도 했다. 버마오늘날 미얀매는 속속들이 불교국가가 되었다고 주장하지만 실상은 낫(Nat)에 대한 신앙이 지속되고 있으며, 불교보다 오히려 더 강한 힘을 가지고 있기도 하다.[역주 2] 샤머니즘에 대한 관심은 고등 종교가 이 나라 한국에 들어왔을 때에도 사그라지지 않았다. 우리가 앞으로 보겠거니와, 한국의 샤머니즘과 북방 지역 이들의 조상 땅에서 성행하는 샤머니즘 사이에는 많은 유사점들이 있다.

1. 한국에서 행해진 의례의 역사

역사적으로 한국의 샤머니즘과 시베리아의 샤머니즘 사이에는 직접적인 관련이 있다. 하지만 이를 증명할 수 있는 기록은 거의 없는 실정이다. 존스Jones는 서력기원 전 2332년에 한국을 건국한 시조인 단군(Tangoon)이 위대한 무당이었다고 주장한다.[8] 또한 강화도에서 올린 제사는 샤머니즘적인

[역주 2] 미얀마 인들에게 있어서 일상생활의 길흉화복을 지배하고 위무해주는 민간신앙의 신령이 낫(Nat)이다. 부처를 최고위로 하고 그 아래 36위를 포함한 37위의 신들을 신앙하는 낫 신앙은 미얀마 인들의 가장 뿌리 깊은 종교생활 중 하나이다. 현실 세계에서의 부와 건강 그리고 기타 물질적인 욕구와 정신적인 위로를 겸하는 낫 숭배는 미얀마 사람들의 생활과 떼놓고 생각할 수 없는 위치에 있다. 이 때문에 낫 숭배의 중심 역할을 수행하는 무당 낫꺼도는 때로는 일반인들이 두려워하는 모습이 되기도 하고 한편으로는 그들을 위무해주는 역할을 하기도 한다.

8_ *Royal Asiatic Society Records*, 1900, pp.35~41.

것이었다고도 한다. 필자는 이를 믿을 수가 없다. 왜냐하면 이 주장의 전체 분위기와 한국 문학에서 이에 대해 언급하는 것의 전체 분위기는 그 방향이 아주 다르기 때문이다. 그는 옳게 지적한다. 한국은 중국과 접촉하기 훨씬 전부터 자체로 귀신을 섬겨 왔고 그러기에 중국에서 이를 도입해 올 필요는 없었다고 한다. 한국에서 쓰는 "영혼"이나 "귀신"을 의미하는 한자는 "하늘"이나 "하느님"을 가리키는 표의문자만큼 오래된 것이라고 그는 명확히 밝히고 있다.

가장 오래된 한국 역사서를 보면 강원도 지방에 있는 원시부족 국가인 예나라(Yekook. 동예)에서는 "매년 10월에 하늘에 제사를 지냈다. 또한 그들은 호랑이의 영을 숭배하기도 했다고 한다."[9] 또 다른 원시 부족국가인 옥저(Okju)는 "죽은 이를 묻고 나면, 유골만 남을 때까지 기다렸다가, 뼈들을 파내어 속이 빈 나무 안에 다 모아두었다고 한다. 그 나무 옆에는 사람 모습을 한 상이 세워져 있었다." 아마 이 사람이 숭배의 대상이었을 것이다. 이 관습은 부리야트Buriat족의 의식이나 시베리아에 사는 다른 부족들의 것과 유사점이 있다.[10] 만주 국경너머에 사는 부여Fuyu 민족은 짐작컨대 한국 민족과 같은 인종으로 여겨지는데, 그들은 "하늘에 제물을 드리고, 땅의 영에게도, 샛별과 하늘의 세력들과 보이지 않는 세력들에게 제물을 바쳤다."[11]

유교에 대해 토론할 때, 우리는 기자(Keuija)가 서력기원 전 1122년에 한국에 오면서 "주술과 주문 등을 가져왔다"는 이야기를 들었다. 이는 원래부터 있던 샤머니즘에 중국의 영향이 처음으로 주입된 사건인 듯하다. 그 후 이 의례는 그 둘의 영향을 받으면서 발전을 거듭했다. 역사는 전하길, 기원

9_ Hulbert, *History of Korea* I, p.21, p.23; Korean Repository, 1892, p.200.
10_ Czaplicka, *Aboriginal Siberia*, p.157; Ross, *Corea. It's History, Customs and Manners*, p.19.
11_ Griffis, *The Hermit Nation*, p.24.

전 773년에 한 왕이 있었는데, 그 왕은 "주술과 주문을 금했다"[12]고 한다.

에드킨스Edkins는 말한다. "한 민족, 곧 서기 3세기의 정통 한국인들은 씨 뿌리고 추수하는 달인 5월과 10월에 정령 숭배를 거행했다. 이때 그들은 가무를 즐기고 술을 마셨다. 수십 명씩 어울려서 춤을 추었는데, 손, 발의 동작이 척척 맞았다. 하늘의 영에게 제물을 바치기 위해 한 사람을 선별하였다. 이름 하여 그 사람을 '천상의 통치자'(Heavenly Ruler. 天官)이라고 한다."[13] 한국인들이 행하는 주술과 점복은 옛 중국의 주술사인 운창강(Wun Chang Kang)의 가르침을 바탕으로 한다.[14] 물론 이 말은 서쪽 지방에서 온 종족에게만 해당될 수 있는 말이지 시베리아에 그들의 기원을 둔 사람들에게는 해당되는 말이 아니다.

서기 618년 중국 당나라의 황제는 신도神道(Shinto)에 관한 책을 한국에 보냈다.[15] 물론 이 책이 일본 신도와 관련된 서적은 아니다. 한국인들은 신도를 신봉한 적이 없었기 때문이다. 서기 1409년 당시의 정통 역사에서 우리는 다음의 사실을 읽을 수 있다. 즉, 한때 나라에서는 모든 남녀 무당들이나 지관들을 그들이 사용하는 책 더미 속에서 불태워 죽이라고 명한 적도 있었다.[16] 1472년, 그들은 도성 바깥으로 쫓겨났다.[17] 이 돌발 사태는 유교가 그 당시 조선 왕조에서 다시 받아들여졌기 때문이었다. 아무튼 무당들은 언제나 그랬듯이 슬금슬금 되돌아왔다.

조선 왕조에서 실질적으로 마지막 왕의 부인이었던 민비(Queen Min. 명성황후)는 샤머니즘 의례를 최고의 자리로 끌어올렸다. 그녀는 샤머니즘에 흠

12_ Hulbert, *History of Korea* I, p.11.

13_ *Korean Repository*, 1892, p.200.

14_ *Royal Asiatic Society Records*, 1900, p.18.

15_ Hulbert, *History of Korea* I, p.92.

16_ Hulbert, *History of Korea* I, p.302.

17_ Ibid., p.319.

뻑 빠져 있었고, 그래서 무당들은 대궐에 드나들 권리를 가졌다. 또한 왕비는 나라 전체의 의례를 하나의 구심점 아래 모으고자 했다. 왕비가 평소에 아끼던 이지용을 공주의 반열에까지 들어 높이고, 유학자 출신의 정치가들이 그 무당에게 존경을 표하도록 만들었다.[18] 그녀가 1895년 일본인들에게 살해되면서 이 모든 시도는 무위로 끝나 버렸다. 모든 의례는 대궐 밖으로 내처졌고, 또 다시 옛날처럼 개인적이고, 어느 정도 비밀스럽기도 하면서, 반反 사회적인 사안으로 되돌아가 버렸다.

2. 의례의 중요성

1900년에 헐버트가 밝혔듯이, "한 민족이 가진 종교라고 해야 대부분 유교와 그 가르침을 형식적으로만 받아들인 것이고, 아주 오랜 옛날부터 미신적인 대상을 숭배하는 일에만 매달리고 있다. 이는 나중에 인도의 불교 철학에 의해 변형되기도 한다."[19]

W. M. 클라크는 1925년에 이렇게 썼다. "오늘날 한국에서는 샤머니즘이 종교적 관점에서 보았을 때에 가장 강력한 힘을 행사하고 있다고 할 수 있다."[20]

이 시기를 살았던 많은 작가들도 이와 비슷한 증언을 했다. 유교는 국가 종교이고, 이런 자격을 가졌기에 나라의 살림살이를 책임졌다. 한국 역사에서 불교는 나라의 의례를 전적으로나 부분적으로 담당하는 역할을 했다. 샤

18_ Ibid., Vol. II, p.248; Bishop, *Korea and Her Neighbours*, p.402.

19_ *Royal Asiatic Society Records*, 1900, p.41.

20_ *Korea Mission Field Magazine*, 1925, p.79.

머니즘은 위에서 본 것처럼 공공연히 비난의 대상이 되었고 언제나 학식 있는 사람들에게서 멸시 당했다. 그래서 모든 사람은 좀 창피하게 여기면서 샤먼 의례를 거행했다. 하지만 이 종교는 다른 어떤 종교보다도 더 강한 생명력을 가지고 있다.

존스가 주장하듯이, "샤머니즘은 유교와 불교가 가지고 있는 초자연적인 특성을 거의 다 흡수했다."[21] 유교는 영적인 용들에 대해, 귀와 신이라고 불리는 혼령에 대해, 바람의 영, 언덕들과 강의 영들에 대한 믿음을 가지고 있다. 한국 샤머니즘은 이러한 특성들을 물려받았다. 그래서 이러한 존재와 이념에 대하여 관심을 가진 사람들이 볼 때, 이들이 과연 유교 신자로 행동하는지, 아니면 샤머니즘의 신봉자로 행동하는지를 알아내기는 난감하다. 불교는 후대로 가면서 중국의 질 낮은 도교로부터 주술, 부적 만들기, 수정으로 점치기, 꿈 해몽 등등을 물려받았는데, 샤머니즘은 또 불교로부터 이러한 내용들을 수용하였다. 샤머니즘은 심지어 티벳 불교에서 나온 다라니경의 기도문에서도 많은 것을 가져왔고, 주문을 욀 때도 이를 제멋대로 이용하였다. 비록 무당들이 불교 사원에서 행해지는 제사에 참여하거나 그와 관련이 있는 것은 아니라도 말이다.

이러한 의례는 멸시받았고, 단지 대부분의 무지한 백성들과 여인들에게만 적합한 것으로 여겨져 왔다. 하지만 이 종교는 일반 백성들 사이에서 언제나 힘이 있었고, 오늘날에도 여전히 그렇게 힘이 있다. 1900년에 기포드 Gifford가 주장하였듯이, "한국인들은 귀신숭배를 위해 연평균 2백50만 달러를 쓴다."[22]

21_ *Royal Asiatic Society Records*, 1901, p.39.
22_ *Every Day Life in Korea*, p.107.

3. 건물

건물에 관해서는 무스Moose가 주장한 바를 들어보자. "신령을 숭배하는
데는 절이 필요 없다. 주물呪物(fetiche)과 사당(shrine)만 있으면 되는 것이다.
전국에 이런 곳은 널려 있다."[23] 이 말은 사실이다. 불교의 절처럼 큰 건물
도 없고 유학자들의 향교鄕校(Haingkyo temple)와 같은 건물도 없다. 마을마다
마을 어귀에, 혹은 가까운 언덕 꼭대기에, 작은 신당이 있는데, 그 종류는
2피트의 육면체에서부터 8평방피트의 건축물까지 다양하다. 그러나 "굿
(koot)"은 그곳이 아니라 사당 건물 바깥에서 벌어진다. 서울에 이제는 폐허
가 된 "국사당(Kooksa Dang)"이란 곳이 있는데, 이는 나라에서 세운[國立] 신
당이다. 국사당은 남산[역주 3]에 있는 것으로, 50명 정도를 수용할 수 있는
건물이다. 그 외 신당은 무악재(Peking Pass) 바로 위에 하나, 자문(Cha Moon,
자하문] 안에 하나, 그리고 남대문 바깥에 하나가 더 있었다. 남대문 담을 따
라 나란히 서 있던 신당은 30명 정도를 수용할 수 있었다. 하지만 그만한
수의 사람들은 모이지 않았다. 대부분의 굿은 개인적으로 행해졌다. 주로
개인이나 가정을 위해 행해졌고, 아니면 기껏해야 한 마을에서 대여섯 가구
정도가 굿판에 참여하는 정도였다. 아울러 굿은 대부분의 경우 가정집에서
행해졌지, 신당에서는 벌어지지 않았다. 남녀 무당들은 공공 신당을 연습
장소로 사용하거나 어떤 이유에 의해 가정집에서 벌일 수 없는 굿을 이곳에
서 벌였다.

산신령을 비롯한 여러 신들에게 드리는 공동의 의례가 있었고, 때로는
수백 명이 이러한 의례에 몰려오기도 했다. 이러한 의례는 주로 산꼭대기의

23_ *Village Life in Korea*, p.191.
[역주 3] 일제 강압기 남산의 국사당 위치에 조선신궁이 건립되는 바람에, 인왕산으로 이전되어 현재에 이르
고 있다.

야외에서 행해졌다. 어느 곳에서든 정기적인 모임은 없었고, 그래서 집회를 위해 장소가 지어질 필요도 없었다.

좀 더 작은 신당 안에는, 밝은 노란색과 붉은색으로 그려진 섬뜩하고도 괴상한 그림이 그려져 있는데, 이는 신령을 묘사하는 그림이다. 신령의 이름이 새겨져 있는 나무 탁자가 있기도 하다. 서울에 있는 국사당에는 괜찮은 그림이 일렬로 늘어서 벽면 전체를 덮고 있다. 그 중에는 앞에서 언급한 대로 "전쟁 신"인 최일 대장(Choi Il Taichang)의 그림이 있고 산신령이 호랑이를 타고 앉아 있는 그림도 있다. 서울의 다른 신당에는, 부처상들만이 있는 경우도 있다. 남산의 국사당 아래 건물에도 신당이 하나 있다.

다른 신당들에는 실제로 벽면마다 그림이 있는데, 이 벽들은 석왕(Suk Wang, 帝釋天王), 즉 인도의 사크라, 천연두를 가리키는 호조(Hojo), 아기를 낳다가 죽은 여자의 넋, 호랑이 먹이가 된 이들, 죽은 맹인 남녀 무당들 등, 그와 같은 이들의 이름이 기록돼 있는 장식적인 패널들이 걸려 있다. 과거로 되돌아 가보면, 한국에는 자신의 대통을 이을 세자가 자기에게 맞서 음모를 꾸민다고 생각한 왕이 있었다. 그래서 그는 뒤주를 하나 만들고 그의 왕좌 앞에 이를 갖다 두었다. 그러고는 세자를 불러 그 안에 들어가 누우라고 명했다. 아들은 순종했다. 왕은 뒤주 뚜껑을 닫아 못질하도록 명령을 내렸다. 모든 이들은 생각하기를 왕이 단순히 아들에게 겁을 주려한 것으로 여겼지만, 사실은 그렇지가 않았다. 아들은 뒤주 속에서 질식사했다. '뒤주 대왕'(Tooji Tai Wang, 사도세자)으로 불리는 그의 혼령은 기원을 청하는 대상이 되었다.

위에서 이야기한 것들은 서울 근교에 있는 신당들에 관한 것이다. 다른 지역에는 또한 다른 신령들이 언급된다. 예를 들면 경주 근처에서 백성들은 그들의 초기 왕 중 한 명에게 기원한다. 그는 그 도시 정면에 흐르는 강줄기를 바꾸어 이를 다른 계곡 아래로 보낼 수 있을 만큼 강력한 힘을 지니고 있는 왕이었다.

굿이 개인 집에서 행해질 때, 보통은 큰 천막이나 차양이 환자의 집 주변 마당에 세워진다. 해당되는 행사를 위해 임시 신당이 서는 셈이다. 언덕 꼭대기와 산의 통행로에 있는 신당들 옆에는 나무나 돌로 만든 신성한 기둥 [장승]이 있다. 그리고 비틀어진 오래된 나무가 있고 돌무더기가 있다. 이것들은 무당의 의례를 거행하는 데 필요한 도구들 중 일부이다. 하지만 우리는 이에 대해서는 나중에 언급할 것이다.

우리는 이미 샤머니즘과 관련을 가지는 것으로 보이는 고인돌에 대해 말한 적이 있다. 그것들이 제단인지 묘인지는 아무도 모른다. 풍수風水 (geomancy)와 연결해서, 우리는 그것들이 해당되는 장소의 기운을 다스리기 위해 치밀한 계획에 따라 세워졌음을 알 수 있다. 풍수(Fungsui)의 이론에 의하면, 사람들이 살고 있는 마을 안으로 들어오는 산줄기를 따라 악 영향이 흘러 들어오는 것을 막아 준다고 한다.[24] 우리는 승려 도선(Tosun)이 충청 지방에 고인돌을 놓음으로 해서 그 주민들이 늘 고마워하고 있는 사실을 보았다. 또한 산 중턱에 새겨진 미륵(Miryuck)의 거대한 안면 석상에 대해서도 언급한 바 있다. 오늘날 비록 불자들이 장차 올 구원자 부처로 미륵을 내세우고 있기는 하지만, 미륵은 원래 정령숭배나 샤머니즘의 의례에 속해 있던 신앙의 내용이라고 추측할 수 있다.[25]

24_ Underwood, *Religions of Eastern Asia*, p.102.

25_ Hulbert, *Passing of Korea*, p.296.

4. 무당의 유형

시베리아에는 다양한 등급의 샤먼들이 있다.[26] 즉, 그들 자신의 가정 일에서나 마을의 공동의식에서만 봉사하는 가족 샤먼이 있다. 그런가 하면 다른 직업이 없는 전문적인 샤먼들도 있다. 흑黑 샤먼은 악령의 도움으로 그들의 일을 수행하고, 백白 샤먼은 선한 영들과 함께 일을 한다. 그뿐인가! 큰 무당, 중간 계층 무당과 작은 무당, 아니면 남자 무당(박쉬), 여자 무당 등 그야말로 다양하다.

한국에는 시베리아 경우처럼 지속적으로 그 역할에 제한을 받는 것은 아니지만, 그래도 가족 무당이 있고, 또한 전문적인 무당들도 많이 있다. 물론 악한 영을 섬김으로써 신령을 압도하려고 하는 개인들이 있고 선한 영을 모시려는 이들도 있지만, 흑과 백이라 명확하게 불리는 계층은 없다. 맹인들은 후자에 속하는 것으로 짐작된다.

한국에서 세 가지 유형의 무당들이 있다. 즉, 무당(Mootang), 박수(Paksoo, 남자로서 무당과 똑같은 일을 한다), 그리고 판수(Pansoo), 즉 맹인 점쟁이가 그들이다. 또한 마을에서 일시적으로 샤머니즘에 관계된 일을 하는 비전문적인 사람들도 있다. 곧, 지관(풍수장이)과 일관(길한 날을 뽑는 사람)이 그 예이다. 이 후자 집단은 좀 의심스럽긴 하다. 유복(Yubok)이라 불리는 맹인 여성 점쟁이의 한 부류도 있다. 그들은 무당들처럼 굿을 하지는 않는다.[27] 이러한 증거들은 무당과 박수가 직접적으로 시베리아 전통에 기인한다는 것을 보여준다. 그리고 다른 부류는 중국에서 들어왔거나 그 영향의 결과로 보인다.

26_ Czaplicka, *Aboriginal Siberia*, pp. 191f.

27_ *Korea Review*, 1903, p. 305.

1) 무당과 박수

여기에서 우리는 우선 그 첫 번째 두 부류를 연구해 보자. 트로쉬칸스키 Troshchanski는 주장하길 시베리아의 샤먼들은 원래 여자였고, 남자들은 훨씬 뒤에야 그 직분을 맡게 되었다고 한다.[28] 이 남자들은 원래 무당의 복장에 매달 주술적인 쇠붙이 장식을 만들던 대장장이들이었을 것이다. 시베리아 에는 여자 샤먼들이 남자보다 훨씬 더 많았다. 샤먼들이 원래 여자였다는 증거로서 다음과 같은 예들이 제시된다.

1. 야쿠트 족의 샤먼 복장에는 쇠로 된 원 모양이 두 개가 붙어 있다. 이는 가슴을 상징하는 것이다.

2. 남자 샤먼들은 머리를 여자처럼 양 갈래로 땋아 늘어뜨렸다. 일을 할 때는 모발을 아래로 늘어뜨렸다.

3. 여자와 샤먼들(남녀를 가리지 않고)은 유르타 천막에서 말가죽의 오 른편에 누울 수가 없다.

4. 남자 샤먼은 매우 중요한 행사 때만 오직 샤먼의 복장을 갖춘다.

5. 여자 샤먼이 첫 3일을 감금당해 있는 동안, 그녀의 집에 접근하는 일은 모든 남자에게 금지되어 있었지만, 남자 샤먼들에게는 그런 제약이 없었다.

위대한 영적 능력을 가진 대장장이들만이 이 주술적인 쇠붙이 장식을 만들 수 있었다고 한다. "이제는 더 이상 이와 같은 '신비한 대장장이'들이 없고, 새로운 샤머니즘의 복장도 만들어지지 않는다."[29] 아마 대장장이들은 여자 샤먼들이 사용하던 그런 능력이 자신들 안에도 있다고 느낀 듯하다.

28_ *Evolution of the Black Faith*, p.123.
29_ Czaplicka, *Aboriginal Siberia*, p.199.

야쿠트 무복 사진 출처 : 러시아연방민족지학박물관 'Н а грани миров : Шаманизм народов Сибири' 2006, p.270

그러면서 여자 샤먼들이 얻었던 많은 소득을 나누어 갖고 싶어 했다. 그래서 원래의 직업을 버리고 그때까지 여자들이 점유했던 샤머니즘의 일을 했던 것이다.

한국에는 훨씬 더 많은 샤먼들이 있다. 그들은 '무당'이라 불리는 여자들이다. 박수라 불리는 한 집단의 남자들이 있기는 하다. 그들은 여자가 하는 일과 똑같이 샤머니즘과 관련된 일을 하지만 여자의 수보다는 훨씬 적다.

1. 여자들의 복장에는, 작고 동그란 쇠붙이가 달려 있고, 직경 2~5인치의 방패 모양 조각들도 있다.[30] 사람들은 이 쇠붙이들을 경외의 대상으로 보고, 또한 거대한 힘이 그들과 그 옷을 입는 사람 안에 있다고 말한다. 여자들이 샤먼 의례를 행할 때면, 조잡한 쇠칼이나 삼지창을 손에 든다. 이는 그들의 힘을 강화한다는 의미를 가진다. 박수들이 일을 할 때는 여자들이 입는 겉옷을 입는다.

2. 위의 마지막 구절은 다시 한국과 시베리아를 연결하는 흥미로운 내용을 보여 준다. 박수가 일을 할 때 여자의 겉옷을 입는 반면, 무당은 남자가 입는 겉옷을 입는다. 이런 현상을 시베리아의 작가들은 "성의 뒤바뀜

30_ Tylor, *Primitive Culture* I, p.140.

(Change of Sex)"[31]_이라고 부른다. 단지 "옷을 바꿔 입음(Change of Dress)[32]_"으로써 그리 될 수 있다는 것이다. 다소 신비적인 상징이기는 하지만, 이는 단지 옷을 바꾸는 행위 이상의 의미를 가진다. 한국인들은 그런 관습이 어디에서 왔는지 알지 못하고, 이렇게 하는 타당한 이유도 내놓지는 못한다. 하지만 그들은 이를 정확하게 지켜냈다. 이러한 행위는 그들의 근원지에서 물려받은 유산임에 틀림없다.

3. 한국과 시베리아를 연결하는 세 번째 증거는 샤먼들의 이름이다. 이것은 또한 그곳에서 첫 샤먼들이었던 여자들과 관련해서 제시된 증거이기도 하다. 시베리아를 가로지르는 다양한 부족들 사이에, 남자 샤먼의 이름은 다른 반면, 여자 샤먼의 이름은 몽골족, 부리아트족, 야쿠트족, 알타이족 등이 같은 의미로 사용하고 있다. 물론 샤먼의 명칭이 부족에 따라 우타간, 우다간, 우바칸, 우티간, 이두안 등으로 다르게 읽히기는 한다.[33]_ 한국의 '무당'이란 이름은 같은 단어에서 나온 게 확실하다. 다만 이를 두 개의 한자로 써야 하는 조건에 맞추기 위해 약간 변형되었을 뿐이다. 이 두 한자는 '소리'로도 이를 드러내고 그 자체로도 같은 의미를 드러내 준다. "무"는 "속인다誣"는 의미의 한자이고 "당"은 "친구"로 번역될 수 있다.[34]_ 때로는 "무녀巫女(Moonyu)"라 하기도 하는데, 이때는 "속이는 여자誣女"라는 뜻이다.[역주 4] 위에서 본 시베리아어 단어의 발음 중 어떤 것이라도 한글 문자만으로 표시될 수 있다. 중국의 한학자들은 외국 단어를 번역하는 데 있어, 외래어와 같은

31_ Jochelson, *The Koryak* I, p.53.
32_ Czaplicka, *Aboriginal Siberia*, p.248.
33_ Ibid., p.198.
34_ *Korea Review*, 1903, p.145; Bishop, *Korea and Her Neighbours*, p.409.
[역주 4] 저자가 한자의 의미를 착각하였거나, 일부러 왜곡하였다고 보아야 할 대목이다. 무당 巫라는 글자와 속일 誣라는 글자가 비슷해 보이긴 하나, 서로 의미가 완전히 다른 점을 구별하지 않거나 못한 데서 나온 잘못된 해석의 결과이다.

소리가 나는 문자를 찾으려고 하거나, 본래 그 단어의 의미를 나타내는 단어를 찾는데, 이 단어는 그 원 의미를 잘 나타내고 제대로 잘 표현된 것이다.

4. 시베리아 샤먼들의 굿 절차는 주로 밤에 이루어졌다.[35] 한국인 무당들의 모임 역시 그렇다. 그 모임에는 언제나 춤이 들어가고 북을 치기도 한다. 어떤 무당의 모임도 이 둘 없이는 완전하지 않다고 한다.

5. 혹 샤먼들처럼, 무당들도 악한 신들과 잘 사귀었다. 이는 그들을 부추기고 달래서 자기들 마음대로 부리려는 것이다. 무당들은 모든 질병을 치유할 수 있다고 주장한다. 왜냐하면 이 병들은 악신이 일으킨 것이고, 그 신들을 달랠 때 병도 떠나갈 거라는 주장이다. 그들은 물에 빠져 죽은 사람의 혼령을 잠재울 수 있다고 주장한다. 그렇지 않으면 그 혼령은 평안을 얻지 못한 채 다른 어떤 사람이라도 물속에 끌어들여 물에 빠뜨리고 말 것이다. 사람들이 우물에 빠져 죽으면 그들은 우물을 정화시켜야 한다고 주장한다. 죽은 후에도, 사자의 혼령은 집 주위를 떠돌면서 그 가정에 해를 끼칠 수 있다고 믿는다. 무당은 그 혼령을 영원한 안식처로 보냄으로써 모든 근심거리를 없애 준다.

무당은 "초령(Choryung)"이라는 작은 나무 부적을 만드는데, 이를 아이의 허리띠에 묶어 주어 아이들을 떠돌아다니는 "뜬신(Deunsin)"으로부터 보호한다. 무당은 새 집을 짓고 나면 그 집 대들보에 집안을 다스리는 성주(Sungjoo)를 모시고, 만약에 그 가정에 불행한 일이 자주 일어나면 성주가 뭔가 화가 나서 그런 것으로 여기고 이를 다른 곳에 옮겨 모신다. 무당은 잃은 물건을 찾아 주거나 미래를 점치고, 비를 다스리는 용을 달래기도 한다. 또한 여행객들이 무당이 지시한 날짜에 출발하기만 한다면 안전한 여행을 할 수 있음을 보증하기도 한다.

35_ Czaplicka, *Aboriginal Siberia*, pp.228f.

여러 종류의 굿 절차는 아래에서 설명할 것이다. 이때 무당이 닭이나 돼지, 몇몇 동물의 피를 제물로 바치는 것을 보게 될 것이다. 오래 전에 그런 경우 사람을 제물로 바쳤다는 말도 있다. 특히 어떤 일정한 장소에서 해신海神에게 제사를 바칠 때에는 보통 어린 처녀가 제물이 되어 물에 던져졌고, 그렇게 해서 그 신들을 달랬다고 한다.

그러던 중 한 지혜로운 관리가 이 관습을 깨뜨렸다. 즉, 그는 신령들이 자신들의 종인 무당들을 제물로 받으면 더 만족할 것이라고 주장을 했던 것이다. 관리가 무당들 중 한 명을 대신 물에 던지라고 명령하자, 무당들은 이제부터 다른 제물을 사용하겠다고 약속했다.[36] 무당들과 대부분의 박수들은 사회에서 낮은 계층에 속하고 보통은 무식하다. 그들은 굿 절차에 관한 서적도 사용하지 않고, 불교의 천수경千壽慶으로 부적을 쓰는데 사용하는 것 말고는 어떤 책도 읽지 않는다. 그들의 주술과 신령을 다스리는 방법은 표준화되어 있지 않다. 그런 것은 후손들에게 전수되는 것이고, 각 개인은 적합한 방식으로 자기에게 맞게 변형을 시킨다. 일반적인 소문은 이 여자들의 도덕관이 의심스럽다고 한다. 그녀들은 보통 자신들만큼 비천한 남자들과 결혼하고, 이 남편들은 그들의 굿에 함께 동반해 북을 치거나 피리를 부는 일을 한다.

6. 시베리아 샤먼들은 점을 칠 때, 양의 대퇴골을 이용한다. 한국 무당은 화롯가에서 재를 거두어와 주문을 외면서 키질하는 그릇 안에 부드럽게 뿌린다. 그리고 나서 나무 재의 부드러운 표면 위에 보이는 가늘고 긴 선을 보고 해석을 한다.

36_ *Korea Review*, 1903, p.303; *Korean Repository*, 1896, p.165.

2) 판수

판수는 샤머니즘 분야의 일을 하는 데 있어서 무당과 그 역할이 구별된다. 그는 또한 시베리아 샤먼들이 행하는 비슷한 일들도 한다. 예를 들면, 북을 사용하고, 모임은 주로 밤에 하는 것 등이다. 반면에, 그의 기술은 부적 책에 의존한다. 이는 유교의 분위기를 띠기도 하는 데, 일반적으로 판수는 그 비법을 시베리아 원천 못지않게 중국에서도 많이 들여온 것으로 보인다.

1. 모든 판수는 맹인이거나 아니면 맹인인 척한다. 그 이름은 중국 한자에서 유래한다. "판"은 결정하다, 그리고 "수"는 운명을 뜻한다.[37] 판수는 무당보다는 훨씬 더 높게 평가된다. 그들의 눈이 보이지 않기에, 사람들은 판수들이 오히려 내적인 통찰력이 있다고 생각한다. 무당은 악신들을 달래서 친하게 지낼 수 있다는 생각으로 악신들을 모시기도 한다. 백 샤먼들처럼, 판수들도 그의 은혜를 구하는 한편 능력이 있는 신상들, 곧 선한 신령들의 도움을 청하기도 한다. 그래서 어떤 단어나 주문을 외워서, 그리고 선한 신상들의 도움으로, 그들은 악신들을 움직여 자신들의 뜻대로 하게 한다. 때로 그들이 모시는 신상들은 죽은 샤먼들의 혼령들이기도 하다. 이는 시베리아의 야쿠트족들에게도 마찬가지로 있는 경우이다. 아래에서 우리는 이와 같은 문제에서 그들의 기술을 보여 줄 굿 절차를 볼 것이다.

판수가 하는 일 중에 가장 잘 알려진 것은 치유나 악한 영을 쫓아내는 일이라 할 수 있다. 하지만 그 이름이 암시하듯이, 판수는 주로 점을 치는 일을 하는데, 모든 종류의 사업이나 다른 일에 관해 조언을 한다. 판수가 점

37_ Underwood, *Religions of Eastern Asia*, p.123.

을 칠 때 사용하는 세 가지 종류의 것이 있다. 곧, 판수가 던지는 작은 금속 막대기, 작은 네모 상자에 들어 있는 짚 인형이 그 첫째이고, 둘째는 동전이다. 셋째는 한자를 가지고 점을 친다. 이러한 것들을 수단으로 해서, 그는 어떤 사람의 질문에라도 거의 결정적인 답을 줄 수 있다. 헐버트는 판수들이 답하는 서른네 가지 형태의 질문에 대해 언급했다.[38] 거기에는 미래에 일어날 수 있는 모든 사건도 포함되어 있다. 즉, 재정문제, 결혼문제, 가정문제, 개인 일이든 공적인 일이든 모두가 포함된다. 이러한 점의 형태를 모두 익히는 것은 아주 힘든 일이고 보통 시간이 오래 걸린다. 이 일은 매우 복잡한 일이기 때문이다. 보통은 개인들도 한 가지를 제외하고는 모두를 습득할 수 있다. 즉, 판수가 미래를 제대로 점치는 것은 보통의 사람이 배울 수 없는 것으로 인간적인 기술이 아님을 확실히 알고 있는 것이다. 그에게 권한을 주는 것은 영의 세계와의 친분 관계이다. 샤머니즘 신봉자들은 인간이 죽은 후에 때로는 그 영혼이 동물, 곧 여우, 까마귀, 개 등에게 들어간다는 믿음을 갖고 있다.[39] 무당은 재 가루를 펴서 그 흔적을 보고 예언을 한다. 판수는 자신이 섬기는 신장神將(Sinchang)들을 보고 미래를 점친다.

2. 판수의 서적 : 판수들은 많은 책들을 사용하는데, 그 책들은 강력한 주문에 관한 책들이다. 제 구실을 하는 샤먼이 되기 위해서 이를 충분히 습득하는 데는 최소한 5년이 걸린다고 한다. 또한 그 후에도 능력을 유지하기 위해서는 노력이 필요하다. 물론 그들은 악신을 통제하기 위하여 자유롭고 적절하게, 적당한 시간에 암송하기 위해 기억해야 할 내용도 많이 있다.

그들이 누구나 보는 책에는 옥추경玉樞經(Jade Book)이 있다. 이 책은 '천

38_ *Korea Review*, 1903, p.344.
39_ Tylor, *Primitive Culture* II, p.7.

존天尊'(Chunchon)이라 불리는 지고의 존재자에 대해 말한다. 그는 "아홉 하늘을 뒤흔드는 분"이다. 그리고 그의 드넓은 통치 지역에 대해 말한다. 이 책은 매우 허무맹랑한 주장을 하기도 한다. 예를 들면, 하늘이나 땅에서 나오는 스물다섯 가지 종류 중 하나의 열병에 걸렸을 때, 스물네 종류 중의 하나인 위병에 걸렸을 때, 혹은 스물여섯 종류 중의 하나인 신체가 허약해지는 병에 걸렸을 때, 이 책을 읽으면 즉시 그 모든 질병을 쫓을 수 있다고 한다. 역병이 돌아, 온 마을 사람들이 죽어갈 때 이 책을 한 번만 읽으면 완전히 치유된다는 것이다

여행을 할 때, 뭍에서 강도, 표범, 늑대의 위협을 받을 때, 혹은 물에서 상어나 물뱀에게 공격을 당할 때, 강에서 급류에 휩쓸릴 위험에 처해 있을 때, 이 책을 한 번 읽으면 모든 근심 걱정이 사라져 버릴 것이다. 가뭄 시에 이 책은 비를 가져다준다. 비가 너무 많이 올 때는 적절한 수준에 이르게도 해준다. 책은 화재를 진압하고, 밀려드는 파도를 멈추게 한다.

이 책의 주장에 따르면, 천존은 그의 명령을 시행시킬 능력을 가지고 있으며, 그를 거스르는 자를 황건 역사黃巾力士(Whangkwun Yuksa)가 다스리는 지옥에 보낼 수 있다. 이들은 또한 기발한 약을 만들어, 결핵과 암에서부터 시작해 돌 뿌리에 채인 발가락과 무릎 관절까지 모든 병을 치유할 수 있다고 장담했다. 샤머니즘에 경전이 있다고 한다면, 바로 이 책이라고 해야 할 터이다. 이는 연구해 볼 가치가 있는 서적이다.

가끔씩 사용되는 다른 책도 많이 있는데, 예를 들면, 음부경陰府經 (Eumpoo Kyung) 또는 저승사자의 책(Hades Book), 백두경白頭經(Paiktoo Kyung), 축귀경逐鬼經(Chookki Kyung), 팔양경八陽經(Palaing Kyung) 등이다. 법신경法身經 (Pupsin Kyung)은 특히 부엌의 신, 뱀신, 산신 등에 관하여 언급한다. 칠성연명경七星延命經(Chilsung Yunmyung Kyung)은 큰곰자리별에 대해 전하고 있다. 한국에서는 수정을 들여다보면서 치는 점(crystal-gazing)이 많지는 않지만, 요

지경瑤池鏡(Yoji Kyung)이 있기는 하나. 또한 관상학에 관한 책도 있다. 이런 책들은 대부분 중국에서 들여온 것으로 보인다. 위에 언급한 책 들 중에서 적어도 세 가지는 중국에 있는 친구로부터 내가 받은 도교 서적의 목록에서 확인할 수 있는 것들이다.

3) 지관地官(Chikwan)

로스Ross는 옛날 한국 책에서 인용하기를, "지관의 일은 요임금(Yao, 서력기원 전 2000년경 중국의 유명한 왕) 시대 정승들이었던 허(Hu)와 호(Ho)에게서 시작되었다. 이 일에 동조하는 사람은 누구나 귀신에게 봉사하는 자가 된다."[40] 마틴Martin은 주장하기를, 지관이 하는 일은 "변질된 도교에서 나온 형편없는 분파"[41]라고 평한다. 게일Gale 박사에 따르면, "서기 1022년에 한 조라는 사람이 지가 서(Chiga Su)라 부르는 풍수지리 관련 서적을 중국에서 들여왔다"[42]고 한다.

그렇다면 지관들도 샤먼으로 보아야 하는가? 지관들은 무당이나 판수들처럼 영적인 존재보다는 해로운 영향을 주는 사안들에 대해 궁리한다. 그러나 로스가 위에서 인용한 것을 보면 백성들은 이들을 신령과 관련되는 일을 하느라고 바쁜 사람으로 여긴다. 지관들은 그 의례 전부를 중국에서 들여온 것으로 보인다. 시베리아에는 이런 유형이 없기 때문이다.

지관들이 따르는 이 "과학"[43]은 중국[Fungsui]이나 한국[Poongsoo]에서 "풍수風水"로 알려져 있다. 이는 바람과 물의 과학으로, 사람이 거주하거나 집

40_ Ross, Corea. It's History, Customs and Manners, p.358.

41_ Lore of Cathay, p.252.

42_ Royal Asiatic Society Records, 1900, p.10.

43_ Korean Repository, 1892, p.169; Ibid., 1896, p.387; Korea Review, 1903, p.109.

을 짓기에 알맞은 장소를 고르고 특히 묘 자리를 택하는 일에 관심을 기울인다. 옛날 한국 사람들은 영적 환경이 풍요롭고 안온한 묘 자리를 얻는 것에 대해 무척 많이 고심했다. 왜냐하면 자신들이나 자손들을 위해 적당한 집과 건강에 좋은 환경을 얻기 보다는 돌아가신 부모님을 위하여 더 좋은 자리를 얻고자 했기 때문이다. 보통 마을들은 위생에 과히 좋지 않은 저지대에 자리하고 있고, 말라리아로 가득 찬 논 가까이에 있다. 그러나 묘지는 탁 트인 고지대나 언덕 위에 자리 잡고 있다. 그래서 그들의 영적인 건강 위생은 잘 관리된다. 만약에 그렇지 못하면 가족들에게 우환거리가 된다. 왜냐하면 조상의 혼령이 예전에 살던 집으로 되돌아와 후손들에게 무시무시한 재앙을 내릴 것이기 때문이다.

이러한 명당자리를 고르는 일은 복잡하다. 그래서 지관은 고도의 훈련을 받아야 할 필요가 있다. 이미 언급한 책 외에도 요즘에는 천기대요天機大要(Chun Keui Tayo)라는 책이 알려져 있다. 지관은 나침반과 쌍안경과 말뚝과 줄자를 가지고 언덕에 올라간다. 해로울 수 있는 영향은 북쪽 국경선에 있는 백두산白頭山(Everywhite Mountains)에서 시작해 산등성이 아래로 흘러내리고, 남으로 산들의 줄기에까지 닿는다. 묘 자리는 좋은 영향만이 작용할 수 있는 곳에 자리 잡아야 한다. 그렇게 하면 모든 악한 기운은 무마가 된다. "청룡靑龍(Blue Dragon)" 지맥은 맞은편 산맥의 "백호白虎(Yellow Tiger)"와 바른 관계를 유지하면서 서야 한다. 가까운 산꼭대기 너머에 있는 다른 산의 "감시용 봉우리(Spying Peak)"에서 묘를 볼 수 있는지 어떻지를 잘 살펴야 한다. 모든 것이 반듯하게 놓였다고 확인이 되면, 가족들은 안심을 한다. 지관의 기술이 부족한 듯해서 의심이 된다면, 마음이 편할 수가 없다.

모든 땅에는 그에 해당하는 수호신령이나 지신地神, 산신이 있으며, 한국의 지관은 이들과 사귀어야 할 필요가 있다. 그의 일을 성공시키기 위해서이다. 무덤을 파다가 땅이 부서지면, 지신이 격노한 나머지 재앙을 가져올

까봐 지관은 일을 처리해야 한다. 시신 앞에서 땅의 신령을 쫓아내는 일은 대개는 무당이 하는 일이고, 아니면 무당의 감독 하에 이루어진다. 하지만 매장이 순조롭게 진행될 수 있도록 하는 모든 준비는 지관이 나서서 한다.

많은 지관들이 온 나라에 자자한 명성을 얻어 왕실의 묘 자리나 건물을 짓는 위치를 찾기 위해 불려 다녔다. 또한 풍수지리상의 비보 탑神補塔 (geomantic mast)[44]을 세울 장소도 지정한다. 이러한 비보 탑들은 아직도 한국 땅 여러 곳에 서 있으면서 국사를 안정되게 지키고 있다고 한다. 신중하게 장소를 선정하고 나서, 두 개의 거대한 석판(높이 4~10피트, 넓이 2피트, 두께 6인치)이 마주보게 나란히 땅에 세워진다. 다음에는 높은 나무기둥이 그들 사이에 서서 하늘로 솟아 있다. 그것에서 어떤 영향이 나오는지를 우리가 알지 못하지만, 확실히 귀신을 달래거나 그 영향에서 벗어나게 하는 힘을 가지고 있다고 여겨졌다. 나무기둥들이 지금은 거의 다 썩어 버렸지만 돌 받침대는 그대로 서 있어서 땅을 다스리는 의사(Earth Doctor)[45]의 활약상을 알려주고 있다. 일본인들이 나라를 강점한 이래로, 백성들은 공동묘지를 사용해야만 했고 그래서 지관 일은 이제 건물 부지를 고르는 일로 한정되어 버렸다. 이제는 빠른 속도로 사라져 가고 있다.

4) 일관(日官, Ilkwan) 혹은 택일 담당자

이 일은 옛날 한국에서는 한때 전문적인 일이기도 했다. 왜냐하면 많은 중요한 일들이 날짜와 시간에 의존하기 때문이다. 이 세상에 태어나는 모든 사람은 오행五行(five Elements)인 불, 물, 나무, 쇠, 흙의 영향 아래 살고 있다.

44_ *Korea Magazine*, 1918, p.4.
45_ *Korea Mission Field Magazine*, 1925, p.233; Starr, *Korean Buddhism*, p.6.

만약 '불'의 기운을 가진 남자가 '물'의 기운을 가진 여자와 결혼을 한다면, 틀림없이 그 결혼 생활은 어려움을 겪을 것이다. 또한 '쇠'의 기운을 가진 남자가 '나무' 기운을 가진 여자와 결혼한다면, 결혼생활이 파탄 날 위험이 있다. 일관은 결혼의 적절한 시기를 잡고, 누가 누구와 결혼하면 안전하게 성공할 수 있는지를 일러 준다. 일관의 사업에 사용되는 많은 책들이 있지만, 그 중 육갑六甲(Yookkap)이 가장 흔히 쓰인다. 사람들은 판수의 경우에서처럼, 일관의 결정을 최종적으로 받아들인다. 이는 일관이 생년월일을 합해서 복잡한 기술로 작업하기 때문이 아니라, 일관이 육안으로 보이는 것 뒤에 있는 영적인 실재에 대해 내밀한 사정을 알고 있고, 권한도 가지고 있음을 백성들이 인정하기 때문이다.

5) 가족무당(family shaman)

유교에서는 기우제를 지내기 위해 천제天祭(Chunchei ceremony)를 올렸다는 이야기를 한 바 있다. 이는 주로 가뭄 때에 왕이 명해서 마을에서 시행된 것이었다.[46] 전문적인 무당들은 거의 이 제사에 참석하지 않는다.[47] 마을의 웃어른과 존경받는 사람들 중에서 이 제사의 주관자가 뽑히는데, 이때 이들은 무당과 판수들이 굿을 할 때 하는 일을 한다. 춤을 추거나 북을 치지는 않더라도 매년 추수가 끝난 가을이면 마을마다 각 가정에서 돈을 거두어 희생 제물로 사용할 소를 구입하고 '산제山祭'(Sanchei ceremony)를 지낸다. 이때는 마을의 지도자가 제사를 주관한다.[48] 황해도 지방 바다 가까운 곳의

46_ Underwood, *Religions of Eastern Asia*, p.119.

47_ Ibid., p.40.

48_ "Village Guild Laws," in *Royal Asiatic Society Records*, 1913, Vol. IV, Part 2, p.21.

어느 마을에는 해마다 개를 잡아 그 껍질을 벗기고 대신 짚을 씌워 살아 있는 것처럼 꾸미고는, 마을 전체가 모여 무당이 특별한 마을굿(village Koot)을 지내는 경우도 있다. 그러면서 마을 사람들에게 복을 빌어 주고, 마지막에는 그 개를 벼랑에서 바다로 던지고, 이 희생양(scapegoat) 덕분에 마을에 찾아오는 악을 쫓아낸다. 이 굿은 '산제'와 거의 비슷하다. 하지만 여기에서는 가족 무당이 임시로 이를 주관할 뿐이다. 한국의 가족 무당들은 시베리아에서 만큼 지속적으로 일을 하지는 않지만 계속 존재해 왔던 것으로 보인다. 그들에 의해 집행되는 의식은 나중에 좀 더 이야기하기로 하자.

이상에 언급한 세 가지 유형들이 과연 샤먼으로 간주될 수 있는지에 대해서는 몇 가지 의문점이 있다. 비숍Bishop 여사는 이렇게 주장한다. "샤먼이라는 용어는 다음과 같은 사람들 모두에게 적용될 수 있다. 남녀를 불문하고 혼령을 직접적으로 다루고, 여러 가지 주술적인 의식, 부적과 주문 등으로 선의를 보장하고 해로운 영향을 비켜가게 하는 힘을 가진 사람은 다 샤먼이라 할 수 있다."[49] 이와 같은 정의가 타당하다면, 위의 분류는 제대로 되었다. 왜냐하면 이 모든 일들은 의례를 집전하는 주관자들이 하는 일들이기 때문이다.

5. 무당의 소명과 성무成巫 과정

이 일에 대해 정보를 많이 얻기는 어렵다. 왜냐하면 이 의례는 지금은 많이 사라져 가고 있기 때문이다. 또 샤먼들은 외부인들과 이런 문제를 두고 토론하고 싶어 하지도 않는다.

49_ Bishop, *Korea and Her Neighbours*, p.422.

1. **무당** : 무당의 상황은 시베리아와 거의 같다. 여자들은 보통 일에 전념할 때면 신경과민이 된다. 새 무당들은 주로 무당의 자녀들에게서 나오나, 인척 여자들에게서 나오기도 한다. 한국인들은 무당이 죽으면, 그의 혼령은 어떤 사람에게로 옮겨가고, 그러면 그 사람은 이 문제에 대한 의지력을 발휘할 수 없다고 믿는다. 그 혼령은 그 사람이 무당이 되도록 강요한다. 흔히, 무당들이 자식이 없을 때는, 어린 고아 여자를 사거나 입양해서, 우선 종으로 삼고, 점차 이 일을 물려받도록 훈련시킨다. 보통 오랜 시간의 훈련을 거처 무당은 그의 능력을 전수한다. 무당은 "귀신을 머물 수 있게 하고 그 힘을 크게 할 수 있다"고 생각하기 때문에 이 일을 한다. 새 무당이 예민하고 적절하게 준비되어 있다면, 조만간에 그녀는 자기 암시에 의해 구하는 시력과 청력을 받기 시작한다. 때로 그들은 말하기를, 특별한 귀신, 예를 들면 매의 영혼이 안에 들어오기도 한단다. 대부분의 한국인들은 이 특별한 혼령을 극히 두려워한다.[50]

2. **판수** : 판수의 경우에는 조금 다르다. 물론 그들도 신경이 예민하기는 하지만, 보통은 잘 조화를 이루고 스스로를 다스리는 듯하다. 옛날에는 그들이 이 직업을 갖게 되는 첫 번째 이유가 바로 맹인이라는 사실 때문이었다. 구걸을 제외하고는 맹인에게 열려 있는 직업은 없었다. 그들은 많은 사람들이 어떻게 해서 그들의 일을 시작하게 되었는지를 물었을 때 거의 언제나 이렇게 같은 대답을 했다.

그러나 이러한 의례 관련 업무에 입문하기로 일단 결정하면, 탁월한 이들은 자진해서 그 일을 맡아 관련된 서적을 열심히 읽고 그들의 신장(Sinchang)들을 사로잡고 필요한 위력을 획득하기 위해 "귀신이 내리게 하는 일"을 연습한다. 옛날에는, 이 맹인 샤먼들 대부분이 산속에 있는 동굴로

50_ Bishop, *Korea and Her Neighbours*, p.422; Czaplicka, *Aboriginal Siberia*, p.78.

들어가 백일 동안 기도를 드리면서 필요한 힘을 얻었다고 한다. 이러한 관습은 도교에서 유래한 듯하다.[51]

무당이나 판수가 심리적 능력을 확보하는 데 있어 정신적이거나 육체적인 고난이 작용하는지 여부는 오늘날 알아내기가 어렵다. 하지만 한때 무당이었다가 이를 버리고 그리스도인들이 된 여자들의 경우를 들어보면, 자신들이 그 신들을 떠나려하면 떠나보내지 않으려고 압박하는 것으로 느껴지는 기간이 있었다고 한다. 최근 몇 십 년간 무당들을 공식적으로 임명하는 굿은 없었다.

6. 무당 조직

무당들이 모이지 않고 뿔뿔이 흩어져 있었던 경우는 그리 많지 않다. 우리가 이미 보았듯이 민비[명성황후]는 무당들을 전국적으로 조직하려고 시도하였었다. 이러한 시도는 역사상 가장 야심찬 노력이었다. 샤머니즘에는 사원이 따로 없듯이, 광범위한 조직도 없었다. 기왕의 소규모 구역에 거주하는 무당들은 경우에 따라 따로따로 사용할 수도 있는 단 하나의 신당을 세우고 유지하기 위해 합심한다. 보통 2~3명의 남녀가 한 가족처럼 결합되어 서로간의 편의와 용기를 얻기 위해 노력한다.

일본인들이 나라를 차지한 이래, 무당 집단은 특별한 어려움을 겪고 있다. 애초에, 관리들은 무당 조직을 확실하고 완전하게 탄압하려고 시도했었다. 그러나 강력한 저항이 있었기에 일본인들은 이러한 조직을 인정해 주어야한다는 사실을 간파했다. 실질적인 인정을 획득하기 위해 무당들은 탄탄

51_ *Korea Magazine*, 1917, p.544.

한 단체를 구성해야만 했다. 평양시와 그 인근에서 무당들은 '신성회'(Sinsung Society)라고 불리는 조직을 구성하고 있었다. 인구 십만 명이 살고 있는 이 도시에 삼백 명의 현업에 종사하는 무당이 있다고 주장한다.

7. 숭배되는 신령의 종류

우리는 앞에서 샤머니즘이라는 용어를 원래의 범위보다 조금 더 확장해서 사용했다. 기록이 남아 있지 않고 정의를 명확히 하기도 애매한 종교 안에서 정령숭배精靈崇拜(animism), 주물숭배呪物崇拜(fetichism), 애니마티즘 animatism과 다른 나머지 종류들은 서로 뒤섞여 있다. 그래서 이들 중에 어느 하나의 아이템만을 떼어내어 취급하기도 불가능하거니와, 이것만이 순수하다거나 저것만이 순수한 것이라고 정확히 말할 수도 없는 실정이다. 주기적으로 바치는 의례에 이름을 붙여 본다면 이러한 상황이 훨씬 더 잘 드러날 것이다. 그런데 만약에 우리가 이와 관련된 자료를 몽땅 제시할 수 있다면, 독자들은 나중에 자기 나름대로 이를 적절히 분류할 수 있을 것이다.

한국인들의 말에 의하면 8백만 종류의 다양한 부처가 있다고 한다. 힌두교는 3천 3백만의 신들이 있다고 하고,[52] 일본 신도는 8십만,[53] 혹은 8백만의 신들이 있다고 한다.[54] 한국의 샤머니즘 역시 그렇게 관대하다. 그 만신의 이름을 '군대'라고 부른 걸 보면 신들이 무척 많다는 의미이다. 이 땅

52_ Monier_Williams, *Brahmanism and Hinduism*, p.44.

53_ Aston, *Shinto*, p.66.

54_ Jones in *Royal Asiatic Society Records*, 1901, p.46; Clodd, Animism, p.91.

은 귀신들의 땅이다. 이곳은 귀신들로 가득 차 있다. 땅, 하늘, 바다 신과 언덕 신, 산 사람들의 신과 죽은 이들의 신, 바위 신, 나무 신, 이성적으로 행동하는 신이 있는가 하면, 도깨비(*Tokkeibi*)처럼 까불거리고 변덕스러운 것도 있다. 도깨비들은 우둔하고 이길 힘이 없는 이들을 조롱하는 데 모든 시간을 보낸다.

극소수의 신들만이 자비롭고 나머지는 거의 다 아주 해를 끼치는 신들이다. 샤머니즘은 두려움의 종교이다. 이 안에 있는 특이한 것 중 하나는 직성(*Chiksung*) 혹은 수살 영산(*Soosal Yungsan*)의 다양함이다. 이는 예측할 수 있는 악을 달랠 수 있는 예방 도구로 사용되거나, 떠돌아다니는 잡귀들이 쳐들어오는 것을 막기 위해 사용되는 것이다. 어느 집이든 대문에서 방문으로 곧장 들어오도록 된 집은 없다. 대문 앞에 호랑이나 용 그림이 있어 혼령들을 겁주어 쫓아낼 수 있도록 해 두었다. 그래서 출입하는 사람은 그 그림을 돌아서 들어와야 하고, 어떤 때는 실내의 방문까지 가는 데 두세 개의 그림을 지나야만 한다.

옛날에는 사람들이 한 마을로 가고자 한 길을 갈 때, 거기에는 거의 언제나 기둥이 있고, 그 기둥 위에는 나무로 만든 거위가 있다. 이 기둥은 좀 더 작은 길을 차지하려는 속셈을 가지고 떠돌고 있는 혼령을 달래고자 세워진 것이다. 10년 전, 독감이 크게 유행할 때, 마을 사이를 잇는 길 위에 가시나무로 아치형의 통로를 만들었고, 그 근처에 있는 돌 위에 소나 개의 희생 피를 뿌려 그 악마의 병이 다른 마을로 퍼져가는 것을 막았다고 한다.

여러 영들에게 이름을 모두 붙여 주는 것은 불가능하지만, 이를 여섯 가지로 분류해서 살펴보고자 한다.

1) 하늘의 신들

(1) 하나님(Hananim)

모든 신들의 우두머리 자리에 이 신이 서 있다. 그 이름은 다양하게 붙여져 왔다. "하날(Hanal)"은 "푸른 하늘"을 가리키는 일반적인 단어이고, "님(Nim)"은 존칭어이다. 그래서 이 이름은 "고귀한 하늘의 신들" 혹은 대충 그런 의미를 가리키는 것이다. 헐버트는 이 존칭을 약간 다르게 번역해서 "하늘의 주재자(Sky Master)"로 했다.[55] 게일 박사는 수백 년 전 옛날 시인 중 한 사람이 제안했던 것을 받아들여서 이 단어는 "하늘"에서 나온 것이 아니라 "한 분"을 의미하는 "하나"로 봐야 한다고 주장했다.[56] 그렇게 보면 이 말은 "위대하신 한 분"이라는 뜻이 된다.

우리가 처음에 정의했듯이, 샤머니즘에서는 "일반적으로 모든 신들 위에 한 분의 지고신이 있다"고 밝혔었다. 그리피스Griffis는 일찍이 일본의 신도를 연구한 바 있는데, 그는 말하길 "샤머니즘의 신조에는, 그 모든 것을 다스리는 단 한 분 전능한 창조주의 개념이 있을 수도 있고 있지 않을 수도 있다"고 한다.[57] 우리는 이미 명백하게 지고신으로 천존에 대해 언급했다. 그리고 중국 도교에서 최고의 신 유황상티(玉皇上帝, Yuh Hwang Shangti)[58]가 옥황상제(Ok Wang Sangchei)[59]라는 이름으로 불리면서 최고의 신으로 여겨진다는 이야기도 한 적이 있다. 이 두 존재, 천존과 옥황상제는 때때로 하나님으로 같이 취급되기도 하지만, 한국인들은 하나님이라는 이름을 흥미롭게

55_ Hulbert, *Passing of Korea*, p.404.

56_ Gale, *Korea in Transition*, p.78.

57_ *Religion of Japan*, p.15.

58_ Nevius, *Demon Possession in China*, p.22.

59_ Gale, *Korea in Transition*, p.69.

도 그 둘에만 지정해 두지 않고 다른 신들에게도 똑같이 사용한다.

하나님은 유일하시다. 그분은 외국의 어떤 종교도 이 나라에 들어오기 전, 오랜 한국 역사의 여명기에까지 거슬러 올라가서도 확인할 수 있는 분이시다. 이에 대해서는 의문이 거의 제기되지 않는다. 샤머니즘의 초기 역사에서, 우리는 예나래[Ye Kook]의 백성들이 하나님을 섬기는 것을 보았다. 단군이 강화도 제단에서 제사를 받친 그 대상은 바로 하나님이었다. 언더우드 박사는 한 절에서 불교 승려를 만났던 이야기를 한다.[60] 그 승려는 말한다. "물론 하나님은 지고의 신입니다. 부처는 그 아래 속하는 신들 중 하나이지요." 또한 "하나님이 최고이심은 유생, 불자, 그리고 샤머니즘 신봉자들도 똑같이 인정하는 바입니다." 헐버트는 "한국인들은 이 존재를 우주의 최고 통치자라고 생각한다."고 주장한다.[61] 이 나라의 개신교 신자들은 이 단어를 받아들여 사용했다. 가톨릭 신자들은 한자로 "천주天主(Chunchu)"라는 단어를 사용한다.

한국인들은 보편적으로 말하길, 하나님은 곡식을 수확할 수 있게 하시고, 비를 보내시며 그 은혜로 우리가 살고 숨을 쉰다고 한다. 유교에서 지내는 기우제(Rain Bringing Ceremonies)는 상제(Sangchei)라든가 또 다른 어떤 중국식 이름으로 불리는 존재에게 드리는 것이 아니라, 하나님에게 드리는 것이다. 죽을 지경의 어려움을 겪을 때 한국인들이 첫 번째로 탄원하며 부르짖는 이는 바로 하나님이다. 하나님은 인간의 생명을 주관하시는 듯하다. 왜냐하면 그분의 이름을 사람들은 되 뇌이기 때문이다. 그런데도 참 이상한 일은 그들은 결코 실제로 그분께 경배를 드리지 않는다는 사실이다. 그분은 수확할 수 있게 하신다고 말하면서도, 정작 그들은 가을이면 그분께 제물을 바치는 게

60_ *Religions of Eastern Asia*, p.110.

61_ Hulbert, *Passing of Korea*, p.404.

아니라 언덕의 신들, 가택신들 혹은 조상들에게 제물을 바친다. 그분은 백성들에게 중요한 분이지만 또한 아무 것도 아닌 듯이 보이기도 한다. 모든 일이 순조로울 때 그들이 그분을 무시하는 것만 봐도 그렇게 판단할 만하다.

이 단어에 얼마나 많은 인격신의 특성이 들어 있는지를 알아내는 것은 어려운 일이다. 만약 한국인에게 그 문제에 대해 해명을 하라고 한다면, 비그리스도인은 하나님은 단지 땅 저 너머에 있는 푸른 하늘이라고 말하고, 하늘과 땅은, 주자가 가르친 대로 인간의 아버지와 어머니라고 응답함으로써 슬쩍 넘어갈 것이다. 그러나 실제로 볼 때 그들은 그보다는 인격신 하나님을 더 많이 생각하는 듯하다. 그러나 한국인들은 드러내놓고 그분을 숭배하지 않는다.

헐버트는 "하나님은 모든 자연을 못 살게 구는 여러 혼령들과 귀신들의 집단과는 다르다"고 한다.[62] 반면 기포드는 그를 이 집단 안에 넣는다.[63] 내 생각으로는, 헐버트의 견해가 의심할 나위 없이 옳은 것이다. 한국인들이 하나님에 대해 말할 때의 느낌은 다른 신령들에 대해 말할 때의 느낌과 다르다. 그분에 대한 한국인의 태도에서, 우리가 이미 단군의 제단에 대해 말했던 바와 같이, 하나님을 이전의 의미와 권위와는 별로 관계가 없는 이름으로 남겨놓았기에, 원시 일신교(primitive monotheism)가 퇴보되었다는 증거는 많이 있다. 적어도 중국에 있었던 것처럼 원시 일신교가 있었다고 믿을 만한 많은 이유가 있다.[64]

하나님은 한국 샤머니즘의 만신 중에서 으뜸이다. 아니면, 차라리 하나님은 다른 어떤 신적 존재들과의 관계가 모호할 정도로 아득히 높은 곳에 있다고 말하는 것이 나을 지도 모른다. 언더우드는 말한다. "한국의 신도에

62_ *Passing of Korea*, p.404.

63_ *Every Day Life in Korea*, p.88.

64_ Hulbert, *Passing of Korea*, p.404.

Ch. 클라크의 샤머니즘 연구   **81**

는 체계가 없는 듯하다. 신들의 전체 계급 위에 있는 것으로 확실히 인정할 수 있는 중요한 신격도 없다. 불교는 일찍이 체계를 형성하려는 경향을 부수어 버렸다."[65] 헐버트는 또 말하길, "한국인들이 고립되어 있었더라면 그들은 그리스인들처럼 만신전을 발전시켰을 것이다. 하지만 황해를 건너 경쟁이 될 만한 의례들이 들어옴으로써 그 경향을 멈추었다."[66]

(2) 오방장군五方將軍(O Pang Chang Koon)

여기에서 우리는 확실한 샤머니즘의 신들을 보게 된다. 이들은 판수들이 특히 부지런히 받드는 혼령들이다. 그들을 일컬어 하늘을 다스리는 다섯 명의 위대한 감독들이라고도 한다.[67] 그들의 이름은 다음과 같다.

① 청제 장군(Chung Chei Chang Koon) : 동쪽 하늘의 푸른 장군

② 적제 장군(Chuk Chei Chang Koon) : 남쪽 하늘의 붉은 장군

③ 백제 장군(Paik Chei Chang Koon) : 서쪽 하늘의 백색 장군

④ 흑제 장군(Heuk Chei Chang Koon) : 북쪽 하늘의 흑색 장군

⑤ 황제 장군(Hwang Chei Chang Koon) : 천정(天頂)의 황색 장군

이상의 장군들은 각자 자기가 맡은 구역에서 최고의 위치를 차지하고 있고, 밑으로는 그 명령을 받드는 강력한 혼령 군사들이 있다. 판수는 강신제에서, 우선은 악귀들이 어느 구역에서 악을 행하고 있는지를 알아내고 이에 각 구역의 장군(Chang Koon)들을 내보내어 악귀를 압박하게 한다.

65_ *Korea Review*, 1906, p.89.

66_ *Royal Asiatic Society Records*, 1902, Vol. II, Part II, p.62.

67_ Underwood, *Religions of Eastern Asia*, p.112; *Korean Repository*, 1895, p.71.

마을의 어귀에는 흔히 기둥들이 서 있는데, 여기에 이러한 장군들의 상징이 조잡하게 새겨져 있다. 이와 같은 기둥들은 이리저리 떠도는 혼령[뜬귀]이나 도깨비가 마을 사람들에게 해를 끼치고자 들어오는 것을 막아주는 역할을 한다. 가을이면 온 마을 사람들이 이러한 기둥 앞에 모여 떡과 과일 제물을 바친다. 해마다 새 기둥을 세우는데, 물론 이미 세웠던 낡은 기둥은 그대로 놔둔다. 그래서 어떤 곳에는 여섯 개 이상의 기둥이 한 줄로 죽 늘어서 있는 경우도 있다. 그럴 경우 끝에 서 있는 기둥이 새 것이고 윤기가 흐른다. 처음 세웠던 것은 세월이 지나면서 부스러질 지경에까지 이른다. 한번은 일렬로 늘어선 기둥들을 구경하노라고 서 있는데, 가장 오래 된 듯한 기둥에서 기다란 뱀이 한 마리 나오더니 꾸불꾸불 돌아다니고 있는 게 아닌가! 그 광경을 보면서 에덴동산에서 사탄의 몸이 된 뱀 이야기를 연상해 보기도 했다.

때로는 한 쌍의 기둥이 나란히 서 있기도 하다. 그 중 하나는 천하대장군(*General of the Upper Heavens*)이고, 다른 하나는 지하여장군(*Mrs. General of Hell*)이다.[68] 남녀를 나란히 세웠다고 해서 성차별을 하지 않는다고 칭찬할 필요는 없다. 아마 이 기둥들은 오방장군들이 아니라 씨족이나 가문에 속한 것으로 보인다.[역주 5]

절에 올라가는 길 가에도 이런 기둥들이 서 있는 것을 흔히 보게 된다. 승려들 역시도 부처들이 자신들을 완전히 보호해 준다고 믿지는 못하는 모양이다.

(3) 신장神將(*Sinchang*)들

오방장군의 부하들이다. 이들은 무당이 불러내거나 특히 판수들이 친근

68_ Gale, *Korea in Transition*, p.87.
[역주 5] 여기서 묘사하고 있는 것은 장승이다. 장승은 마을이나 사찰의 구역 표시를 나타내며, 마을의 수호신으로 상정되기도 한다.

하게 여기고 불러내는 영들이다. 판수들의 말에 따르면, 이 신장들의 수가 8만에 이른다고 한다. 물론 그 수가 더 많다고 주장하는 판수들도 있다. 각 신장은 자신들보다 하급의 영들을 지휘하는데, 하급 부하의 수는 더욱 많기에 영적인 일을 수행하는데 있어 보조자가 부족한 경우는 없다고 한다. 판수는 그의 신통력이 힘을 얻은 다음에도 신장들과 우호적인 관계를 유지함으로써 도움을 확실히 얻으려고 계속 노력한다.

2) 두 번째 위계를 차지하는 땅의 신들

땅의 신들은 일반적으로 다음에 언급하는 4종류의 신들이 있다.

(1) 터주 신(Site gods)

이미 우리가 언급했듯이 유교에서는 나라의 북쪽 경계에 있는 백두산 아래 모든 땅의 신들에게 제사를 올린다. 아울러 작은 지역의 수호신이거나 유교 사원에 소속된 땅의 수호신인 부군당(*Pookoontang*)에게도 제사를 드린다.[역주 6] 이러한 신들이 유교의 신인가 샤머니즘의 신인가 하는 문제를 두고 논란이 일어날 수도 있다. 동양인들은 때때로 극도로 혼합된 종교를 가지기도 한다.

다음에는 신들이 따로 거주하는 경우를 보자. 옛날 한국에는 거의 모든 가정에 터주(*Tujoo*)가 있었다. 집 뒤 켠에서 터주를 볼 수 있는데, 이는 조그만 단지로 그 안에 동전 몇 닢을 넣고 뾰족한 텐트 모양의 짚으로 된 지붕을 덮어 놓았다. 1~2년에 한 번 정도 밥을 짓고 떡과 과일을 함께 그 앞에

[역주 6] 부군당에 대한 잘못된 설명이다. 부군당은 신격의 명칭이 아니라, 지역 수호신을 모시는 사당의 명칭이다. 주로 관공서와 관련되어, 하급 관리들이나 관노들이 모시던 지역 수호신의 사당을 일컫는다.

차리고는 온 가족이 절하며 의례를 행한다. 이 신이 지금은 거의 잊혀 졌지만, 한 10년 전에 그리스도인이 된 한 여인이 그 아들이 없는 틈을 타서 나를 집에 데리고 가 아들이 섬기는 터주를 보여 준 적이 있었다. 그 때 그 아들이 몹시 화를 냈다고 한다.

(2) 산신山神(Sansin)

한국의 바알신으로 팔레스타나의 산신과 거의 같다고 볼 수 있다. 대부분의 사람들은 시편 121편의 1절을 한 문장으로 여기지만, 실상은 두 문장으로 나누어서 생각해야 한다. "이 산 저 산 쳐다본다. 도움이 어디에서 오는가? 하늘과 땅을 만드신 분, 야훼에게서 나의 구원은 오는구나."[역주 7] 한국인들은 일반적으로 언덕의 신들을 좋게 생각한다. 바알과 같은 신들은 다산多産의 신이기도 하다. 그래서 특히 추수가 끝난 후에 의례가 행해졌다. 이스라엘에서처럼 이 성소는 보통 언덕 꼭대기에 자리하고 있는데, 이 안에는 한 늙은이 신령(Old Man Spirit)이 호랑이를 타고 있는 그림이 있다. 이 신은 산, 나무, 광물과 새, 동물 등 산에 있는 모든 것들의 주인이다. 약재를 찾아다니는 이들은 특히나 산신에게 제물을 바치고, 사냥꾼이나 광부들 역시 마찬가지이다. 산 아래의 낮은 지대에서도 역시 그 신의 은혜로 곡물들이 잘 자란다고 여긴다. 가뭄이 들면, 그 신당 옆에서 굿판이 벌어진다. 이 때 소, 돼지 혹은 개의 피를 옆에 있는 돌 위에 쏟아 붓는다. 그러면 그 신은 더럽혀진 바위를 정화할 수 있고, 그래서 정화된 비를 보낼 수 있다. 로스Ross는 다음과 같이 말하였다. "사람들이 불교보다 오히려 산신을 더 많이 믿는다. 산신에 대한 의례양식은 중국과 근본적으로 다르기는 하지만, 그래도 이러한 의례가 늘 존재해왔던 중국으로부터 왔다고 봐

[역주 7] 『공동번역 성서』(대한성서공회, 1977)에서 인용.

야 할 것이다."[69]

(3) 성황당(*Sunghwang Dang*, Mountain-Pass Gods)

옛날에는 산 고개를 넘어가는 길 어귀마다 길옆에 조그만 신당을 세웠다. 그 옆에는 보통 뒤틀리고 비틀어진 고목 나무와 한 무더기의 자갈더미, 그리고 지역을 수호하는 장군신[Point Generall]을 뜻하는 나무 기둥이 서 있다. 유대인들도 기둥 신들을 숭배했는데, 그러한 신상이 바로 아세라(*Ashera*) 목상木像이다. 한국인이나 일본인들도 이와 같은 신상을 많이 만들었고, 특히 일본인들은 이를 하시라(*Hashira*)라고 불렀다. 매칼리스터Macalister의 책[역주 8]에 게재되어 있는 아랍 '웰리Wely' 신전의 사진은 한국에서 찍은 것이라고 해도 무방할 정도로 서로 닮았다.

이 작은 신당 근처에는 고목나무가 한 그루 있고, 그 가지에는 여러 가지 색깔의 천 조각, 끈 등이 매달려 있는 것을 볼 수 있다. 그 중에는 지나가던 행인이 겉옷의 깃을 떼 내어 매달아 놓은 것도 있다. 가까운 동네에 사는 병이 난 아이의 옷자락도 걸려 있는데, 이는 모두 죽음의 위협에서 생명을 보호하기 위한 행위였다. 뿐만 아니라 신랑을 따라 시집으로 들어가는 신부의 옷에서 떼 낸 천 조각도 있다. 이러한 헝겊 조각은 신부의 친정집에 있던 귀신이 따라오는 것을 막기 위해서 걸어놓는다. 귀신들을 위한 작은 잔치가 벌어지고 신부 옷 한 조각이 그들을 지체시키기를 기대한다. 물론 귀신들은 잔치가 끝나고 나면 하릴없이 왔던 곳으로 되돌아가는 일 말고는 할 일이 없겠지만 말이다. 로버트슨 스미스Robertson Smith는, 이러한 제물 봉헌들은 신과의 접촉을 위한 이상적인 도구라고 말

69_ Monier-Williams, *Brahmanism and Hinduism*, p.219; Ross, *Corea : Its History, Customs and Manners*, p.356.
[역주 8] *Century of Excavation in Palestine*, p.272.

한다.[70] 타일러Tylor[역주 9]는, 나무에 매달려 있는 그러한 헝겊 조각들은 질병이 그리로 옮겨간다고 여겨짐으로써 실감나는 저장소 역할을 한다고 주장한다.[71]

상인들은 그곳에 비단이나 무명 옷감, 혹은 소금을 바치기도 한다. 곡식의 풍년을 기원하며 쌀을 내놓기도 한다. 또한 말을 타는 사람들은 조그만 쇠붙이나 말 모양의 도자기 공예품을 봉헌하기도 한다. 여러 가지 청원의 글들이 종이에 쓰여 나무에 묶여 있다. 히즈키아와 이스라엘의 훌륭한 왕들은 이러한 아세라 상들과 언덕에 있는 신전을 허물어뜨렸다. 한국의 그리스도인들이 이런 일을 시도한다면, 아마 경찰서에 앉아 있게 될 것이다.

신당 옆에는 한 무더기의 자갈 더미가 있는데, 옛 한국에서는 누구라도 그곳을 지나면 그 더미에 돌을 하나 더 얹거나 침을 뱉거나 했다. 이 이상한 관습을 두고 많은 해석이 따라 나오는데, 그 중 두 가지 설명을 들어보자. 옛날에 한 아름다운 여자가 간음을 저질렀다고 한다. 그래서 그 여인을 상징하는 돌무덤을 만들고 모든 사람이 그 여인과 여인의 죄를 단죄하기 위해 그 위에 돌을 던지거나 침을 뱉었다고 한다. 또 하나의 설명은 중국 강태공의 이야기에서 나왔다. 강태공은 팔십 평생을 고전 연구와 낚시로 소일했는데, 그 아내는 남편이 돈을 벌어오지 않는 까닭에 인내의 한계에 다다랐고, 그래서 남편을 버렸다. 강태공이 팔십 세가 되었을 때, 황제가 그의 고전 지식에 대한 소문을 들었고 그를 불러 정승으로 삼았다. 그러자 그 아내는 돌아와 남편에게 자신을 받아달라고 청한다. 하지만 강태공은 아내를 버리고, 그녀는 길 꼭대기에서 굴러 떨어져 귀신의 손에 넘겨진다. 이 신실하지 못한

70_ *Religion of the Semites*.
[역주 9] Edward Burnett Tylor(1832~1917) : 영국의 인류학자로 종교진화론을 주장하였다. 정령숭배(Animism)가 종교 최초의 형태이며, 차차 다신론, 일신론으로 발전한다고 주장하였다.
71_ *Primitive Culture* II, p.150.

아내를 단죄하고자 길 가는 행인들은 그녀의 무덤에 돌을 던졌다.

이런 설명들은 귀신의 존재를 인정하는 관습들을 설명하고자 나중에 합리화된 것들이다. 그러나 실제 이런 식으로 설명할만한 일이 발생하기도 했다. 이 이야기를 들어보자. 옛날 한국에 "장승(Chang Seung)"[72]이라는 한 정승이 있었다고 한다. 그는 자신의 딸과 간음을 저질렀다. 이에 왕은 그 죄가 얼마나 큰 것인지를 알리고자, 온 나라의 큰 길마다 기둥들을 세웠다고 한다. 부지런한 관리들은 십리 간격으로 기둥을 세웠다. 그것들은 오방 장군의 기둥처럼 보이지만, 그와는 달리 "장승박이(Changseungpaki)"라고 한다.

(4) 천신(Chunsin)

평지에 있는 마을들을 다스리는 수호신들이다. 그들이 하는 일은 산신이 하는 일과 비슷하다. 하지만 그들의 기능은 주로 농사일과 관련이 있을 것이다. 유학자들이 신농씨神農氏(Sillongsi)에 대해 이야기를 한다. 신농씨는 농사를 개발한 중국의 전설적인 왕으로 농사의 시조로 추앙받는다. 그 외에 한국에는 농사의 신이 따로 없고 이와 비슷한 일을 하는 신들만 있다.

승려 도선Tosun은 서기 935년에 건국된 고려 왕조 창건자왕건의 자문 역할을 맡았던 사람인데, 풍수지리설을 완성하기도 했다. 당시 서울 남쪽의 두 지역에서 농부들이 몇 년 동안 농작물 재배에 실패를 거듭했다. 그러자 농부들은 도선에게 도움을 청했다. 도선은 그 원인을 밝혀내고는 고인돌을 세워 악을 차단했다. 그때부터 농부들은 풍작을 거두었고, 이에 대한 감사로 농부들은 그 어머니 고씨에게 제물을 주기적으로 바칠 것을 약속했다. 오늘날에도, 들에 있는 농부들이 중참이나 점심밥을 먹을 때면 한 숟갈을 떠서 땅에 툭 던지면서 "고시레(Ko Si Nay)"라고 말한다. "고씨 부인, 와서

72_ *Korean Repository*, 1895, p.143.

함께 합시다!"라는 뜻이다. 이 관습은 지금 나라 전체에 두루 퍼져 있고, 고씨 부인은 조선의 데메테르Demeter[역주 10]나 케레스Ceres[역주 11] 여신 쯤 될 듯하다. 첫 순갈의 밥을 땅에 던지는 관습은 시베리아의 관습과 관련이 있음을 보여준다. 어느 잡지[73]의 최근호에서 한 기자가 밝히길, 바이칼Baikal 호 근처에 사는 부리아트Buriat 족은 이런 식으로 제사 술을 뿌린다고 한다.

샤먼들은 위에서 본 땅의 모든 신들과 접촉을 한다. 특히나 터주 신은 단지나 "둥지" 안에 봉안하는 게 보통이다. 이 나라에서 무당들이 하는 굿의 대부분은 개인 가정에서는 거의 행해지지 않고, 주로 산신이나 천신의 신당, 혹은 성황당에서 열린다.

3) 물의 신들

(1) 물의 신들 중 가장 잘 알려진 신은 '용왕'이다.[74]

용왕에 대한 개념은 유교에서부터 나왔는데, 용왕은 모든 바다와 강, 호수, 우물의 주인이다. 사람들은 특히 용왕이 밑바닥이 없는 호수나 연못에 살고 있다고 생각한다. 그래서 그들은 용왕을 위해 물에 음식을 던지고 정성을 드린다. 여러 지역에 용왕의 신당이 있는데, 주로 그가 나타났다고 전해지는 곳에 세워졌다. 용왕은 물의 주인이지만 하늘로 솟아오를 수도 있다. 서울 동쪽으로 40리 쯤 가면 광나루(Kwangnarro)에 신당이 한 군데 있는데, 이는 용왕이 하늘로 솟아오른 일을 기념하기 위해 세워진 것이다.

[역주 10] 그리스 신화에 나오는 곡물의 신. 저승의 신 하데스에게 잡혀간 딸 코레를 만나기 위하여 연중 절반은 지상에, 나머지 절반은 지하에 가서 지낸다고 한다.
[역주 11] 로마 신화에 나오는 풍작의 여신.
73_ *Asia*, Jan., 1928, p.48f.
74_ Ross, *Corea : Its History, Customs and Manners*, p.356.

서울 동쪽으로 백리 떨어진 곳, 강둑에서 그리 멀지 않은 곳에 용이 한 마리 있었다고 한다. 가물 때면 사람들이 그곳에 제물을 바쳤는데, 한번은 그래도 비가 오지 않자, 마을 사람들은 용왕에게 항의하는 뜻으로 우물을 말려버리기로 결의했다. 마을 사람들이 모여 여러 날을 물을 퍼내고 또 퍼냈지만 우물에 물이 그대로 있는 것이었다. 이 우물이 지하로 강과 연결되어 있었던 탓이다. 그들은 마침내 이 불가능한 일을 단념했다고 한다. 그러자 비가 왔고, 용왕에 대한 그들의 신앙은 타당성을 얻었다고 한다.

(2) 물에 빠져 죽은 사람들의 혼령

비참한 죽음을 맞은 사람들의 혼령은 위험하다. 더구나 물에 빠져 죽은 사람들은 산 사람들에게 해악을 준다. 그들은 물속에 갇혀서 고문을 당하고 있기에, 살아있는 사람들이 이 불쌍한 처지에 있는 사람들을 끌어내 주어야 한다. 그래야 그들은 뭍으로 나올 수 있다. 그들은 물 주위를 울며 돌아다니면서 사람들을 꾀어내려 한다. 사공들은 이들을 정말 무서워하는 까닭에 그 혼령들을 달래는 굿을 주기적으로 벌인다. 무당들은 와서 그들을 달래고자 물 주위로 피의 희생제물을 뿌린다.[75]

(3) 선박의 수호신

옛날 서울 근교 강나루에 있던 배들은 그 한가운데에 조그만 신당을 가지고 있었다고 한다. 사공들은 여기에서 그 배의 신령에게 제물을 바쳤다. 이 신은 여자의 혼령인 듯하다. 왜냐하면 뱃사공들이 배를 여울목에 올리기 위해 옷을 벗고 강으로 들어가야 할 때도, 언제나 이곳을 지날 때면 옷을 걸치는 흉내라도 내기 때문이다.

75_ *Korea Review*, 1903, p.259; *Korea Mission Field Magazine*, 1925, p.80.

배가 강이나 바다로 나가려 할 때면, 그들은 북을 치고 징을 울리면서 동시에 큰소리로 만세를 외쳐 근처에 있는 모든 혼령들을 불러 모은다. 그러고는 음식을 떨어뜨려 주고, 물 위에 떠 있는 지푸라기 한 묶음 위에 향을 얹고 불을 붙여놓고는 빨리 노를 저어 나아간다. 귀신들이 잔치를 벌이느라고 바빠서 그들을 따라올 수 없게 한 것이다. 이러한 의식이 너무 번거로울 때에는 사공들은 배 위에서, 소리를 지르고 바가지에 물을 가득 채워 배의 이물과 고물 둘레로 부으면서 배에 달라붙는 귀신을 떼 내기도 한다. 한국인들은 하백河伯(*Hapaik*)이 물의 신들 중 왕이라고 한다. 하지만 그가 어떤 신인지는 자세히 알지 못하는데, 아마 이는 용왕의 다른 이름인 것 같다.

4) 가택신家宅神(House-Gods)

거주지에 속하는 많은 수의 신령들이 있다. 그러한 신들 중에서 이미 터주라는 신에 대하여는 언급을 한 적이 있다. 다음과 같은 신들이 거주지와 관련하여 더 있다.

(1) 성주城主(*Sungjoo*)[역주 12]

집안의 주신主神이다. 새 집을 짓고 나면, 무당들이 와서 굿판을 열고 그 집안의 신을 부른다. 무당은 투박하게 보이는 종이봉투를 만들고 거기에 약간의 쌀과 돈을 넣어 이를 술에 적셔둔다. 그리고 굿을 끝낸 후에는 이에 풀을 발라 기둥 위쪽에 붙여 놓는다. 그 봉투는 공기가 들어갔기에 빵빵한 모양으로 매달려 있다. 그러고는 쌀을 봉투에 던져 많이 들러붙어 있으면,

---

[역주 12] Ch. A. Clark는 城主 혹은 成造를 본문에서 "Holy Lord"라고 번역하였다. 그리스도교의 주요 개념인 '거룩한 주인'이라는 뜻의 聖主라고 잘 못 생각한 때문이다.

좋은 징조가 되는 것이다. 그 후에도 모든 중요한 행사가 있을 때, 특히 추수 때가 되면 사람들은 이 신 앞에 음식을 차려놓고 치성을 드린다.

때로 집안에 나쁜 일이 생기기 시작하면, 사람들은 성주신이 화가 나서 그 가정을 버렸다고 판단한다. 그러면 무당이 다시 와서 그 신을 달래고 새 봉투를 만들어서 다시 그 신에게 바친다. 옛날 사람들은 집을 사게 되면, 그 집의 성주신을 어떻게 하면 만족시킬 수 있을지를 끊임없이 연구했다고 한다. 집안의 문지방을 밟지 않도록 극히 주의해야 한다. 그것은 곧 신의 목덜미를 밟는 일과 같은 뜻으로 여겨지기 때문이다. 이러한 관습은 시베리아에서 유래한 듯하다.[76]

때로는 집을 산 연후에, 모든 일이 잘 풀리지 않는다고 생각되면, 새 주인은 그 옛날 집주인을 찾아 먼 곳까지도 간다고 한다. 찾아가서 만나면 그 성주신에 대해 자세하게 알아온다고 한다. 사마리아인들도 한때는 이스라엘에서 그렇게 했다.[77]

(2) 걸립乞粒(Keullip)[역주 13]

큰 실 뭉치나 옷감의 단에 사는 신이다. 가게를 하는 상인들은 특히 이 신을 "둥지"에 모신다. 이 신을 부귀의 신으로 생각하기도 하는데, 만신전에 이런 이름이 올라 있지는 않다.

76_ *Korea Review Magazine*, 1895, p.20; Tylor, *Primitive Culture*, I, p.70.
77_ *Korea Mission Field Magazine*, 1925, p.81.
[역주 13] 한국 샤머니즘 세계의 무신을 3계통으로 나눌 수 있는 바, 자연신 계통, 인신 내지는 영웅신 계통 그리고 세 번째는 이 두 계통에 속하지 않는 나머지 신들이다. 그 중에서 걸립은 세 번째 계통에 속한다. 박일영, 『한국 무교의 이해』(분도출판사, 1999), 57쪽.

(3) 복을 주는 신

집 뒤에 있는 터주신의 둥지를 따라가다 보면, 복신福神을 위한 둥지가 만들어져 있는 것을 보게 된다. 뱀의 복신인 구렁이업(*Kurumi Up*), 족제비의 복신[78]인 족제비업(*Chokchebi Up*), 어린아이 복신인 인업(*In Up*)이 그것에 해당된다. 사람들은 실제로 살아 있는 동물이 복을 가져다준다고 믿고, 그것들이 들어와 살도록 텐트 같은 집이나 나무 더미를 지어 놓고 준비한다. 그래서 혹시 그것들이 들어와 살면 반가워한다. 그렇지만 이 동물들을 반드시 숭배의 대상으로 본 것은 아니다. 이 동물들의 혼령 역시 복을 가져다준다고 한다. 필자의 동료 한 사람이 전하기를, 자신이 그리스도인이 되기 여러 해 전에 뒤뜰에서 뱀을 본 적이 있는데, 그는 그 뱀이 계속 자기의 집에 머물러 주기를 바라며 주기적으로 음식 제물을 바쳤다고 한다.

(4) 손각시(*Sonkaksi*)

악한 혼령들 중에서도 혼인 직전에 죽은 젊은 여자가 가장 무서운 귀신이라고 한다. 그녀들은 여행객들이 다니는 통행로 한가운데 묻히기도 하는데, 그 깊이가 8피트에 이른다. 특히나 무덤의 머리 쪽을 기와로 묶어 혼령이 행여 무덤에서 나와 떠돌아다니면서 살아 있는 사람들을 괴롭히지 못하도록 해두었다. 바구니에는 비단으로 만든 예복을 넣고, 이를 선반 위에 올려 두는데, 사람들은 주기적으로 제물을 바치면서 이 외로운 넋을 달랜다고 한다.[79] 이 손각시 혼령이 있는 집안은 자녀들을 혼인시키는데 어려움이 많다고 한다. 이 혼령들이 사돈 집안에까지 건너가 부부 사이를 갈라놓는다고 생각하기 때문이다.

78_ 구약성서, 『열왕기 하』 17, 28; *Korea Magazine*, 1917, p.546.

79_ *Korea Review*, 1901, p.69.

(5) 제석단지(*Cheisuk Jar*)

우리는 불교의 영향 하에 있는 샤머니즘의 신당들에 대해 연구하면서 인도의 사크라Sakra가 한국인들에게서 보존되어 있음을 보았다. 이 제석단지는 사크라 신에게 봉안된 것이다. 옛날에는 쌀로 가득한 토기가 선반 위에 올려 져 있었다. 사람들은 주기적으로 치성을 드렸는데, 혹여 쌀이 부풀어 단지에 흘러넘치면 길조라고 여겼다. 반대로 쌀이 상하면 불길한 조짐이다. 사크라 숭배는 불교와는 관계가 없다.[80]

(6) 삼신(*Samsin*)

자녀 생산을 바라는 여자들이 숭배하던 삼위일체의 신이다.[81] 한국인들은 이 신이 "어린아이들을 열 살이 되기까지 그 어깨 위에서 보살핀다."고 생각한다. 즉, 이들은 일종의 수호신 혹은 천사들인 것이다. 보통 삼신은 종이 자루나 쌀이 담겨 있는 바가지 안에 살고 있는데,[역주 14] 무당이 그 자리를 잡아준다. 무당은 이를 안방 아랫목, 즉 가장 따뜻하고 좋은 장소에 높직이 두는 것이다. 주기적으로 여자들은 그 앞에 음식을 차려놓고 치성을 드린다.

이 삼신이 어떤 신인지는 아무도 모르는 듯하다. 언더우드는 이 신이 중국 도교에서 섬기는 삼위의 신이라고 추측한다. 불교에도 물론 많은 삼위의 신이 있지만, 삼신은 아마 바이로카나*Vairochana*(비로자나) 삼신, 즉 법보화신 法報化身(*Puppohwasin*)일거라는 주장도 있다. 필자의 불교 대학 친구는 삼신을 환인(*Whanin*), 환웅(*Whanung*), 단군(*Tangoon*)으로 본다.

80_ *Korea Mission Field Magazine*, 1925, p.81.

81_ Underwood, *Religions of Eastern Asia*, p.11.

[역주 14] 신체(神體)가 바가지나 단지로서 안방 선반에 새끼를 얽어서 앉혀놓고 안에 쌀을 담아 놓으며, 타래실을 함께 담아놓기도 한다. 박일영, 앞의 책, 145쪽.

(7) 주방신[조왕신]

도교에서 기원해 불교와 샤머니즘 둘 다에 들어와 있는 신이다. 이 신의 신상은 거의 제작되지 않는데, 그림이 있는가 하면 대들보 위에 봉안된 그의 둥지에 한 묶음의 천 조각으로 매달려 있기도 하다.

(8) 홍피귀신紅皮鬼神(Hongpi Kwisin)

붉은 색 증서의 혼령이다. 옛날 과거 시험에서 많은 수고의 대가로 얻어지는 합격증서는 거의 3피트 크기의 사각형이고, 짙은 붉은 색으로 된 진짜 양피지이다. 이것을 얻는다는 일은 무척 어려운 일이기에, 무지한 백성들은 이 증서들이 어떤 마나Mana를 즉, 신비한 힘을 또는 어떤 능력을 가지고 있다고 믿었다. 그래서 조상에게서 이를 하나라도 물려받은 가정은 이를 병풍 뒤 벽에 세우고 거기에 살고 있는 귀신 혹은 영을 받들었다.

가택신들의 대부분은 사실 무당이 만들어낸 것으로 봐야 한다. 때로는 무당들이 신들의 중개자가 되어 신들의 행동을 그대로 사람들에게 보여주는 일을 하기도 했다.

5) 나무의 신들

한국은 다른 나라들과는 달리 특정한 종류의 나무를 더 숭배한다든지 하지는 않는다.[82] 어떤 종류의 나무든 적절한 장소에 있고, 형태가 그럴듯하기만 하면 된다. 많은 나무가 다양한 방법으로 숭배된다. 우리는 이미 기둥 신에 대해 살펴보았고, 성황당 옆에 있는 나무들에 대해서는 보았다.

여기에 더해서, 어떤 마을은 근처 숲에 있는 모든 나무를 모조리 섬기기

82_ Gale in *Korean Repository*, 1892, p.21.

도 하고, 각 가정에서 한 그루씩을 자신들의 나무로 정하기도 한다. 그러고는 각 가정이 그 나무를 따로 숭배한다. 새끼줄을 가져와 나무를 묶어 따로 구분을 한다. 어떤 나무 앞에는 너비 2피트, 길이 2피트 되는 짚이 새끼줄에 달려 있기도 하는데, 이는 여자들이 입는 앞치마 모양과 흡사하기도 하고, 나무 발치에 무릎 꿇고 앉아 있는 남자의 모습 같기도 하다. 음력 정월 신성한 14일 밤에, 사람들은 음식 제물을 나무의 발치에 차려놓고 치성을 드린다.[83] 시베리아의 야쿠트족도 이와 비슷한 의례를 바친다.[84]

호랑이가 사람을 잡아 먹어버리면, 그 가족은 죽은 이의 영혼이 거주할 수 있는 곳으로 합당한 나무를 하나 고르고 무당을 불러 그 혼령을 모신다.[85]

나무는 혼령의 거주지로 생각되기도 한다. 때로 사람들은 나무 자체가 살아 있다고 생각한다. 우리는 마을에서 땅을 사서 그곳에 교회를 지었다. 그 터 바로 옆에는 오래된 악귀 나무가 한 그루 서 있었는데, 전에는 마을 사람들이 숭배를 했지만, 지금은 완전히 잊고 지내는 것 같기에 그리스도인들이 이 나무를 베기로 결정을 했다. 그러자 마을에서 한 사람이 오더니 그러지 말라고 청을 하는 것이었다. "당신네가 꼭 그래야만 한다면, 차라리 내 머리를 자르시오. 제발 우리의 신을 자르지는 마시오."

6) 특정 유형에 속하지 않는 신들

(1) 첫째는 도깨비(Tokeibi)를 들 수 있다.

도깨비들은 까닭 없이 사람들을 괴롭히면서 즐거워한다. 그들은 주전자

83_ *Korea Mission Field Magazine*, 1925, p.80.
84_ Tylor, *Primitive Culture* II, p.224.
85_ Griffis, *Religion of Japan*, p.30.

보다 더 큰 쇠 주전자 뚜껑을 주전자 안에 집어넣어 놓기도 하고 물건을 엉뚱한 곳에 두어서 찾아다니게 만들기도 한다. 또 소란을 피우기도 한다.[86] 도깨비들은 나무 아래에 제물을 차리고 치성을 드림으로써 달랠 수 있다. 제물은 주로 토기 단지 안에 넣어 집안이 아닌 대문밖에 가져다 놓는다.

(2) 뜬신(Deunsin), 혹은 떠도는 혼령들

비참하게 죽은 사람들을 비롯해서 여러 종류의 부정한 혼령들로 어느 것에도 붙어 있지 못한다. 소년이나 젊어서 죽은 남자의 혼령들이 주로 여기에 속한다. 손각시(Sonkaksi)처럼 그들도 공포의 대상이다. 그들은 남사귀(Namshakui)와 두선이(Duosuni)라고 불린다. 죽은 이들을 다스리는 군웅(Koonoong)이라 불리는 혼령도 종종 언급된다. 여러 종류의 질병에 관련되는 혼령들도 어슬렁거리고 돌아다닌다. 한국은 음력 정월 16일 밤에 달기귀신의 밤(Talki Kwisin Night)이라 불리는 할로윈 같은 혹은 발푸르기스(Walpurgis)의 전야제 같은 밤을 지낸다. 이날 모든 혼령들이 풀려 나오기에 제 정신인 사람은 바깥에 나오지 않는다. 그 특별한 밤에, 가장 보호를 잘 받기 위해서는 대문 앞에 '조리'를 달아두어야 한다. 왜냐하면 혼령은 그 조리에 있는 구멍의 수를 세느라 바빠서 집안에 들어오지 않기 때문이다.

무당들이 혼령들과 교통하는 것에 대해 이야기하다 보니, 무당들은 혼령들을 똑똑하지 못한 것처럼 다루는 듯한 느낌이 든다. 동양에서는 모든 길이 구불구불하다. 그 이유는 혼령들이 직선 길로만 다닐 줄 알기 때문에 구불구불한 길은 이들이 이 마을 저 마을로 자유로이 다니는 것을 막아준다는 것이다. 집안사람에게 병이 생기면, 사람들은 앞문을 막고 다른 문을 열어 놓기도 했다. 그렇게 되면 다시 오는 혼령이 들어오지 못해서

86_ *Korea Mission Field Magazine*, 1925, p.100.

모든 일이 잘되리라는 것이다. 때로는 혼령이 화가 나서 불을 지르는 경우에 대비해서, 새로 막아 놓은 문 밖에서 제물을 바치기도 한다.

또한 다시 발병하면, 짚으로 조그만 남자 인형을 만들고 그 위에 병자의 이름을 적어 넣기도 한다. 필자가 어느 날 길거리에서 이런 것을 하나 주은 적이 있는데, 인형의 배 위에는 이런 글이 적혀 있었다. "나는 어린 김원순(Kim Won Suni)이다. 나는 성홍열을 앓았다. 나는 죽었다." 지각 있는 귀신이라면 어떻게 그 집에 다시 들어가서 해를 끼치겠는가? 필자가 작은 관榓을 하나 본 적이 있는데, 관은 나무로 되어 있고 짚으로 바닥을 깔아 집 바깥에 놓고 그 위에는 짚 인형을 눕혀 놓은 것이었다. 혼령이 이를 보고 앓고 있던 사람은 이미 죽었고, 무덤으로 가고 있는 중이라고 판단하면 더 이상 그 환자에게 관심을 가지지 않는다는 뜻이다.

8. 귀신을 쫓는 의식과 도구들

우리는 이미 오방장군 기둥[장승], 가로에 세워진 나무로 만든 오리[솟대]와 혼령이 비껴가도록 가시나무로 만든 아치 위에 피를 뿌려 놓은 것 등을 살펴보았다. 양반들의 저택에는 호랑이 그림이 그려져 있는 미닫이문들이 많이 있어, 사람들이 들어가자면 미로를 더듬어 나아가야만 한다. 가족들 중 죽은 사람이 되돌아와 그들을 괴롭힐 것을 예상해 천장 대들보에는 칼을 올려 두어 혼령이 들어오지 못하게 한다.[87] 길가에는 주막이 죽 늘어서 있고 그 바깥 대문 위에는 작은 나무로 된 창들(길이 1피트)이 죽 늘어서 있다. 창마다 음식을 끼워놨는데, 이는 지나가는 혼령이 먹고 기운을 차리면 쉬러

87_ *Korean Repository*, 1892, p.54.

주막에 들어오지 않고 가던 길을 계속 갈 수 있다는 것이다. 또한 전체 상인방과 문 양 옆은 가시 다발로 덮여 있다. 그래서 혼령들은 그곳을 뚫고 들어올 수가 없다.

음력 정월 보름이면, 지붕 꼭대기에 달을 상징하는 은으로 된 작은 원반과 해를 상징하는 금색 원반을 작은 막대기 위에 세워 악이 오는 것을 예방한다. 이 모든 것은 무당들의 민간전승에서 온 것이다. 또한 "용龍"자가 들어가는 이름을 아이들에게 붙였다. 그러면 약한 혼령들은 아이들에게 해를 끼치지 못한다는 것이다. 실제로 무당에게 아이를 "파는" 의식이 있었다. 물론 명목상 파는 것이지만, 아이들이 무당의 소유물이라고 일단 인정되기만 하면 그녀의 수호신인 몸주가 아이들을 보호한다는 것이다.

악한 귀신을 쫓는 의식과 반대되는 의식은 적에게 해를 주는 의식이다. 이는 적의 이름을 쥐의 배 위에다 쓰고, 그 적의 침상 아래나 기거하는 방안에 둔다. 아니면 그 이름을 종이에 쓰고 그를 저주하면서 바늘로 종이를 뚫는다.

9. 무당의 의식儀式과 의식 절차

여러 유형의 무당들은 의식절차들을 통해 혼령들을 쫓아버리고 병을 치유하며 살아가는데 필요한 복을 청하는 일을 한다.

1) 상례喪禮와 장례

우리가 이 부분에 대해서는 앞에서 거의 언급하지 않았다. 이 의식에 유교와 불교의 관습이 많이 보이기는 하지만, 샤머니즘에 속하는 관습은 더욱 많기 때문이다. 옛날에는 병자가 임종을 맞이할 때면, 어떻게 해서든 바깥에서 죽으려고 애를 썼다. 이는 그의 영혼이 집에 달라붙어 있으면서 나중에라도 그 후손들을 불안하게 할까봐 두려워해서이다. 환자는 언제나 그 머리를 서쪽 방향으로 둔다. 죽으면 영혼이 곧장 그 쪽으로 가게 하려는 것이다. 영혼이 멀리 떠난다고 생각하기에, 망자의 속옷을 가져다 지붕 위에서 멀리 던지기도 한다. 금방 일어난 일을 영의 세상에 알리고자 큰소리로 이를 외치면서 말이다. 이런 관습은 샤머니즘의 분위기를 보여주는 것이다.

찌그러진 물건을 가져와 부수고 세 명의 저승사자(Saja)[88]를 위하여 주발에다 새 신발 세 켤레와 쌀을 넣어 집 앞에 내놓는다. 저승사자는 저 세상에서 염라대왕(King Yumna) 앞에 있으면서 망자의 영혼을 호위해 가려고 파견된 영의 사자이다.

초상이 난 집이 유교 집안이라면, 다음 단계는 유교의 의례절차를 따라 임시로 마련한 제상祭床과 수시로 계속 드리는 제상이 마련된다. 그리고 시신을 4인치 두께의 널빤지[칠성판]에 묶는다. 이 널빤지에서 머리를 두는 부분 아래에는 구멍이 일곱 개 뚫려 있는데, 이는 북두칠성을 의미하는 것이다. 이런 관습은 도교에서 온 것인지, 불교에서 온 것인지 확실하게 말하기가 어렵다. 관棺이 옛날부터 사용된 것은 아니다. 우선 시신을 천으로 널빤지에 단단히 묶었다. 그러고 나면 지관이 와서 묘 자리를 정하고 그 방향과 무덤의 깊이까지 결정한다. 장례식 당일에, 샤머니즘은 또 한 번의 역할을 수행하는데, 그것은 곧 시신이 무덤으로 떠나기 전에 무시무시한 네 개 혹은 여섯 개의 눈을 가진 가면을 쓴 사람을 먼저 묘 터에 보내는 일이다. 이는 뒤따라 다니려고 하는 모든 뜬신(Deunsin)들을 겁주어 미리 쫓아내려는 뜻이다.

매장이 진행될 때는 무당과 판수가 나서서 끼어들어 방해하려는 혼령들

88_ Gifford, *Every Day Life in Korea*, p.91.

을 떼어낸다. 그렇게 함으로써 시신은 홀로 무덤 안으로 들어갈 수 있게 된다. 상喪을 당한 유교인들은 굵은 삼베로 상복을 지어 입는데, 이 상복은 옷단을 바느질하지 않은 것으로 긴 소매는 땅에 끌린다. 또한 끝이 둥근 두건은 새끼줄로 묶는다. 무당은 장례지에서 세 번째 영혼을 다시 집에 차려 놓은 제상으로 모셔오는 일을 한다. 유교인들은 이 앞에 다시 제물을 바치고 곡을 한다. 무당은 굿을 하면서 고인의 옷에 남아 있는 혼령의 흔적을 마지막으로 없애고 또한 그 집안에 남아 있던 그의 영향까지도 모두 떼어낸다.

2) 질병 치유를 위한 무당의 굿

무당들이 하는 일 중에서도 이 일은 조선에서 행해지는 어떤 의례보다 시베리아의 영향을 잘 보여주는 것이다. 여자 무당은 공식적인 의례에서 남자의 겉옷을 입는다. 무당과 같은 일을 하는 남자인 판수는 여자의 겉옷을 입는다는 사실은 이미 알고 있는 바이다. 또한 무당은 옷 위에 원반 모양의 쇠 장식을 달고 손에는 쇠로 만든 검, 혹은 삼지창을 쥔다는 이야기도 이미 했다. 무당은 방울(Pangool)이라는 딸랑이를 가지고 있는데, 이것도 쇠나 철사로 만든 것이다. 머리에는 청동 헬멧 같은 둥근 모자를 쓴다. 물론 번쩍거리는 쇠 도구를 지니지 않은 무당도 많이 있다. 하지만 테두리가 2인치 정도 되는 둥근 말총 모자[역주 15]는 꼭 쓴다. 그리고 대궐에서 하급 관리가 입었던 복장, 곧 붉은 색과 파란색, 앞뒤가 두 갈래로 갈라진 옷[역주 16]을 걸친다. 이 여자들도 영험 있는 일을 하지만 그 옛날 완전히 도구를 갖추고 일을 했던 이들의 위엄을 따라가지는 못하는 것 같다.

[역주 15] 갓을 말한다.
[역주 16] 몽두리를 말한다.

시베리아의 북은 대개 둥글거나 타원형으로 되어 있다. 한국의 북은 주로 모래시계 모양이고 길이 3피트, 직경이 15인치 정도 된다.[역주 17] 향현이 달린 작은 북과 크기나 형태가 같은 북도 있다. 보통 손으로 북을 치지만, 한 손으로 치거나 북 채를 가지고 치는 기술은 특별한 것으로, 이를 배우는데 시간이 오래 걸린다고 한다. 북과 함께 작은 트럼펫 같은 악기[역주 18]도 사용하는데, 이 악기는 곡하는 소리를 처음 듣는 사람도 거부감을 느끼지 못하게 만

성주대(평안북도 곽산) - 안택굿 때 성주
출처: 『한국근대민속인류학 자료대계 17-조선 무속의 연구』 下(민속원, 2008)

드는 효과를 준다. 두 명의 조수(바라지가 따라 오고, 그 중 한 명은 주로 무당의 남편이다. 조수들이 이 악기들을 주로 다룬다.

우선 희생의 피를 뿌리는데, 대개가 닭이나 돼지, 개의 피다. 밥을 넉넉히 준비하고 고기와 함께 다른 음식도 장만한다. 마당 높이 천막을 치고, 두꺼운 멍석을 마당에 깐다. 음식이 마련되는 동안 멍석 위에서는 작은 상이 준비된다. 모든 것이 준비되고 나면 북이 소리를 내기 시작한다. 피리를 불고 무당은 춤을 춘다. 무당은 손에 검이나 삼지창을 잡는데, 부채 하나만 드는 경우도 있다. 춤을 추면서, 어떤 때는 혼령을 부르고, 또 잔치에 혼령들

[역주 17] 장구를 말한다.
[역주 18] 태평소, 호적 또는 날라리라고 불리는 악기를 말한다.

을 초대하기도 한다. 점점 더 빨리 춤을 추면서 광신자처럼 빙빙 돌기도 하고 높이 껑충 뛰기도 한다. 눈은 번쩍이고 심지어 목소리가 바뀌기도 한다. 사람들은 이런 모습을 보고 무서워 움츠러든다. 어떤 때는 조수 중 한 명이 그녀를 돕고자 바구니를 가져 와 이것을 문지르면서 소리를 내기도 한다. 이 소리는 사내아이들이 강둑 아래에서 큰 돌 틈에 있는 게를 꼬여내어 잡으려 할 때 바위 위에서 지르는 소리와 비슷하다.

끝이 없는 것처럼 무당은 계속 춤을 추고 혼령들에게 와서 참여하라고 부르고 또 부른다. 와 달라고 애원하기도 하고 어떤 때는 온갖 약속을 하면서 귀신을 꼬드기기도 한다. 풍성한 잔치가 열리고 있다고 하거나 혼령들과 자신이 친한 점을 상기시키기도 하면서 애원하고, 희롱하고 종용한다. 때로 무당은 완전히 기진맥진하기도 하는데, 결과도 보지 못한 채 기절해 쓰러지기도 한다. 그럴 때면 한 동안 조용히 누워 있다가 다시 일어나서 시작한다. 아니면 다른 무당이 그녀를 대신해 굿을 계속 진행하기도 한다. 혼령이 아주 고집을 부릴 때도 있다. 그럴 때면 굿이 며칠씩 계속 되기도 한다. 보통 돈이 더 있으면 더 많은 공을 들여 준다. 굿이 너무 길게 이어지면 새 음식을 장만하기도 한다. 강신제는 주로 밤에 행해지고 밤새 계속된다. 아침에 끝날 수도 있지만 다음날 밤까지 계속되는 것도 예사다.

일반적으로 얼마 지나지 않아 변화가 일어난다. 그러면 무당은 악귀가 환자에게서 빠져나갔다거나 잔치에 참여하고 있다고 발표한다. 그러고 나면 무당은 그 혼령이 음식을 먹고 난 후에 다시 환자에게 되돌아가지 않고 멀리 떠나가게 해야 한다. 때로는 부추기고, 또 어떤 때는 교활한 방법으로 이를 행한다. 도구를 사용하는데, 그 가운데는 짚으로 짜서 만든 조그만 말 모양의 상도 있다. 혼령이 식사를 마칠 즈음이면 무당은 혼령에게 그 말에 올라타라고 꼬드긴다. 혼령이 그렇게 하면 그녀는 말을 붙잡고는 문 밖으로 달려 나가 이를 나무 안에나 시냇물에 던져버린다. 불쌍하고 단순한 악귀는 돌아오는 길을 찾지 못해 다시는 그 집에 돌아가지 못한다. 그렇게 해서 아픈 사람은 치유된다.

3) 말썽을 일으키는 혼령을 쫓아내는 판수의 굿[89]

판수의 비법은 중국에서 왔다고 볼 수 있는데, 그 격렬함은 중국보다 덜한 반면, 예절을 갖추고 행하는 특징이 있다. 하지만 맹인은 춤을 추지 못하기에 자연히 모든 것이 중국과는 달라졌다. 판수는 북을 계속 치는데, 주로 현관의 마룻바닥에 앉아서 하고 조수는 그 옆에 있다. 판수는 먼저 마루 위천정에다 하늘의 네 방위처럼 네 구역을 표시한다. 그리고 각 방위와 천정에 오방장군의 깃발을 세운다. 조수 한 명은 그 앞에 앉아 길이 1피트 정도의 복숭아나무 채를 수직으로 잡고 있다.[90] 다른 조수는 잎이 달린 복숭아나무 가지를 들고 선다. 복숭아나무 가지는 귀신들이 특히 무서워하는 것이라 한다.[91]

판수는 북을 치면서 옥추경玉樞經(Okju Kyung)의 대목 등을 암송한다. 이는 그가 모시고 있는 신장수神將帥(Sinchangsoo)들과, 혹은 한 분만 모시고 있는 경우에는 그 한 신장神將(Sinchang)과 우선 서로 통하려는 것이다. 어떤 때는 이 부분에서 2~3시간씩 걸릴 때도 있고, 더 지체되는 경우도 많다. 판수는 그러다가 잠깐씩 멈추고 조수가 잡고 있는 채에 대고 묻는다. "왔습니까?" 신장이 거기에 오지 않았으면 채는 좌우로 심하게 흔들린다. 조수가 아무리 단단히 잡고 있어도 소용없는 일이다. 서양의 그리스도인들에게 그

89_ Bishop, *Korea and Her Neighbours*, p.405.
90_ Gifford, *Every Day Life in Korea*, p.112.
91_ Underwood, *Religions of Eastern Asia*, p.60; *Korea Review*, 1902, p.344; Bishop, p.406.

리도 인기가 있었던 점판占板(Ouija Board)[역주 19]은 영국이 아직 야만인들과 함께 섞여 살던 그 옛날에 이미 한국에서 사용되고 있었던 것이다.

마침내 그가 물을 때, 그 채가 더 이상 좌우로 흔들리지 않게 된다. 대신 아래위로 막 튄다. 판수는 이제 그 가정이나 마을을 괴롭히는 그 혼령이 하늘의 어느 방위에서 왔는지를 알아낼 때까지 계속 질문한다. 이를 알고 난 뒤에는 그 방위에 있는 여러 혼령들의 이름을 불러대기 시작한다. 범인 혼령이 누구인지를 알아낼 때까지 계속 불러대는 것이다. 그러고는 판수는 열성적으로 무경巫經을 읽어대기 시작한다. 이렇게 해서 죄를 범한 혼령에게 압력을 넣고, 때리고 압도하면서, 강력한 방법으로 그를 무기력하게 만든다. 판수는 혼령에게 구체적으로 그 집의 어디에 붙어 있는지를 묻는다. 이를 일단 알아내면 조수가 복숭아 가지를 들고 그곳으로 달려가 그를 쫓아낸다. 쫓기는 혼령은 이리저리 쫓겨 다니다 결국은 판수 앞에까지 오게 된다. 판수는 이미 토기병과 메밀가루 반죽 한 덩어리도 준비해 놨기에, 시달려 지쳐버린 혼령에게 그 병 안으로 들어가라고 명령한다. 혼령은 더 이상 저항하지 못한다. 그는 병 안으로 들어가고, 조수는 메밀가루 반죽을 병마개로 만들어 병을 봉하고는 산으로 옮겨 땅에 묻어버린다. 미래에 알라딘과 신드바드가 한국에 와 산에서 땅을 파게 된다면 이런 병들을 발견할 것이고, 그 안에 매우 성가신 혼령이 들어 있음을 보게 될 것이다.

[역주 19] 14세기 유럽에서 시작된 것으로 혼령과 대화를 나누는 방법이다. 한 사람 이상이 조그만 나무 포인터를 가지고 알파벳과 숫자, 그리고 '예/아니오'가 있는 글 판을 움직여 영들에게 이것저것을 물어보는 놀이이다. Ouija라는 용어는 프랑스어와 독일어의 합성어로 보인다. oui는 프랑스어에서 "예"를 뜻하고, ja는 독일어에서 같은 의미를 갖는다.

4) 가족 무당, 천제天祭(*Chunchei*), 산제山祭(*Sanchei*)

이하의 의례들을 샤머니즘의 의례로 봐야 할지, 어떨지 결정하기는 어렵다. 이하에 언급하는 무당들을 시베리아에 있는 종족 샤먼들과 같이 볼 수도 있고, 무당이나 판수와 같은 샤먼으로 생각할 수도 있겠다. 의례는 보통 가을 추수가 끝난 다음에 거행된다. 하지만 봄에도 한 번씩 정기적으로 거행되고, 큰 재난을 당했을 때 거행하기도 한다. 받들어 모시는 신은 산신, 혹은 이웃의 신일 때도 있고, 오직 하나님께로 한 발 다가서기도 한다. 여러 가지 면에서 볼 때, 이 의례는 유대인들이 바치는 평화의 봉헌물(Peace Offerings)과 비슷하다.

의례가 있기 칠일 전에 마을 사람들은 모임을 갖고, 그 마을의 "부정 타지 않은 남자들" 가운데서 한 사람을 뽑아 의례의 주관자인 제관祭官(*Chei Kwan*)으로 삼고, 또 한 사람 축문 낭독자인 축관祝官(*Chook Kwan*)을 뽑는다. 이 때 여러 명의 조수도 함께 뽑는다.[92] 흠 없는 수소도 한 마리 고르는데, 얼룩소는 안 된다. 한 주간 동안 그 동물을 잘 보살펴야 하는데, 흠 없이 깨끗하게 하고 잘 먹여야 한다. 뽑힌 남자들은 목욕재계하고, 깨끗한 옷을 입는다. 그들은 자기들의 집 대문 옆에 소나무 토막들을 놓고, 맞은편에는 새끼줄과 붉은 색 흙黄土를 놓아둔다. 이는 방문객들이 그를 만날 수 없으며 의례가 끝날 때까지 어떤 일도 할 수 없음을 표시하는 것이다. 그들은 술, 담배를 피해야 하고 가족들과 어울리는 것조차 삼가야 한다. 곡하는 사람이나 시신을 만져서 부정 탄 사람도 그들 가까이 가서는 안 된다.

의례가 있기 전 날 밤에 조그만 임시 오두막이 산중턱 높직이 세워진다. 이 의례가 천제라면 물론 평지에 세워질 것이다. 마을의 백정이 소를 잡아

92_ "Village Guild Laws" in *Royal Asiatic Society Records*, 1913, p.21.

고기, 특히 피를 밤새 그 오두막 안에 두는데, 이는 신 앞에 두는 것이 된다. 다음 날 아침 닭이 울면, 온 마을 사람들이 오두막 가까이 모여든다. 의례의 주관자와 축문 낭독자는 예복을 갖춰 입고 오두막 앞에 나아간다. 이제 그곳에서 의례를 행하는데, 그 뒤로 축문 낭독자는 신 앞에서 그 마을의 여러 소망들을 낭독해 아뢴다. 하나 씩 하나 씩, 곧 풍년이 들게 해 주십사, 질병에서 지켜 주십사, 그리고 많은 아들들을 위하여 청원을 한다. 각 소망을 아뢸 때마다 오두막 아래에 모여 있던 남자들은 다 함께 "아-음(A-eum)" 하고 화답한다. 이는 꼭 우리가 "아멘(Amen)"이라고 하는 것과 같다. 의례 주관자는 축문이 낭독되는 동안에도 계속 신을 숭배한다는 의미로 절을 한다. 의례가 끝나고 나면, 고기는 마을 사람들에게 분배되는데, 각 사람의 공헌도에 따라 배분되는 양이 다르다. 고기의 일부는 언덕 아래로 가져가 바비큐처럼 구워서 나누어 먹는다.

의례 주관자와 낭독자로 뽑힌 이들은 대개 그대로 여러 해 동안 봉사한다. 이 일을 무업巫業이라고 말한다면, 그들이 무당이 되는 것은 단지 이렇게 특별한 날에만 해당된다. 우리가 처음에 이야기를 시작하면서 무당의 정의를 내릴 때, "영의 상태가 변하기도" 한다고 했는데, 이들에게는 그런 상태가 나타나지는 않는다. 물론 그들이 그와 같은 상태에 도달한다면 더 좋겠지만 말이다. 무당이나 판수는 무업을 하라고 불림 받은 사람들이다. 이들이 들어서서 의례를 거행할 길일을 택해주기도 하지만, 그리 흔한 일은 아니다. 이 의례가 불교와는 거의 관련이 없는 듯하고, 다만 사직단社稷壇 (Sajik Shrine)에서 올리는 제사와는 관련이 좀 있는 것 같다. 샤머니즘과는 물론 관련이 있는 것으로 보는데, 예부터 내려오는 관습인 것은 확실하다. 이들은 원래 무당이었는데, 후에 유교의 영향과 사직단 제사의 영향 하에 전문적인 무업에서 물러앉은 듯하다. 반대로 시베리아의 경우는 그들이 처음에는 종족 샤먼이었다가 후에 전문적으로 무업을 하게 된 것으로 보인다.

10. 샤머니즘의 교리와 윤리

1. 샤먼들이 받드는 지고의 신(supreme Deity)은 없다는 사실은 이미 확인하였다. 하나님은 그들에게 너무 높게만 계신다. 오방장군은 큰 힘을 가지고 있지만, 최고의 권위를 가진 신으로 생각할 수는 없다. 옥황상제(Ok Wang Sangchei)가 하나님과 비슷하기는 하지만, 그는 어디까지나 외래의 신이다. 옥추경의 천존(Chunchon)은 "아홉 하늘에서" 높은 자리를 차지하고 있는 듯하다. 하지만 어쨌든 최고 통치자는 아니다. 우리가 처음에 정의한 것은 지금까지 연구해 온 "자연숭배와 모든 것을 다스리는 지고신에 근거한 원시종교 다신론과 여러 다령 숭배"에 대한 설명과 맞물리게 된다. 하지만 만물을 다스리는 지고신에 대한 정의를 내리는 데는 실패한 것 같다. 이는 헐버트와 언더우드가 밝히고자 하던 것이었는데, 진화된 종교가 중국에서 들어왔지만 만신의 바람직한 발전을 이루지 못하고 멈추어버렸기에 모든 것은 혼란 속에 빠져버렸던 것이다. 추측컨대 처음에는 한 분, 지고신이 있었을 것이다. 하지만 하나님의 개념은 세월과 더불어 퇴화되어 갔던 것이다.

2. 죄와 윤리에 관한 질문이라면 샤머니즘에서는 별로 얻을 게 없다. 시베리아의 종족 여자 샤먼에게서도 이는 마찬가지이다. 샤먼들은 악에 대해 가르침을 주지 않는다. 악귀惡鬼와도 잘 사귀려하는 그들의 행동을 보나, 그들의 사생활에 관한 소문을 들어보더라도 그들은 이 주제에 대해 어떤 메시지도 전해주지 않으며, 또 관심도 없는 것 같다. 그들은 다만 어디에나 있으면서 해악을 주는 혼령들과 그들이 주는 고통에서 사람들을 자유롭게 해 주는 일에만 몰두한다. 심판 날에 대한 교의도 없고, 그 비슷한 이야기조차도 없다. 이는 그들의 관심 밖의 이야기이다.

판수는 비교적 교육을 많이 받았기에 유교와 관련이 있는 사람으로 생각되는데, 그들 역시 교의와 윤리 문제에 대해서는 별로 관심이 없다. 옥추경을 보면 이 주장이 타당함을 알 수 있을 것이다. 그들 스스로도 이 주제가 그들의 시야를 벗어난 것으로 여긴다. 이 일은 유교가 다스려야 할 것으로 보기 때문이다. 그들의 관심사는 영에 관한 것이고 초자연적인 세상에 관한 것이다.

한국의 샤머니즘이 저급하기는 하지만, 가까운 이웃나라에서 볼 수 있는 것과 같이 도박장이나 매음굴을 떠도는 단골 혼령(patron spirit)을 찾아 볼수는 없다. 또한 한국의 일부 사당에서 행해지는, 아니면 어떤 의례는 이를 인정하기도 하는 패륜행위도 샤머니즘에서는 찾아볼 수 없다.[93] 아울러 일부 다른 나라에서 흔히 행해지는 남근男根 숭배도 찾기 어렵다. 굿을 하는 이유도 주로 자손을 위해 치성을 드리려 함이다. 서울의 자문(Chamoon) 밖에는 커다랗고 둥근 돌이 세워져 있는데, 이 돌에는 장정 주먹 크기의 반쯤 되는 구멍들이 나 있다. 소문으로는 이 구멍에 자갈돌 하나를 제대로 꽂아두는 여자는 곧 아들을 낳게 된다는 것이다. 그 비슷한 돌이 남대문 밖이나 무악재[Peking Pass] 근처에도 있었다. 하지만 그 어디에서도 남근 숭배의 흔적이 보이지는 않는다. 또한 신당 어디에도 외설적인 그림은 없다.

3. 불멸不滅(immortality)에 관하여 한국인들은 정확히 어떤 것인지는 모르지만, 존재가 계속되는 것을 당연하게 받아들인다. 불교 신자는 제외하더라도, 사람들은 옛날 지중해 세계에서 저승의 입구로 알려져 있던 아베르누스 Avernus에 대해 어렴풋하게나마 느끼고 있는 듯하다. 이에 대해서 불교는 다른 종교의 신도들이 어떤 신앙을 가지고 있던 간에 거기에 더 많은 내용과 의미를 제공해 주는 데 공헌했다. 모든 종교인들은 인간이 "저승"(Chu Seung), 혹은 "저 세상"(that place)으로 가서 염라대왕의 심판을 받게 된다는 데 기본적으로 동의하는 것 같다. 염라대왕은 지금은 불교에 속해 있지만,

---

93_ Underwood, *Religions of Eastern Asia*, p.131.

불교가 들어오기 전부터 앞서 있었고, 그보다 훨씬 오래된 전통을 대변하기도 하다. 불교에서 그런 경우는 많이 있다.

11. 샤머니즘의 미래

우리는 지금까지 샤머니즘에 대해 논하면서 그 의례가 그 옛날 번성할 때의 상황인 것처럼 여기고 임의로 설명했음을 다시 한 번 밝히고자 한다. 지금 샤머니즘이라는 종교는 번성이란 말과는 거리가 멀다. 이는 너무 미신적이고 근거가 약한 의례이어서 현대의 과학 세계를 감당해 나가기 어려울 것이다. 요즈음 많은 집에 들어가 봐도 위에서 언급한 가택신을 모시고 있는 집은 단 한 곳도 없다. 신당들은 언덕 꼭대기에 여전히 서 있지만, 산제나 천제를 올리기 위해 사용한 마을은 거의 없는 듯하다. 길을 따라 수백 개의 오방장군 기둥이 서 있기는 하지만, 새 단장을 해서 반들거리는 것은 보기 드물다. 새 것이 있더라도 그것은 예외일 뿐이고, 의무로 한 것은 아니며 낡은 것들은 허물어지고 있다. 이제 사람들은 집에서 굿을 했다는 사실을 부끄러운 듯이 말하고, 그 보다 병원비가 더 적게 든다고 하면 속으로 놀란다. 이 나라의 현대식 미션 스쿨과 공립학교에는 육십 만 명의 학생들이 나이를 가리지 않고 몰려들고 있다. 지난 20년간 많은 학생들이 학교의 교육과정을 완전히 마쳤거나 상당 부분을 이수하였다. 게일은 "이런 형태의 숭배는 개화된 지역에서 쇠퇴해 가고 있고, 이 세대와 함께 사라질 것"[94]이라고 말한다.

하지만 이 의례는 쉽게 소멸되지 않고 있으며 완전히 사라져버리기까지

94_ Gale in *Korea Magazine*, 1917, p.546.

는 긴 여정이 남아 있다. 무당들은 지역 사회에 참여해서 서로 간에 상의도 하고 격려해 주기도 한다. 한국에 있는 무당의 수가 얼마나 되는지 정확히 아는 사람은 아무도 없다. 다만 평양시 신성 조합(*Sinsung Guild*)의 책임자인 한 판수가 전하는 말에 따르면, 인구 십만 명의 도시[평양]에 삼백 명의 공인된 무당들이 있었다고 한다. 한국의 인구가 이천만 명 정도 된다면 무당들의 숫자는 수천 명에 이르는 것이다. 개화된 도시에서 무당들의 북소리를 들을 수 있고, 서울에서도 판수가 북을 치고 돌아다니면서 "문수文殊"(Manjusri Boddhisattva)라고 외치는, 귀청을 찢는 듯한 소리를 듣는 것이 특별한 일은 아니다. 몇 달 전 필자가 전차를 타고 가는데 이러한 사람들 세 명이 북을 지고 전차를 타는 것이었다. 그들은 천존天尊과 이 개명천지를 달리는 전차의 고압선 사이에 어떤 부조화를 느끼지는 않는 것일까? 어쩔 수 없이 이 의례는 지금부터 서서히 죽어갈 것이다. 그러나 다른 나라들에 금요일과 숫자 13이라든가 사다리와 깨어진 거울을 금기시하는 미신이 계속 남아 있듯이, 이러한 의례가 사라지는 데도 긴 시간이 걸릴 것이다. 다만 이제 막 깨어난 은둔의 나라(Hermit Land)를 위해서 그 시간이 아무쪼록 어서 빨리 오기만을 바랄 뿐이다.

이 글은 Charles Allen Clark, *Religions of Old Korea*, New York : Fleming H. Revell Company, 1932, pp.173~219 : "Shamanism"을 완역한 것이다. 본서의 초판은 1921년 미국 프린스턴 신학교에서 행한 강좌 내용을 묶어서 1929년에 발행되었다. 본 번역문은 1932년도에 간행된 재판을 대본으로 작업하였으며, 괄호 속의 영문 용어들은 원저자가 표기한 그대로 옮겨 실었다. 역자가 2003년에 개설한 가톨릭대학교 종교학과 대학원 과목에서 수강생들과 함께 읽었던 내용을 보완하고 각주와 역주를 첨가하였다.

몽골 샤머니즘과 동물상징

박환영

중앙대학교 아시아문화학부 비교민속학과 교수

1. 머리말

몽골의 샤머니즘[1]_은 대초원의 유목문화 속에서 독특한 전통을 이어오고 있는데 이러한 특징 중의 하나는 몽골의 샤머니즘을 보면 몽골의 다양한 자연환경을 비롯하여 동물과 식물에 대한 원초적이고도 우주론적인 유목민들의 믿음과 가치관을 가지고 있다는 점이다. 몽골의 샤머니즘이 가지는 이러한 특징은 몽골의 전통사회에서 주변의 자연환경 속에서 자연스럽게 만들어진 토착적인 민간신앙의 영향이 반영되어 있기 때문이다. 특히 몽골의 유목민들 사이에서 널리 받아들여졌던 모든 생물이나 자연물에 영혼이 깃

1_ 샤머니즘(Shamanism)이라는 용어는 국내 학자들에 따라서 '샤머니즘' 혹은 '샤마니즘'으로 사용되고 있다. 영어식 표기를 한국어로 옮겨서 적는 과정에서 생겨나는 현상인데, 본 논문에서는 편의상 '샤머니즘'으로 통일해서 표기하고자 한다.

들어 있다고 믿는 애니미즘animism과 몽골의 일부 부족들이 가지고 있었던 토테미즘totemism의 전통이 부분적이지만 샤머니즘 속에 여전히 남아서 지금도 전승되고 있는 것이다.

몽골의 샤머니즘은 한국의 무속신앙과 비교해 볼 때 많은 유사한 부분도 많지만 일부는 조금 다른 특성을 가지고 있기도 하다. 두 문화를 비교연구하기 위해서는 여러 가지 측면에서 다각적인 접근이 필요하며 두 문화가 가지는 공통적인 요소와 상이한 요소를 함께 다루어 보는 것이 필요하다. 가령 몽골의 샤머니즘이 가지는 대표적인 두 유형은 홉스굴 지역에서 보여지는 탈혼脫魂형과 부리야트 몽골과 내몽골 일부 지역에서 보여지는 빙의憑依형이다. 한국의 무속신앙과 비교하면 빙의형은 유사하지만, 탈혼형은 차이가 난다고 할 수 있다. 또한 몽골의 일부 샤먼은 다양한 정령精靈과 교류하는데 이러한 정령 중에는 조상이나 죽은 샤먼 외에도 동물과 식물도 포함되어 있다. 특히 동물의 정령과 긴밀한 교류를 하는 것은 한국의 무속신앙과 비교해서 몽골의 샤머니즘이 가지는 특징 중의 하나이다. 따라서 본 연구는 몽골의 샤머니즘과 한국의 무속신앙을 본격적으로 비교분석하기 위한 전단계로 몽골의 샤머니즘이 가지는 다양한 특징 중에서 동물상징이라는 하나의 부분에 초점을 두어서 집중적으로 분석해 보고자 한다.

몽골의 샤머니즘에 대한 학계의 연구 동향을 간략하게 살펴보면, 험프리Humphrey(1996)는 내몽골의 다우르Daur 몽골인들의 샤머니즘을 구술생애사적으로 접근하고 있으며,[2] 푸레브Purev(2002)는 총체적인 입장에서 몽골의 샤머니즘이 가지는 역사와 사회적인 배경과 샤머니즘 속에 들어 있는 다양한 요소를 체계적으로 소개하고 있다. 또한 비텝스키(2005)는 세계 각 지역의 샤머니즘 전통을 기술하면서 몽골과 시베리아 지역 샤머니즘의 특징을

2_ 이 책은 2010년 국내에서 번역된 바 있다. 자세한 내용은 험프리와 오논(공저)(2010a와 2010b) 참조.

소개하고 있다.[3]

국내학계에서도 몽골의 샤머니즘에 대한 다양한 고찰이 진행되었는데, 우선 이필영(2001)은 몽골 북서쪽에 위치해 있는 홉스굴 지역의 현지조사를 통하여 수집된 자료를 심도있게 분석하여 몽골 샤머니즘의 성무成巫과정, 무복巫服, 무구巫具, 다양한 의례儀禮 등을 종합적으로 고찰하였다. 또한 장장식 (2002)[4]-은 동몽골의 부리야트 샤먼을 조사하여 샤먼이 가지는 옹고드와 샤먼이 되기 위한 차나르chanar 의식 등 몽골의 샤머니즘에 대하여 구체적인 자료를 제시해 주고 있으며 박환영(2002와 2008a)은 몽골의 샤머니즘 속에 내재하는 색깔상징과 귀신관에 초점을 두어서 좀 더 미시적으로 몽골의 샤머니즘을 분석하고 있다. 한편 몽골학자들에 의한 몽골의 샤머니즘에 대한 총체적인 분석은 이안나(2010)에 잘 기술되어 있다.[5]

몽골의 샤머니즘에 대한 이러한 기존의 고찰을 통하여 넓은 의미에서 몽골의 샤머니즘이 가지는 특징을 대충 이해할 수 있다. 그러나 몽골의 샤머니즘이 가지는 좀 더 작은 범위의 특징에 대해서는 여전히 더 많은 연구와 분석이 요구된다고 하겠다. 이러한 측면에서 보면 몽골의 샤머니즘 속에 들어있는 동물상징은 몽골의 샤머니즘이 가지는 하나의 독특한 특징으로 체계적으로 접근하고 분석해볼 가치를 지니고 있는 셈이다. 본 논문에서 필자는 몽골의 샤머니즘 속에 내재되어 있는 동물상징을 고찰하기 위해서 우선 몽골의 샤머니즘 속에 들어있는 동물과 관련된 상징이나 은유를 살펴보고 이어서 이러한 동물 관련 상징의 근본적인 이해를 구하기 위해서 몽골인들의 민속문학(특히 설화) 속에서 이러한 동물이 가지는 상징에 대하여 심도 있게 분

3_ 한편 몽골 종교의 주요한 한 분야로 샤머니즘을 접근한 하이시이(2003)의 연구도 주목할 만 하다.
4_ 같은 맥락에서 장장식과 전경욱(2001)의 연구도 있다.
5_ 이 외에도 역사적인 입장에서 몽골의 샤머니즘을 접근한 박원길(1998와 2002a)의 연구가 있다.

석해 보고자 한다. 그리고 아울러서 이러한 논의를 통하여 몽골의 샤머니즘에 투영된 동물상징이 가지는 민속학적 의미를 도출해보려고 한다.

2. 몽골의 샤머니즘과 동물

몽골인들은 주변의 자연환경과 일상적인 생활공간 속에서 가장 기초가 되는 땅地과 물水에는 초월적인 힘과 능력을 가진 영혼이 존재한다고 믿고 있는데, 이러한 존재는 곧 사브다크Savdag와 로스Lus이다. 즉 사브다크는 '흙'이라는 의미의 대지의 주인을 나타내며, 로스는 '물'이라는 뜻을 지닌 물과 습기의 주인인 셈이다. 이러한 용어는 몽골에 불교가 널리 퍼지면서 티베트로부터 들어와서 사용된 것으로 보이는데, 대부분 몽골인들은 대지의 주인과 물의 주인을 분리하지 않고 '로스 사브다크Luus-Savdag'라는 결합된 용어를 사용하고 있다(마르하호 : 2001a : 53). 이러한 몽골인들의 믿음에 근거하여 몽골의 샤머니즘을 자세히 들여다보면 몽골의 자연환경 속에서 만들어진 몽골인들의 우주관이 잘 드러나 있다. 가령 몽골의 샤머니즘은 지구상에 존재하는 모든 동물을 다음과 같이 구분하고 있다. 즉 물 아래의 동물, 물과 땅의 동물(수륙양용 동물), 땅의 동물과 하늘의 동물 혹은 조류 등으로 분류하고 있는데, 물 아래의 동물은 물고기와 개구리가 포함된 로스의 동물이다. 또한 타르바가와 쥐가 포함된 모든 동물들은 땅의 동물인데, 이러한 동물들은 살아가기 위하여 물이 필수적이므로 로스의 정령 혹은 주인이 보호해 준다고 믿는다. 그 외에도 몽골의 샤먼은 뱀과 거북은 땅과 물에서 양쪽 다 살 수 있기 때문에 로스-사브다크의 동물이라고 간주한다.[6]

6_ Purev(2002 : 98) 참조.

몽골의 샤머니즘은 아주 오래전부터 몽골인들의 생활문화 속에서 자리 잡고 있었던 민간신앙이기 때문에 샤머니즘 속에 들어있는 동물상징과 관련된 요소는 역사문헌자료 곳곳에서 찾아볼 수 있다. 가령 예를 들어서 『몽골비사』에 보면 칭기스칸의 조상은 잿빛(혹은 회색빛) 푸른 이리와 흰 사슴 사이에서 나왔음을 암시하고 있다.

> …지고하신 하늘의 축복으로 태어난 부르테 치노(잿빛 푸른 이리)가 있었다. 그의 아내는 코아이 마랄(흰 암사슴)이었다. 그들이 텡기스를 건너와 오난 강의 발원인 보르칸 성산에 터를 잡으면서 태어난 것이 바타치 칸이다(유원수 : 2004 : 23).

이러한 설화의 내용을 보면 이리와 사슴이 등장하는데, 이것은 고대 몽골인들의 토템신앙과 연계하여 살펴볼 수 있다. 또한 이리는 몽골의 늑대와 유사하기 때문에 늑대가 몽골의 전통문화에서 샤머니즘적인 믿음과 더불어서 어떻게 인식되었는지를 살펴보는 것도 필요할 것 같다. 몽골의 샤머니즘에서는 여러 가지 동물을 신성한 동물로 혹은 자연 속에 존재하는 초월적인 정령精靈의 전달자로 보는 경향이 있다.

예를 들어서 칭기스칸은 늑대와 까마귀를 국가와 국민들을 위한 성실의 상징으로 간주하기도 하였는데, 이것은 몽골의 샤먼이 늑대와 까마귀와 관련해서 가지고 있는 관념과도 일치한다. 즉 몽골의 샤먼은 까마귀를 로스Lus의 모든 말을 사람들에게 전달하는 번역자로 간주하며, 늑대는 나쁜 악령들과 싸우는 무기로 간주한다. 몽골의 샤먼은 또한 까치를 하늘에 있는 동물들 사이의 연계자로 간주하며, 그래서 몽골에는 다음과 같은 습속이 남아 있다. 즉 주부主婦가 겔ger 밖에서 까치 소리를 들으면 "까치야! 까치야! 좋은 소식이면 말하고, 나쁜 소식이면 잊어버려라!"라고 소리치기도 한다

(Purev : 2002 : 101~102). 까치 외에도 몽골의 샤먼은 독수리와 매 같은 하늘의 동물을 중요하게 여긴다. 특히 독수리와 매는 몽골의 설화 속에서 샤머니즘과 연계되어서 등장하기도 한다.

한편 몽골의 샤머니즘은 전체적으로 뱀에 의하여 상징화 된다고 할 수 있을 정도로 뱀과 몽골의 샤머니즘은 밀접한 연관성을 가지고 있었다.[7] 그러나 몽골에 불교[8]가 들어오면서 몽골의 성산聖山 중의 하나인 복드 한 산 (Bogd Han Mountain)에 있는 샤브다크Savdag의 모습이 뱀을 입에 물고 있는 큰 새로 상징화 되면서 한쪽 면에서는 샤머니즘이 약화된 것을 보여주며, 다른 면에서는 샤머니즘과 불교가 융합된 모습을 보여준다. 그럼에도 불구하고 몽골의 샤먼들은 인간의 생명과 연관 지어서 뱀을 중요한 동물로 여기기 때문에 몽골인들은 일반적으로 결코 뱀을 죽이지 않는다. 한편 이러한 믿음 속에는 뱀이 가지는 긍적적인 측면과 부정적인 측면이 들어 있다. 우선 긍정적인 측면은 흰 뱀을 겔ger 안에서 발견하면 가까운 미래에 아이가 태어날 징조로 생각한다. 또한 어떤 사람이 여행을 하는데 앞에서 뱀이 길을 가로질러 가면 그 사람에게 행운이 깃든다고 믿는다. 한편 뱀이 가지는 부정적인 측면은 뱀의 색깔과 관련이 있는데, 즉 검은색이나 잡색의 뱀이 겔 안에 나타나면 가족들에게 해害를 끼치거나 문제가 발생할 상징으로 여겨진다.[9]

몽골의 샤머니즘은 이러한 우주관에 기초하여 모든 인간은 물론이고 동물과 식물을 비롯한 모든 자연물에 영혼이 깃들어 있다고 믿는다. 특히 동

---

7 몽골의 설화 속에도 샤머니즘과 뱀은 밀접하게 연계되어서 묘사되고 있다. 예를 들어서 "뱀의 왕국에 가면 용한 박수(남자무당)가 있기는 한데…"와 같은 표현이 자주 등장한다. 이정희(2000 : 208) 참조.

8 몽골에 라마불교가 처음으로 전해진 시기는 1247년으로 보는 견해가 지배적이다. 하이시히(2003 : 55) 참조.

9 또한 샤머니즘의 전통으로 몽골인들은 까마귀, 영양, 사슴, 말코손바닥사슴, 여우, 곰, 늑대 등이 겔(ger) 주변이나 가축의 축사 주변에 나타나면 로스(Lus)와 샤브다크(Savdag)에게 제의(祭儀)를 올리기도 한다(Purev : 2002 : 98~103).

물의 경우는 일상적인 생활공간에서 인간과 밀접한 관련성을 가지고 있기 때문에 동물의 상징을 좀 더 포괄적으로 인식하고 있기도 하다. 즉 동물의 외형적인 모습 자체 말고도 동물이라는 외형을 뒤집어 쓴 자연의 영혼이라든지, 일부 특정한 자연물을 동물의 육체에 은유하여 표현하기도 한다. 예를 들어서,

> 몽골인들의 일부는 명한 산, 숲, 짐승의 신을 신앙의 대상으로 섬기고 숭배하고 있다. 민간 신앙에 의하면 그 신은 상당히 큰 키의 소유자라고 한다. 이렇게 몽골인들은 전 지역을 수많은 '주인'으로 살아 숨쉬게 했다. 땅 위의 모든 만물에 생명이 있는 혼령 즉 주인이 존재하는 것으로 여겨 그것을 형상화 시켰다. 특히 전통적인 몽골의 샤머니즘을 계승한 흑무당이 대부분을 차지하며, 불교의 영향을 거의 받지 않은 홉스굴의 타이가 지대 사람들은 사브다크를 다양한 모습으로 표현하는데 주로 인간과 동물의 형상으로 묘사하고 있다. 그래서 토양을 어떤 한 동물의 가죽이라 여기고 흙과 돌 및 식물의 뿌리는 육체, 힘줄, 혈관을 구성한다고 믿는다. 따라서 '흑색 샤머니즘'을 신봉하는 무당들은 산봉우리의 주변과 냉·온천의 가장자리에 로스-사브다크가 사람 또는 가축의 모습을 띠고 출몰한다는 믿음을 지니고 있다(마르하호 : 2001a : 59~61).

따라서 몽골인들은 주변의 자연환경을 경영하는 로스-사브다크를 믿고 있으며, 이러한 믿음은 샤머니즘을 통하여 좀 더 구체화되고 체계되었다고 볼 수 있다. 특히 불교의 영향을 상대적으로 적게 받은 홉스굴과 타이가 지대의 몽골인들 사이에 이러한 믿음이 더 강하게 남아서 전승되고 있다고 볼 수 있다.

다음으로 몽골의 샤머니즘 속에 들어있는 동물상징은 샤먼이 모시고 있

는 옹고드에서 발견할 수 있다. 옹고드는 몽골의 샤먼이 모시는 신령을 나타내는 신체神體로 샤먼이 모시는 정령에 따라서 모양도 다르고 형태도 다양한 편이다. 다시 말해서 몽골의 샤먼이 모시는 옹고드의 형상은 여러 가지 모양을 가지고 있는 셈이다.

몽골의 샤먼들은 가축의 모습을 옹고드에 나타내기도 하는데, 특히 가슴乳房 모양으로 옹고드의 모양을 만들었고, 이러한 모양의 옹고드는 가축의 풍요를 가져온다고 믿었다. 따라서 옹고드의 모양이 항상 사람의 모양이 아님을 알 수 있다. 또한 옹고드가 가지고 있는 특별한 직능職能은 신내림을 받은 여자 샤먼을 통하여 그 모습을 드러낸다. 예를 들어, 여자무당에게 새 옹고드(shuvuun ongod, 鳥靈)가 들어가면, 그녀는 새가 발톱으로 뼈를 집듯이 뼈를 잡고 굿을 한다(푸레브 : 2001a : 35). 또한 러시아의 투바Tuva 지역의 샤머니즘도 몽골의 샤머니즘과 많은 유사성을 가지고 있는데 특히 몽골의 샤먼이 모시고 있는 옹고드를 가지고 있다. 이러한 옹고드를 투바어로는 에렌즈 eerens라고 부르는데 뱀, 곰, 까마귀, 토끼, 담비, 백조, 뻐꾸기 등과 같은 동물을 본뜬 것이 대부분이다. 또한 어떤 에렌즈는 사람 모양을 하고 있으며, 종종 샤먼과 연계된 조상들의 에렌즈도 있다(Mongush and Humphrey : 1991 : 12). 따라서 몽골의 샤머니즘을 비롯하여 몽골 주변의 지역에서 전승되고 있는 샤머니즘의 한 특징은 샤먼을 도와주는 정령으로 동물이 포함되어 있다는 사실이다. 한편 '헬 호르'라 하는 악기는 샤먼을 옹고드하고 만나게 해 주는 '쇼등 쳉헤르 모르shuudan tsenher mor'라고도 한다. 이는 샤먼과 옹고드를 매개해 주는 하늘색의 말馬]이란 뜻이다.[10]

부리야트 몽골의 샤먼이 굿을 행할 때 입는 무복巫服과 무구巫具에도 동

10_ 몽골의 샤머니즘에서 말과 사슴은 지상의 세계와 천상의 세계를 이어주는 동물로 여겨진다. 좀 더 자세한 내용은 이필영(2001 : 111과 118) 참조.

물상징이 들어 있다. 가령 예를 들어서 흑무당의 의상으로 오르괴orgoi에는 두 마리의 검은색 까마귀와 머리가 7개, 꼬리가 1개 달린 두 마리의 뱀이 달려있으며, 샤먼이 사용하는 한 면으로 된 북인 헤세hese에는 다람쥐 형상의 쇳조각이 9개 달려있다. 또한 샤먼의 복식에 메다는 벨벡누르 종(belbegnuur) 안에는 사자모양의 동그란 종 알이 들어 있으며, 강철로 만들어 무복巫服의 오른쪽 허리춤에 차는 샥눌shagnuur은 멧돼지를 의미한다. 즉 이 것은 멧돼지를 정탐군 삼아 지상의 세계를 냄새 맡게 한다는 전설에서 비롯 되었다고 전해진다. 한편 까마귀 모양을 오려 만들어 비단리본에 매단 토르 숄(turshuul)도 동물상징이 들어있는 무구巫具 중의 하나이다.[11] 특히 부리야 트 지역의 샤먼이 입는 무복에는 뱀을 상징하는 만지크manjig[12]가 달려있을 정도로 부리야트 샤먼의 무복巫服과 무구巫具에 가장 많이 보여지는 동물은 뱀이라고 할 수 있다.

마지막으로 부리야트[13] 몽골의 샤먼이 모시는 신령은 그 수가 엄청나며 종류도 다양한데, 이러한 신령 중에서 동물상징을 가지고 있는 신령도 있다. 예를 들어서 보르한Burhan 신령 중에서 한 쇼분 노욘(Han Shubuun Noyon, 왕 새귀족)은 13번째 신神인데 이 신은 무당이 굿을 할 때 날 수 있도록 도와 준다고 믿어진다. 특히 부리야트족 무복의 소매에 날개처럼 달린 장식이 있는데, 이는 무당이 날아갈 수 있는 능력이 있음을 나타내는 상징인 것이다. 또한 보르한 신령 중에서 제일 마지막 신인 호숀진Hoshoonjin은 사냥의 신으로 사냥개 두 마리를 데리고 다니며, 인간의 사냥을 도와준다고 믿어진다.

11_ 강토그토흐(2001 : 153~156) 참조. 한편 김기선(2008)은 몽골 샤먼의 무복(巫服)에 대한 Hansen(1950)의 연구를 인용하면서 몽골 샤먼의 복식은 사슴형, 곰형, 새형으로 나누어지는데 사슴형 복식은 주로 부리야트 지역에서 그리고 새형은 알타이 지역과 홉스굴 지역에서 보여진다고 기술하고 있다.
12_ 김기선(2008 : 181) 참조.
13_ 장장식·전경욱(2001 : 186) 참조.

따라서 사냥꾼은 사냥을 나서기 전에 이 신에게 사냥물이 많이 잡히기를 기원한다고 한다.[14] 한편 동몽골 부리야트 몽골의 샤먼이 행하는 일종의 성무成巫의례인 차나르chanar 의식에는 숲 속에 사는 흰토끼, 청설모(날다람쥐), 사슴, 족제비, 담비 등을 상징하여 흰색, 검은색, 빨강색, 파랑색, 노랑색 등의 오색五色을 매달아 놓은 잘름jalama[15] 이 중요하게 다루어지는데, 그 이유는 이러한 동물들이 신의 세계로 가서 무당과 신을 매개하거나 신이 강림할 때 마중을 나가는 역할을 담당한다고 믿기 때문이다.

몽골의 샤머니즘 속에 내재되어 있는 동물상징을 로스사브다크를 중심으로 몽골인들이 가지고 있는 전통적인 우주관과 민간신앙적인 측면에서 살펴보았고, 이어서 몽골의 샤먼이 모시는 정령을 상징하는 옹고드에 나타나 있는 동물상징과 샤먼의 무복巫服과 무구巫具에 장식되어 있거나 달려있는 다양한 동물상징에 대해서도 고찰해 보았다. 아래에서는 샤머니즘과 동물상징의 연관성을 좀 더 체계적으로 접근해 보기 위하여 샤머니즘에 자주 등장하는 동물을 중심으로 몽골인들의 원초적인 믿음세계와 생활방식을 고스란히 반영해주고 있는 몽골의 설화를 중심으로 동물상징에 대하여 재고찰해 보고자 한다.

3. 민속문학 속에 투영된 동물상징

몽골의 민속문학 속에는 정말로 다양한 동물상징이 나온다. 몽골의 유목문화를 대표하는 다섯 가지 종류의 동물인 말, 양, 염소, 소, 낙타 등은

14_ 강토그토흐, 앞의 논문, 150~151쪽.
15_ 장장식·전경욱(2001 : 186) 참조.

물론이고 호랑이, 사자, 곰, 늑대, 이리, 원숭이 등 너무나 다양한 편이다. 이러한 동물들 중에서 샤머니즘과 관련되어 있는 동물로는 대충 뱀, 용, 사슴, 늑대, 다람쥐(청설모), 담비, 족제비, 까마귀, 까치, 뻐꾸기, 타르바가, 여우, 개, 소, 말, 곰 등이다. 몽골의 민속문학 중에서 특히 설화를 중심으로 몽골의 샤머니즘에 많이 등장하는 동물에 대하여 고찰해보고자 한다. 설화는 민중들의 의식세계를 당시의 시대상과 사회상에 맞게 만들어진 이야기로 설화는 시대와 공간이 바뀌면서 내용의 일부가 생략되거나 덧붙여지기도 한다. 따라서 몽골의 설화는 몽골인들의 토착종교인 샤머니즘과 그 속에 반영되어 있는 동물상징에 대한 몽골인들의 의식세계를 잘 반영해 주고 있는 것이다.

몽골의 설화에 보면 사람이 동물이 되었다거나 아니면 동물이 사람이 되었다는 내용의 설화를 볼 수 있다. 몽골의 샤먼은 정령이나 조상신 그리고 초자연적인 존재와 교류할 수 있는 능력을 가지고 있는데, 이렇게 몽골의 샤먼이 교류하는 대상은 인간에서부터 동물과 식물 그리고 초자연적인 존재 등 다양한 편이다. 그러나 이중에서도 동물은 몽골의 설화 속에서 볼 수 있는 바와 같이 인간과 거의 같은 한 부류로 간주되기도 한다. 가령 몽골의 개는 인간과 거의 비슷해서 죽으면 꼬리를 잘라서 입에는 양의 꼬리조각이나 비계 덩어리를 물려주는 습속이 있다. 이와 관련해서 다음과 같은 설화가 있다.

먼 옛날 보르항 박시가 진흙으로 두 사람을 만들어 놓고 볼일을 보러 갔다. 그동안에 소가 뿔로 사람의 쇄골鎖骨을 들이받아 진흙 일부가 부서져 나갔다. 그렇게 부서져 떨어진 조각이 개가 되었다. … 사람들은 개를 인간과 친류親類로 간주하여 개가 죽으면 꼬리를 자르고 입 속에 양꼬리 조각이나 비계덩어리를 물리는데, 여기엔 개가 다시 태어나

기를 기원하는 뜻이 담겨있다. 개는 사람을 대신하여 죽기 때문에 남자
는 개가 죽었다고 슬퍼하지 않았다. 한편 노인들의 말에 따르면 몽골인
들의 몸은 진흙으로 만들었다고 한다. 또 사람으로부터 개가 떨어져 나
왔기 때문에 사람의 뼈와 개의 뼈는 똑같다고 여긴다. 사람이 뼈를 다
쳤을 때 개의 뼈로 치료하면 좋다고 하는 이유도 이 때문이다(체렌소드
놈 : 2001 : 109).

이상의 설화는 몽골의 민간풍속에 개가 죽으면 다른 동물에 비하여 나
름대로의 형식을 갖추어서 장례葬禮를 치르는 유래에 대한 설화이다. 몽골
의 샤머니즘에서 개는 그렇게 많이 등장하고 있지는 않지만 인간과 가장 가
까운 동물로서 개는 여전히 중요한 동물임에는 틀림이 없다.

다음에서 살펴볼 곰과 타르바가에 관한 설화 속에도 인간과 동물은 가
까운 부류로 인간이 동물로 그리고 동물이 인간으로 뒤바뀌어서 묘사되기
도 한다. 특히 샤머니즘과 관련해서 곰은 많이 등장하는 동물 중의 하나이
다. 예를 들어서 산림지역과 타이가 지역에 거주하는 몽골인들은 곰이 인간
과 연계되어 있으며, 대지와 물의 주인이며 정령으로 간주하기도 한다. 이
러한 예로 몽골의 시골에서 유명하고 영향력이 있는 사람의 별명에 곰이 붙
기도 한다[16]. 다음에 소개할 설화는 인간이 곰이 되고 다시 인간과 부부가
되어서 아이를 가지게 되는 내용을 담고 있다.

먼 옛날에 쿠르빈강 상류에 오로촌족 여자가 살고 있었는데, 어느
날 그녀는 혼자 숲속에 들어가 과일을 따고 나물을 캐다 길을 잃어버리
고 어떤 나무 구멍 속으로 들어가 쉬게 되었다. 이와 같이 몇 년을 보낸

16_ 몽골에서 2008년 나온 샤라브의 "몽골의 하루"라는 그림에 대한 해설서에 이러한 내용이 들어 있다.

뒤 그녀는 이웃과 친척들을 새까맣게 잊어버리고 마침내 곰이 되고 말았다. 어느날 사냥꾼이 곰의 앞다리에 부상을 입히자 곰은 나무를 뿌리채 뽑아 사냥꾼을 나무 밑에 깔아 버렸다. 그러나 곰은 사냥꾼을 해치지 않고 오히려 그를 나무 밑에서 구해 굴속으로 데리고 가서 상처를 치료해 주고 그와 부부가 되어 함께 살았다. 얼마 후 부부는 아이를 갖게 되었다. 곰은 매일 밖으로 나가 먹을 것과 마실 것을 구해 왔다. 그러나 곰은 밖으로 나갈 때마다 돌로 굴 입구를 막아 놓았다. 어느 날 사냥꾼은 곰이 없는 틈을 타 바위를 밀쳐내고 굴에서 나와 해뜨는 쪽을 향해 뛰어갔다. 그렇게 뛰어가다가 하천을 만나자 뗏목을 타고 물살을 따라 도망갔다. 이때 곰이 어린아이를 껴안고 하천 가로 쫓아와서 외쳐댔다. 그러나 사냥꾼은 이를 거들떠보지도 않았다. 이 때문에 몹시 화가 난 곰은 어린아이를 두 조각 내어 한 조각은 사냥꾼 쪽에 버리고 다른 한 조각은 자기 쪽에 놓고서 목놓아 울었다(체렌소드놈 : 2001 : 121).

위의 설화의 내용 일부는 우리나라 공주지방에 전승되고 있는 곰나루 설화와 많이 유사한 편이다. 몽골인들에게도 곰은 친근한 동물로 여겨졌으며, 인간과 비슷한 신체구조를 가지고 있으며 인간의 말을 이해할 수 있다고 생각하기도 한다. 몽골의 설화 속에는 곰이 가지는 이러한 특성이 잘 묘사되어 있다.[17] 다음에 살펴볼 타르바가도 몽골의 설화 속에서는 인간과 많은 부분이 닮아있다고 묘사되고 있다.

먼 옛날 타르바가가 활을 메고 다니면서 사람을 잡아먹었다. 이렇게 타르바가가 사람을 죽이고 해를 입히자 보르항이 그의 활쏘는 엄지

17_　체렌소드놈(2001 : 119~120) 참조.

손가락을 끊어 버리고 쇄골과 견갑골을 부순 다음 다음과 같이 말하고 놓아 주었다. "사내의 간자가의 먹을 것이 될지어다." 그리하여 타르바가는 구멍을 파고 들어가며 맹세하였다. 마른풀을 먹지 않고, 맹물을 마시지 않고, 둔덕에 굴을 파고, 남아를 괴롭히며 살리라. 그러던 중 한 사람이 길을 가다가 활로 타르바가를 쏘았는데, 타르바가는 화살을 맞은 채로 굴로 들어갔다. 사람들이 모여 굴을 파본 즉, 타르바가는 활과 화살을 쥔 세 살 된 아이로 변해 한구석에 쪼그리고 있었다. 그후로 활로 타르바가를 사냥하는 것을 금하게 되었다. 이유인 즉, 활로 타르바가를 쏜 사람 자신이 타르바가가 되기 때문이다. 또한 사람들은 타르바가를 죽여 가죽을 벗길 때 사람의 뼈라고 하여 쇄골을, 사람의 고기라 하여 상박부 위쪽 부위 분홍색 부위를, 사람의 콩팥이라 하여 두 개의 콩팥 옆에 붙어 있는 조그마한 부위를 반드시 골라내 버린다. 타르바가가 옛날에 사람을 잡아먹었기 때문에 이처럼 사람 몸의 일부 기관과 고기가 그대로 남아 있는 것이다(체렌소드놈 : 2001 : 117).

위의 설화와 비교해서 몽골의 전설 속에서도 몽골의 명사수가 여섯 개의 태양을 화살로 맞히고 마지막 한 개를 맞히지 못하자 자신의 엄지손가락을 자르고 햇빛이 들어오지 않는 굴속에 들어가 타르바가가 되었다는 내용이 들어 있다. 이러한 내용이 들어있는 '에르히 메르겡(名弓)' 전설과 관련해서 샤머니즘과 타르바가의 관련성을 몽골학자 소브드(2000)가 제기한 바 있다. 즉 '에르히 메르겡' 전설 속에서 기술되고 있는 상징적인 내용을 해석하기 위하여 몽골의 샤머니즘에서 행하여지는 의례 중에서 엄지손가락이 가지는 민간신앙적인 중요성과 숫자 일곱의 상징적 의미 그리고 동쪽과 서쪽이라는 방향 설정 등 몽골의 샤머니즘과 관련해서 세부적인 영역까지를 두루 다루고 있다.

한편 샤먼과 관련해서도 몽골의 설화에 보면 다양한 동물이 등장한다. 이 중에서도 샤먼과 직접적으로 관련된 동물은 솔개, 뱀 그리고 독수리이다. 우선 몽골의 최초의 샤먼과 관련된 설화에는 솔개와 뱀이 나오고, 부리야트 몽골인들이 수호신으로 믿고 있는 독수리도 설화 속에는 샤먼으로 나온다. 이러한 설화를 구체적으로 소개하면 다음과 같다.

하늘의 1천 보르항이 처음 사람을 창조할 때, 솔개로 하여금 아드추트구르(악마)가 접근하지 못하게 지키도록 했다. 만약 적(악마)이 사람들을 해치러 오면, 즉시 보르항에게 알리도록 당부했다. 솔개 역시 보르항의 칙령대로 울타리 위에 앉아 사람들을 지켰다. 그러나 사람들 자식들이 활로 솔개를 쏘려고 하였으므로 그는 편히 있을 수가 없었다. 그래서 보르항 앞으로 나아가서 말했다. "이 사람들을 제대로 지킬 수가 없습니다. 그들은 나를 쏘아 죽이려고 합니다." 그러자 보르항이 대답했다. "일이 그렇다면 사람들에게 가서 마력을 주어라!" 하루는 솔개가 먼 데까지 날아가 양을 돌보고 있었다. 그 때 마침 먼 곳에서 길을 잃고 헤매던 어린 소녀 앞에 있는 나무 위에 앉게 되었다. 그리고 솔개는 그 소녀에게 마력을 주었다. 얼마나 시간이 흐른 것일까. 몽롱하던 순간이 지나고 소녀가 집으로 돌아오자마자 오빠의 질책이 쏟아졌다. "너, 사흘씩이나 양떼를 데리고 어디 갔다 이제 나타났느냐? 내 너를 당장 죽여버리겠다. 껍질을 벗겨 주마." 이런 저런 말을 들어보지도 않고 오빠가 심하게 꾸짖자, 소녀에게 오빠를 증오하는 마음이 생겨났다. 그리고 밉다고 생각하는 순간, 오빠는 곧바로 실신하여 쓰러지더니, 오줌이 막히는 병에 걸렸다. 어린 소녀가 오빠에게 말했다. "내가 오빠를 낫게 하겠다." 오빠를 하얀 펠트에 눕혀 집안으로 데리고 간 다음, 끝이 두 갈래인 지주支柱 위에 배를 깔고 엎드리게 하자, 소녀의 오빠는

그 즉시 병이 나았다. 그 후, 어린 소녀는 오드강(여샤먼)이 되었다. 그

녀가 바로 쇼쇼록(인명)이라는 몽골 최초의 오드강이다(체렌소드놈 : 2001

: 187~188).

설화 속에는 설화를 전승하는 사람들의 생활문화가 녹아있다. 이러한
생활문화 속에는 생업환경과 더불어서 주어진 자연환경이 곁들어져 있는
것은 물론이다. 또한 몽골의 설화 속에는 몽골인들이 가지고 있는 전통적인
우주관과 민간신앙도 들어있다. 아마도 위에서 기술한 몽골의 샤머니즘과
관련된 설화 속에는 샤머니즘을 대하는 몽골인들의 의식세계가 투영되어
있다고도 볼 수 있다. 설화를 통하여 우주라는 대자연 속에서 신과 인간과
동물 그리고 악령들의 세계가 간접적으로 묘사되고 있다. 비록 신은 절대적
이고 초월적인 힘을 가지고 있지만 사악하고 영리한 악령이 또한 존재하기
도 한다. 동물은 신과 인간을 매개하기도 하며 신의 매개자로서 인간을 악
령으로부터 보호해주기도 한다. 그러나 일부 인간들은 그러한 동물들의 역
할을 외면한 채 동물을 활로 위협하게 되면서 인간 중에서 신의 매개자 역
할을 할 수 있는 마력을 가진 샤먼이 등장하게 된다는 설화의 구도를 통하
여 샤먼이 생겨나게 된 이유와 배경을 잘 설명해 주고 있다.

한편 다음에 소개할 설화는 불교가 몽골에 전해지면서 기존에 영향력을
가지고 있었던 샤머니즘이 점차로 영향력을 상실하게 되는 과정 속에서 샤
먼이 가진 이중적이고도 세속적인 속내를 보여주고 있다. 이러한 설화의 내
용은 19세기말에서 20세기 초까지 활동한 몽골의 대표적인 민속화가인 샤
라브B. Sharav(1869~1939)의 작품 『몽골의 하루』에 나타나는 샤머니즘과 관련
된 그림과 비교할만 하다. 즉 샤라브의 그림에 보면 한쪽에서는 샤먼과 샤
먼의 신봉자들이 열심히 굿을 진행하고 있는데, 바로 굿판이 벌어지는 그
뒤편에서는 한 몽골인이 태연히 담배를 피우고 앉아서는 냄새를 풍기면서

초원에서 배설행위를 하고 있는데, 이 그림은 당시 몽골의 샤머니즘을 대하는 몽골인들의 입장을 잘 대변해주고 있는 것이다.[18] 다시 말해서 한쪽에서는 샤머니즘을 신봉하고 여전히 전통적인 믿음세계를 가지고 있으며, 또 다른 한쪽에서는 샤머니즘을 천대하고 무시했던 것이다.

> 아주 오래 전, 이 고장에 아홉 명의 하르 뵈가 있었다. 그들의 선생이 성인을 만나기 위해 라싸를 향해 떠나게 되었다. 그런데 사람들이 그 샤먼을 사원 안으로 들여보내는 대신, 라마승의 재고財庫에 가두어 버렸다. 어느 날 고승이 샤먼을 데려다 승복을 입히고 교의를 가르친 뒤, 그를 다시 고향으로 보냈다. 그러나 샤먼은 승복을 입는 것이 부끄러웠으므로, 전에 입던 옷으로 갈아입고 고향으로 돌아갔다. 샤먼은 고향 땅에 돌아와 오란 두쉬산에 있는 칭기스의 집을 방문했다. 칭기스가 큰 부인에게 말했다. "나가서 이 사람의 말의 발목을 묶어 놓으시오." 부인이 나가서 말이 있는 곳으로 갔을 때, 말의 콧구멍에서 뱀이 나타나는 바람에 발목을 묶지 못했다. 샤먼이 자신이 해 보겠노라고 밖으로 나아가는 체하다 부인을 데리고 도망쳐 버렸다. 칭기스가 곧바로 추격하여 붙잡아 긴 칼로 내리치자, 샤먼은 석상石像으로 변해 버렸다. 이것이 지금의 다얀 데레흐의 석상이다(체렌소드놈 : 2001 : 188~189).

위의 설화는 몽골의 샤머니즘이 불교와 융합되는 과정을 보여준다. 특히 불교의 영향력이 저변에까지 확대된 이후에 보여지는 흑무당과 백무당의 구분 혹은 흑무당과 황무당의 구분 속에서 불교의 영향을 받지 않고 순수하게 전통적인 몽골의 샤머니즘을 고수하고 유지하던 흑무당에 대한 언

18_ 西村幹也(1999 : 71) 참조.

급이 나오는데 설화 속에서는 불교의 영향을 받게 되고 그것도 모자라서 칭기스의 부인을 납치하는 샤먼으로 묘사되고 있어서 불교의 전래와 함께 몽골에서 샤머니즘이 타락하고, 약화되었던 시대상을 반영해 준다고 할 수 있다. 또한 설화 속에는 뱀이 말의 콧구멍에서 나와서 칭기스의 부인이 샤먼의 말馬의 발목을 묶지 못하게 하는 대목이 나오는데 뱀과 샤먼의 친연적인 관계를 보여주는 대목이라 하겠다. 뱀과 샤먼의 밀접한 관계는 샤먼의 무복巫服에서도 찾아볼 수 있다. 가령 샤먼이 굿을 할 때 입는 의복의 뒷부분을 보면 가늘게 잘려진 천이 있는데 이것은 뱀을 상징하며 외부로부터 들어오는 악령으로부터 샤먼을 보호하는 갑옷 역할을 한다.[19] 따라서 뱀은 몽골의 샤머니즘에서 샤먼을 악령으로부터 지키고 보호하는 동물로 상징되기도 한다.

또한 몽골의 샤먼이 하늘을 날아다니는 새 중에서 특히 독수리와 관련되어 있음을 보여주는 설화가 있다. 부리야트 몽골인들 사이에서 주로 전승되고 있는 이러한 설화는 몽골의 샤머니즘 속에 자주 등장하는 독수리를 비롯한 새와 관련된 동물상징과 밀접한 연관성이 있다고 볼 수 있다.

먼 옛날 독수리는 사람이었다. 어떤 젊은 뵈(샤먼)가 독수리로 변신하여 서쪽 끝까지 날아갔다가 집에 돌아와서는 예전처럼 사람이 되곤 했다. 다음에 그는 다시 독수리로 변신하여 동쪽 끝까지 날아갔다. 그곳에서 한참 머문 다음 집으로 돌아오던 길에 몹시 배가 고파진 그는 어떤 동물의 주검에 앉아 발바닥을 쪼아 먹었다. 그는 동물의 시체를 실컷 먹은 후 집을 향해 날아갔다. 하지만 독수리는 이처럼 더러운 시체를 먹었기 때문에 집에 돌아와서도 다시는 사람으로 변하지 못하고 그대

19_ 西村幹也, 위의 논문, 70쪽.

로 독수리가 되었다. 독수리는 부리야트인(바이칼호 주변의 몽골족)의 수호신이다. 그래서 그들은 독수리를 숭배하고 사냥하지 않는다. 만약 사람이 두 마리 독수리 중 한 마리를 잡으면 남은 독수리는 올리한섬 위를 밤새도록 날아다닌다. 그곳에서 독수리는 짝을 구한다. 그리고 다음날 다시 보면 정말로 두 마리가 되어 날아다니는 것이다(체렌소드놈: 2001 : 141).

위의 설화를 보면 샤먼과 독수리와의 밀접한 관계를 보여준다. 특히 부리야트 몽골의 샤먼이 입는 무복巫服의 소매에 보면 날개처럼 생긴 장식이 있는데 이것은 샤먼이 굿을 하게 되면 새와 같이 날 수 있는 능력을 가지고 있음을 상징한다. 특히 몽골의 샤머니즘을 보면 샤먼이 신령과 직접 교류하기도 하지만 때로는 샤먼이 중간적인 매개자를 필요로 하기도 한다. 즉 천상의 존재인 신령과 지상의 존재인 인간(즉 샤먼)을 매개해 주는 독수리, 까치, 까마귀 등과 같은 새의 존재는 몽골의 샤머니즘을 이해하는데 중요한 요소가 될 수 있는 것이다.

4. 샤머니즘 속에 내재된 동물상징의 민속학적 의미

몽골의 샤머니즘은 주변의 자연환경 속에서 몽골인들의 생활문화와 아우러져서 만들어진 몽골인들의 토착종교이다. 따라서 몽골의 샤머니즘 속에는 몽골인들이 이어온 생활문화와 이러한 생활문화 속에서 만들어진 넓은 의미에서는 대자연이라는 영역에서부터 좁은 의미에서는 겔ger을 중심으로 하는 가족에 이르기까지 몽골인들이 가지고 있는 일상적인 생활의 방식과 삶의 가치관을 잘 보여주고 있다. 이러한 입장에서 보면 몽골의 샤머니즘 속에 투영되어 있는 동물상징은 몽골의 유목문화를 유목문화답게 하는 특징을 가지고 있다고 볼 수 있다. 다시 말해서 몽골의 샤머니즘이 몽골이라는 자연환경과 몽골인들의 독특한 생활문화 속에서 전승되면서 아마도 가장 몽골적인 특징을 가지고 있는 부분이 바로 동물상징이라고 할 수 있는 것이다. 몽골의 샤머니즘 속에 들어있는 동물상징이 가지는 민속학적 의미는 다음과 같이 몇 가지 측면에서 살펴볼 수 있을 것 같다.

첫째로 토테미즘과 애니미즘의 요소를 부분적이지만 몽골의 샤머니즘 속에서 발견할 수 있다는 점이다. 즉 몽골의 샤머니즘을 살펴보면 특정한 동물은 몽골인들에게 신령스러운 존재로 인식되기도 한다. 가령 역사적인 문헌자료에서도 일부 동물이 언급되고 있는데 『몽골비사』에 기술되고 있는 회색빛 이리는 넓은 의미에서 늑대로도 볼 수 있는데, 늑대는 동몽골 부리야트 몽골인들 사이에서 토템신앙의 대상이 되기도 한다. 또한 몽골의 대표적인 민속화가인 샤라브의 그림에 보면 곰을 토템으로 숭배하는 그림이 나오기도 한다.

이러한 토템신앙은 몽골의 샤머니즘 속에서 늑대와 독수리를 통하여 부분적으로 반영되어서 나타난다. 토테미즘과 더불어서 애니미즘적인 요소도 몽골의 샤머니즘 속에 들어 있다. 특히 몽골인들은 모든 자연물에도 생명이 있다고 믿는데 이러한 자연물 중에서도 대지와 물의 주인인 로스사브다크는 샤먼들의 눈에 인간이나 동물, 소와 같은 가축의 형상으로 보인다고 한다. 또한 몽골인들은 곳곳에 오보를 만들어서 자연의 신을 모시고 있는데 오보는 대지와 물의 수호신, 귀신, 하늘의 용과 같은 주술적인 존재들이 찾아와 그 지역의 많은 사람들을 구제하는 곳이며, 사람들도 그에 대한 보답으로 제물을 바치고 숭배하는 장소인 셈이다. 그리고 그곳에 흙과 돌을 쌓고 갑옷과 투구, 무기, 의복, 다양한 식기나 그릇, 통, 비단 천, 평범한 물건들을 올리며 여러 가지 장식을 걸어 놓는다. 주변에는 나무를 심거나 혹은 항가리드새(시조새)를 조각한 것을 두기도 한다.[20] 오보제는 지역에 따라서 불교 승려가 행하기도 하지만 전통적으로는 지역의 샤먼이 주관하여 행하는 경우도 많았다. 이러한 이유는 샤먼이 보통 조상신을 모셨고, 죽은 샤먼의 조상신은 산에 있다고 여겼기 때문이다(西村幹也 : 1999 : 72). 오보제가 끝나면 제의祭儀에 모인 사람들은 제의적인 의례를 장식하고, 모두가 하나가 되기 위한 놀이적인 기능에서 몽골의 씨름과 말달리기와 같은 민속놀이를 행하기도 한다. 오보제를 통하여 자연에 깃든 다양한 정령 중의 주인인 로스 사브다크에게 음식을 올리고 새로운 축복을 기원하는 것이다.

두 번째는 몽골의 샤머니즘에서 중요한 부분인 옹고드와 무복 그리고 무구에 나타난 동물상징이 가지는 민속학적 의미이다. 그런데 몽골의 옹고드는 단지 정령精靈을 상징하는 신체神體로서 외부로부터 들어오는 악령으로부터 샤먼을 보호하고 샤먼과 일반인들을 도와주는 기능 외에도 모셔져 있는 영역과 공간에 머물러 있지 않고 적극적으로 활동을 할 수 있는 소위 옹고드의 영역이라고 하는 특정한 구역이 설정되어 있다고 한다. 예를 들어서,

> 옹고드의 달리기는 무당이 굿을 할 때 치는 북소리, 무복에 달린 방울이 부딪혀 나는 방울소리, 휘파람소리 등으로 사람들에게 느껴지기도 하지만 어슬렁 어슬렁 걸어가는 늑대, 거러스(사슴류) 등의 동물들의 행동거지를 통해서도 알 수 있다. 그래서 "옹고드 구역"에서 가까운 곳이나 "달리기"를 하는 길 위에서 잠을 잔다거나 특히 야생동물들이 어슬렁거리며 느리게 걸어갈 때 사냥을 하며 겁을 주고 놀래키는 것을 엄격하게 금기시 한다(마르하호 : 2001b : 77).

이상에서 알 수 있는 바와 같이 이러한 옹고드의 달리기는 늑대와 사슴과

20_ 마르하호(2001a : 56~58) 참조.

같은 야생 동물은 잘 느낄 수 있기 때문에 동물의 움직임을 통하여 옹고드의 상태를 파악할 수 있는 것이다. 또한 몽골의 샤머니즘에서 흔히 볼 수 있는 옹고드는 지역에 따라서, 모셔지는 정령에 따라서, 그리고 샤먼에 따라서 너무나도 다양한 편이며 종류와 형태도 많은 편이다. 가령 예를 들어서, 홉스굴 지역의 샤먼은 새머리를 한 사람 모습의 '아홉개의 샘'(ösön bülgiin yom)이란 옹고드를 가지고 있다. 이것은 아홉 개의 작은 동산(ovgor)에서 나온 아주 힘이 센 옹고드라고 한다. 이는 가죽으로 만들었다고 한다(이필영 : 2001 : 100~101).

세 번째는 몽골의 설화 속에 들어 있는 몽골의 샤머니즘과 동물상징이 가지는 민속학적 의미 부분이다. 몽골의 샤머니즘과 관련된 몽골의 설화를 보면 몽골 최초의 샤먼은 여샤먼(오드강)으로 솔개가 길 잃은 어린 소녀에게 마력을 주어서 소녀가 샤먼이 되었다는 이야기이다. 그리고 부리야트 몽골을 배경으로 하고 있는 설화는 샤먼이 독수리로 변하기도 하고 독수리가 다시 샤먼으로 변하기도 하는데 하루는 동쪽 끝까지 날아서 갔다 오다가 죽은 동물의 고기를 먹고는 다시는 샤먼으로 돌아오지 못하고 영원히 독수리로 남게 되었다는 내용이 들어 있다. 몽골의 민속에서 동쪽은 서쪽에 비하여 부정적인 의미를 가지는 방향이다. 또한 동몽골의 부리야트 몽골 샤먼은 성무成巫의식인 차나르chanar 의식을 행하면서 좋은 샤먼이 되기 위하여 몇 가지 맹세를 하는데 그 중에 다음과 같은 내용이 들어 있다.

… 여덟, 남의 고통을 이용해서 나쁜 짓을 하지 않는다. … 열, 거짓말하지 않고 거짓 점을 치지 않으며, 도둑질하지 않는다 … 열둘, 죽은 사람의 장례식에 가지 않고, 술을 마시지 않으며, 바람 피우지 않고 나쁜 일을 하지 않으며, 낙타 고기나 발굽 갈린 짐승의 고기를 먹지 않는다(장장식 · 전경욱 : 2001 : 197).

이러한 내용을 보면 몽골의 설화 속에서 묘사된 내용과 연계해서 몽골의 샤먼이 행하여서는 안 되는 금기禁忌가 들어 있다. 즉 설화의 내용 중에서 샤먼이 독수리가 되어서 마음대로 날아다니다가 배가 고파서 죽은 동물의 시체를 먹었는데, 결국 더러운 시체를 먹었기 때문에 다시 샤먼으로 돌아가지 못하고 영원히 독수리가 되었다는 내용이 있는데 이 부분은 샤먼이 좋은 샤먼이 되기 위한 맹세를 어겼기 때문이라고 볼 수 있다. 다시 말해서 비록 설화를 통하여 상징적으로 기술하고는 있지만 샤먼이 자신의 힘과 능력을 과신해서 선과 악을 구분하지 못하고 또한 자신의 지나친 욕구를 절제하지 못해서 마치 야생동물과 같이 마음대로 행동하면 결국 야생동물로 남을 정도로 큰 벌을 받게 된다는 교훈을 제시하고 있는 것이다.

5. 맺음말

몽골의 샤머니즘에 나타나는 동물상징은 몽골인들이 가지고 있는 자연관이나 믿음세계 그리고 설화와 같은 몽골의 민속문학 속에도 잘 투영되어 있다. 몽골의 샤머니즘과 관련해서 보면 대지와 물의 수호신인 로스-사브다크Lus-Savdag가 동물의 모습으로 나타나기도 하며, 늑대와 독수리 그리고 곰과 같은 몽골의 토템신앙이 샤머니즘 속에 내재되어 있기도 하다. 또한 몽골의 샤머니즘 속에서 뱀의 상징이 중요하게 다루어지는데, 불교의 영향으로 조금 약화는 되었지만 민간에서는 여전히 뱀과 관련된 다양한 속신俗信이 전해져 내려오고 있다. 한편 샤먼이 입는 무복巫服의 소매에 새의 날개와 같이 생긴 장식을 달아서 굿을 하게 되면 샤먼이 새처럼 날 수 있다고 믿기도 하며, 무복과 무구巫具에도 많은 동물들이 상징화되어 있을 정도로 몽골의 샤머니즘은 동물과 많은 연관성을 가지고 있다.

몽골의 샤머니즘은 몽골의 설화 속에서도 쉽게 찾아볼 수 있다. 즉 몽골의 설화는 몽골 최초의 여자샤먼과 관련한 솔개의 이야기와 불교의 영향으로 세속화된 샤먼을 비꼬는 이야기, 그리고 독수리로 변한 샤먼의 이야기를 통하여 어떻게 샤먼이 몽골에서 생겨났으며, 불교의 영향으로 조금의 변화를 가졌지만 여전히 샤먼은 샤먼으로서 의무와 책임감을 가지고 있음을 잘 묘사해 주고 있다.

이러한 논의를 통하여 몽골의 샤머니즘이 가지는 애니미즘과 토테미즘적인 요소와 옹고드, 무복巫服, 무구巫具에 숨어있는 동물상징 그리고 설화 속에 투영되어 있는 동물상징이 가지는 민속학적인 의미를 다시 한번 짚어 보았다. 이러한 연구를 토대로 하여 향후 몽골의 설화를 좀 더 분석하여 몽골의 샤머니즘에서 동물이 가지는 기능에 대하여 다양한 접근이 필요한 것 같다. 예를 들어서 몽골의 '호리 투메드 메르겡' 설화에 보면 우리의 '선녀와 나무꾼' 설화와 마찬가지로 천상의 존재인 백조와 지상의 존재인 사냥꾼이 등장하며, 백조가 부리야트 샤먼의 조상이 되었다는 무가巫歌와 연결시키고 있다. 반면에 우리의 '선녀와 나무꾼' 설화에는 천상의 존재인 선녀와 지상의 존재인 나무꾼을 매개하는 사슴이 등장한다. 백조와 같은 새는 천상의 동물이면서 천상의 세계와 지상의 세계를 매개하는 동물이기도 하다. 한편 사슴과 같은 동물은 지상의 동물이면서 역시 지상의 세계와 천상의 세계를 매개하는 동물이기도 하다. 따라서 설화 속에 녹아있는 동물상징은 샤머니즘을 이해하는데 중요한 부분이다. 특히 고도로 압축되어서 오랜 시간 동안 전승되어 오는 수수께끼와 같이 설화 속에 반영되어 있는 몽골의 샤머니즘은 동물상징에 대한 해석을 통하여 올바른 해답을 구할 수 있는 것이다.

이 글은 2009년 한국몽골학회의 학술지인 『몽골학』 제26호에 게재된 논문에 기초하여 내용의 일부를 보완한 것이다.

대만 샤머니즘 연구의 흐름과 동향

상기숙

한서대학교 중국학과 교수

1. 머리말

대만의 민간신앙은 유불도가 혼재하며 특히 도교적 색채[1]가 강하다. 특색은 향토신과 다신숭배, 부단한 새로운 신의 출현, 수호신 숭배, 가정신의 묘우화廟宇化[2]로 집약된다. 종교 혼재 현상은 중화민족의 포용성과 동화성에 기인하며 근원은 민간신앙의 현세주의에 둔다. 민중은 오직 영험만 하다면 어떤 신이든 모신다. 그러므로 불교에 관음觀音, 도교에 마조媽祖, 민간신

1_ 민간에서 숭봉하는 도교신은 모종의 법술·영이(靈異)를 지닌 도사를 가리키며, 신선 색채의 역사인물과 신화전설의 인물이다. 예를 들면 옥황상제(玉皇大帝)·현천상제[玄天上帝, 상제공(上帝公)]·보생대제[保生大帝, 오진인(吳眞人)]·삼관대제(三官大帝)·문창제군(文昌帝君)·부우제군(孚佑帝君)·남북두성군(南北斗星君)·태세(太歲)·풍도대제(酆都大帝)·십전염왕(十殿閻王)·용신(龍神)·성황야(城隍爺)·법주공(法主公) 등이다.

2_ 집집마다 대청에 모두 신감(神龕)을 설치하며 신불을 봉안하는 한편 조상제를 지낸다. 목적은 가족의 평안과 수복을 기원하며, 주로 관음보살·마조·관성제군·태자야(太子爺)·토지공·조군(竈君)을 모신다.

앙에 토지공土地公이 있는 것이다. 신은 신도의 입장에서 보면 높고 낮음, 귀천의 구별이 있으나 신격이 높다고 가장 숭배받는 신은 아니다. 예를 들면 옥황대제의 신격이 가장 높으나 단지 정월 초아흐레 탄신일[천공생(天公生)]에만 제사지낸다. 반면 신격이 가장 낮은 유응공有應公·³_대중야大衆爺·석두공石頭公 등은 아침저녁으로 제사하고 기도한다. 민간에서 이들 신은 재수를 가져온다고 믿기 때문이다. 즉 영험한 신일수록 민중에게 현실적 욕망을 만족시키기에 성행하고 환영받는다. 종교의식이나 제례의 주요 목적은 신과의 화해 혹은 신의 환심을 얻어 기복구사祈福驅邪 함이다. 이때 신과 인간을 중개하는 신이한 인물이 필요한데 바로 무격巫覡이다. 무격의 직능은 비바람을 부르고 치병治病하고 길흉을 예지하고 신령과 접촉 공수하며 사악함과 귀신을 쫓고 액막이를 한다. 이런 무술巫術은 무격이 특수한 언어와 행위로 강림한 신을 통해 신귀를 부리는 일종의 법술이다. 무술 의식은 상징적인 가무 형식을 취하며, 주요 내용은 강신降神과 주문呪文으로 이루어진다.

무속은 대표적 민간신앙의 하나로 민간층에서 무⁴_를 중심으로 전승되는 종교적 현상이다. 무는 격覡(Wizard)·요술사/술사術士(Sorcerer)·의무醫巫(Medicine man)·살만薩滿(Shaman)·제사祭司(Oracle)·점복사/마술사(Magician) 등으로도 불린다. 종교적 지도자로서의 무당이 있어서 종교의식을 집행하며 이에 필요한 구비경전으로서의 무신화[巫神話, 무가(巫歌)]가 있고 이 속에 우주의 질서와 교리적 지침이 들어있다. 무의 어원은 『설문해자說文解字』에 "무는 무축巫祝이다. 여인이 능히 신을 봉사하고 가무를 빌려 강신될 수 있

3_ 고혼[유혼이백(遊魂離魄)·무주고혼(無主孤魂)]으로 사람이 죽어 제사를 받지 못하면 아귀로 변하고, 비명횡사한 자는 왕사귀(枉死鬼)가 되어 질병과 고난의 근원이 된다. 대처 방법은 소극적으로 구사압살(驅邪壓煞)하며, 적극적으로 고골(枯骨)을 숭배한다. 여귀의 종류는 유응공·의민야(義民爺)·천세야(千歲爺) 등이 있다

4_ 『산해경(山海經)·대황서경(大荒西經)』: 大荒之中, 有靈山, 巫咸·巫卽·巫肦·巫彭·巫姑·巫眞·巫禮·巫抵·巫謝·巫羅十巫, 從此升降, 百藥爰在.

는 사람이다. 두 사람이 양 소매를 올려 춤을 추는 모양이며, '공工' 자와 자형의 모습이 같다. 옛날 무함巫咸은 처음에 무로 썼다. 무릇 무의 부속은 모두 무를 따른다."[5] 했고, 탕가경湯可敬은 갑골문을 인용 옥이 교차하는 모습이라고 해석하였다. 고대 무사巫師는 옥을 영물로 여겼다. 그러나 19세기 말 갑골문이 발견되면서부터 고문자 학자들에 의해 『설문해자』의 오류가 지적되기 시작한다. '巫'자도 예외가 아닌데 갑골문·금문을 근거로 자형을 고대 여무가 사용하던 도구, 또는 신의 이름으로 해석했다.[6] 즉 독특한 문체의 상형자로 여무가 신귀에게 기구할 때 사용하는 도구를 그린 것이라고 했다.[7] 양금전楊錦銓도 갑골문과 금문을 인용, "무는 서筮[시초점(蓍草占)]이다. …… 서가 종횡으로 교차한 모양을 본뜬 것이며, 서의 본 자는 또한 계癸 자와 같다."[8] 했다.

살만교는 우랄알타이어계인 시베리아 만주 퉁구스어족－만주족·악륜춘족鄂倫春族·악온극족鄂溫克族·혁철족赫鐵族, 석백족錫白族; 돌궐어족－유오이족維吾爾族·합살극족哈薩克族·가이극자족柯爾克孜族; 몽고어족－몽고족·달알족達斡族 등의 신앙으로 주요 내용은 만물유령·조상과 자연숭배이다. 퉁구스어의 saman은 러시아어를 거쳐 영어의 shaman으로 정착된다.[9] 중국 동북에서 서북 변경지역에 이르기까지 소수민족을 중심으로 광범위하게 유전된다. 살

5_ 탕가경 찬, 『설문해자금석(說文解字今釋)』 상책(上册), 호남(湖南) : 악록서사(嶽麓書社), 1997, 648쪽 : 巫, 巫祝也. 女能事無形, 以舞降神者也. 象人兩褎舞形. 與工同意. 古者巫咸初作巫. 凡巫之屬皆從巫.

6_ 왕연림(王延林), 『상용고문자자전(常用古文字字典)』, 대북(台北) : 문사철출판사(文史哲出版社), 민국82, 273쪽 : …… 象古代女巫所用道具.……卜辭中有的作神名, 如 '巫帝一犬.'

7_ 마여삼(馬如森), 『은허갑골문실용자전(殷墟甲骨文實用字典)』(상해대학출판사, 2008), 113쪽 : 獨体象物字, 象女巫求神鬼所用的道具.

8_ 양금전(楊錦銓), 『설문의상자중건(說文意象字重建)』, 대중(台中) : 진소연출판(陳素娟出版), 민국85, 1424쪽 : 巫, 筮也. …… 象筮之縱橫交錯形, 乃筮之本字, 亦與癸爲一字.

9_ 샤먼은 살만 기술의 살만사(薩滿師)를 말하고, 샤머니즘은 연구학자로부터 살만교라 칭하는 모종의 종교 혹은 신앙, 살만의 경험과 행위 등을 통칭한다. 퉁구스어의 sa는 지도[知道, to know]를 가리키고, shaman은 문자 표면상 의의에 따라 지자[知者, he who knows]라고 새길 수 있다.

만이라는 용어는 퉁구스어로 무사를 가리키는 데서 유래한다. 12세기 중엽 남송 서몽신徐夢莘의 『삼조북맹회편三朝北盟會編』에서 이미 '산만珊蠻'이라는 용어를 사용했는데 이는 여진족이 신봉하던 살만교를 기술한 것이다. 중국 동북제 민족의 강신의식은 민족에 따라 차이를 보이는데 기본 순서는 동일하다. 첫째, 청신[헌생(獻牲)] : 신령을 향해 헌제獻祭한다. 둘째, 강신[降神, 탈혼(脫魂)] : 북을 사용하여 신령이 강림하도록 부른다. 셋째, 영신[領神, 빙령(憑靈)] : 신령이 살만의 몸에 실려 살만을 통해 계시한다. 넷째, 송신送神 : 신령이 물러간다.

본고는 「대만 샤머니즘 연구의 흐름과 동향」이란 주제로 한족[10]과 원주민[11]으로 대별하여 고찰한다. 한족의 샤머니즘은 계동乩童을 중심으로 논의하였고,[12] 원주민의 샤머니즘은 연구개황과 갈마란족噶瑪蘭族의 여무사女巫師에 대해 고찰하였다. 본 주제와 관련된 국내 선행연구는 필자가 과문한 탓인지 거의 찾기 어려웠다. 단지 본고에서 인용한 참고자료가 선행연구로 대체될 수 있을 것이라 사료된다. 연구목적은 당대 대만의 샤머니즘 연구개황과 계동 및 갈마란족 여무사를 고찰하여 대만 샤머니즘의 단면을 이해하고자 한다. 대만의 샤머니즘은 중화권인 중국과 대동소이하나 역사적 · 지리적 · 사상적 차이로 약간의 변별력이 있을 것이다. 연구방법은 중화권 관련 자료(사료 · 문헌 · 논문) 및 인터넷 사이트 등을 인용하여 면밀히 분석 논지를 전개한다.[13]

10_ 1949년 인구 구성비를 살펴보면, 본성인(本省人, 17세기부터 1945년 일제 패망 전까지 대만에 정착한 한족계)과 외성인(外省人, 1945년 일제 패망 후부터 1945년 말까지 대만에 이주한 한족계)의 구성은 8대 1의 비율로 본성인이 압도적으로 많았음에도 정부의 요직은 장개석을 위시한 외성인들이 차지하였고 국민당정부는 내성인을 차별하는 정책을 폈다.

11_ 17세기 중국 대륙 연해지역의 주민이 대만으로 대량 이주하기 전부터 이미 대만과 인근 도서에 거주해 온 주민을 가리킨다.

12_ 2010년 5월 10-13일 현지조사 : 〈대만중앙연구원〉 민족학연구소 소속 연구원 장순(張珣) · 유벽진(劉璧榛) · 호대려(胡台麗)와의 면담에서 "현재 대만 한족사회에서 이미 순수한 샤먼을 발견하긴 어렵고 대부분 유불도 삼교가 혼재된 양상을 보인다." 했다. 그러나 대륙 한족의 경우 소수민족과 함께 샤먼이 존재하는 바 대만의 경우도 예외는 아니라고 판단된다. 이에 대한 고찰은 장래 연구과제로 남긴다.

13_ 본고에서 소개한 도록은 최근 필자가 대만 마조묘 현장조사시 촬영한 사진과 일부는 http://www.baidu.com 사이트에서 검색하여 차용했음을 밝힌다.

나아가 대만의 샤머니즘과 한국의 샤머니즘 비교 연구는 장래과제로 남긴다.

2. 대만 샤머니즘 연구의 흐름과 동향

대만은 한대에 동제東鯷, 삼국시대에 이주夷洲라고 칭했다. 오나라 손권孫權 황룡黃龍 2년(230) 위온衛溫·제갈직諸葛直이 병사 만 명을 거느리고 바다 건너 이주에 이른 것이 중국이 대만을 처음 침략한 사건이다. 수대 초엽 대만·팽호澎湖·유구琉球를 합쳐 유구라고 칭했고, 당시 누차 특사 혹은 군대를 파견하여 대만을 위무하고 경영하였다. 오대십국에 이르러 변란을 피해 대륙에서 대만으로 이주하는 자가 점점 증가하고 북송 말년 금의 침략으로 연해 거주민 대다수는 대만으로 피난하였다. 원대 말년(1360) 대만에 팽호순검사澎湖巡檢司가 설치된 후 팽호는 복건성 동안현同安縣에 예속되고 중국 조정이 대만을 정식으로 다스리기 시작한다. 명 천계天啓 4년(1624) 대만은 네덜란드의 침략을 받고, 6년엔 스페인에게 다시 북부를 점령당했다. 숭정崇禎 14년(1641) 스페인은 네덜란드에게 구축당했고, 이듬해 정성공鄭成功[14]-은 네덜란드인을 쫓아내고 대만을 반청복명反淸復明의 기지로 삼았다. 청 강희康熙 22년(1683) 정씨는 항복했고, 대만은 청조에 복귀되었다. 광서光緒 12년(1887) 대만은 비로소 대륙의 행정구역이 되었다. 광서 21년(1895) 갑오전쟁 실패 후 이듬해 일본에게 할양되어 식민지가 되었고, 50년이 지난 제2차 세계대전 이후 1945년 10월 25일 해방된다.

14_ 정성공(1624~1662)은 대만 해협에서 무역업과 해적 행위로 큰돈을 번 해상 모험가인 정지룡(鄭芝龍)과 일본인 전천송(田川松) 사이에서 태어난다. 그는 일본 장기현(長崎縣) 평호(平戶) 출신으로 7세 때 명나라로 건너갔고 뒤에 남경의 태학(太學)에서 공부하였다. 명나라가 멸망하자 당왕(唐王) 융무제(隆武帝)를 옹립하였고 국성(國姓)을 하사받아 주성공(朱成功)으로 이름을 고쳤다. 명나라 부흥운동의 중심인물로 멸청복명(滅淸復明)을 도모했다.

초기 대륙에서 대만으로 온 이민자는 전란을 피해 바다를 건넜고 당시 대륙 서남 연해변은 왜구와 해적이 많았다. 명대 이후 외족의 침략까지 겹쳐 전후 1세기 동안 고통을 받았다. 이와 같은 대만의 역사적 · 지리적 배경은 민중들에게 신을 찾고 기구하게 만들었다. 건륭 말년 만청정부는 대만 이주에 대한 법령의 제한을 해제하여 이민이 증가하기 시작한다. 이때 대륙의 신도 이민과 함께 이주 뿌리내린다. 정성공이 대만을 수복하였을 때 한인은 약 10여만 명이었고, 광서 21년 3백만을 넘었다. 민국 33(1944)년엔 6백여만 명, 오래지않아 대만 인구는 60배 이상이 되었다. 대륙 이민자의 증가와 함께 모시는 신도 점점 증가했다. 일거시기日據時期 대만 전체의 사묘는 3,661좌, 모시는 신은 175종이 넘었다. 고향에서 온 신은 이민자 간에 특별한 정감을 가져왔고 건립된 사묘 역시 동향의 단결 및 촌락 상부상조의 중심이 되었다.[15]

대만의 개발 계획은 불과 3, 400년에 불과하며 열악한 지리적 환경으로 인해 많은 어려움이 따랐다. 이민자들은 특히 예측불허의 해난사고에 수호신 – 마조[16] · 현천상제玄天上帝[17] · 수선존왕水仙尊王 · 사해용왕 및 총간공總趕公 등을 숭배하였다. 이 중 마조신앙이 가장 흥성하며 현재 500좌 이상의 마조묘가 건립되었다. 민간 제전 중 "삼월풍마조三月瘋媽祖"[18]를 통해 마조

15_   임진원(林進源) 주편(主編), 『대만민간신앙신명대도감(臺灣民間信仰神明大圖鑑)』[대북 : 진원서국(進源書局), 2007], 26~29쪽.

16_   해신낭낭(海神娘娘), 천상성모(天上聖母). 송에서 청조에 이르는 780년간 역대 제왕으로부터 책봉된 신호(神號)만 40여 개에 달한다. 청 강희(康熙) 22년(1683) 그 지위가 더욱 높아져 '천후(天后)'로 봉해지고 정식으로 사전(祀典)에 편입된다.

17_   처음 북극성의 자연숭배로부터 유래한다. 그 후 민간에서 각종 신력(神力) 전설이 부여되며 넓게 항해신 · 수신 · 소아보호신(小兒保護神) 및 도재업(屠宰業, 가축 도살업)의 수호신으로 숭앙받는다. 대만의 가장 보편적인 신앙으로 전입 시기는 이르며 정치력의 선동과 깊은 관계를 맺고 있다. 그 외 현제는 현무(玄武)라고 해석한다. 『후한서(後漢書) · 왕량전(王梁傳)』: 玄武, 北方之神, 龜蛇合体. 도교에서 현무를 제사지내며 송조(宋朝)에 휘자로 현(玄)을 진(眞)으로 바꾸었다. 진천진무영웅호성제군(鎭天眞武靈應祐聖帝君)으로 받들었는데 간칭(簡稱)은 진무제군(眞武帝君).

18_   황정성(黃丁盛), 『대만민속묘회(臺灣民俗廟會)』[대북 : 생활문화사업공사, 1997], 31쪽 : 마조의 탄신

142   각국사례

신앙의 열기를 알 수 있다. 특히 '대중현대갑마조국제관광문화절台中縣大甲媽祖國際觀光文化節'의 행사는 대중현·창화현彰化縣·운림현雲林縣·가의현嘉義縣을 통과하는 300여 km의 여정으로 80여 좌 마조묘의 수많은 신도가 참여 왕복 7박8일 동안 경축 대오를 이루며 장관을 연출한다. 그 외 온역瘟疫의 신 왕야王爺[19]는 특별히 민중의 사랑을 받았다. 왕야묘는 각지에 건립되어 지금 이미 800좌를 상회한다. 또 대만은 농업국으로 토지를 공경하는데 이는 중국 전통의 사신社神 신앙과 관련이 깊다. 이로 인해 도처에 토지공묘가 건립되어 복덕정신福德正神(토지공)[20]을 제사한다. 복덕정신·왕야·천상성모는 민간에서 숭봉하는 3대 신으로 이들에 대한 신앙 동기 및 신의 속성을 통해 대만의 지리환경과 민간신앙의 관계를 이해할 수 있다.

대만 인구는 대륙에서 이주한 한족과 원주민으로 구성된다. 원주민은 평포족平埔族과 고산족高山族으로 나누며 이는 대만으로 이민 온 한족과 관련 있다. 대만의 청조 통치시기 한인은 원주민의 한화漢化 정도의 깊고 얕음에 따라 토번土番과 야번野番으로 나누고, 다시 원주민의 귀화에 따라 숙번熟番·귀화생번[歸化生番, 화번(化番)]과 생번으로 나눴다. 숙번은 대부분 서해안 평원에, 생번은 중앙산맥 일대에 거주한다. 이에 평지에 거주하는 원주민을 평포번, 산지에 거주하는 원주민을 고산번이라 칭했다. 일거시기에도 여전히 평포번과 고산번으로 분류했는데 단지 '番'을 '族'자로 바꾸었을 뿐이었

일인 3월 23일을 전후로 각종 경축행사가 거행된다. 대갑(大甲)마조 진향(進香) : 보병부대; 팽호(澎湖)마조 순해(巡海) : 해군함대; 북항(北港)마조 요경(遶境) : 포병부대.

19_ 대만 전성(全省)에서 규모가 가장 크며, 제일 오래된 오부천세[五府千歲, 왕야신앙은 '남곤신대천부(南鯤鯓大天府)'에 공봉(供奉)된 오부천세이다.

20_ 속성은 장(張), 이름은 복덕으로 주무왕(周武王) 2년(B.C.1134)에 태어났다. 일찍이 조정총세관(朝廷總稅關)을 역임했고, 사친지효(事親至孝)·애국애민(愛國愛民)하고 102세를 향수했다. 임종 3일이 지나도 용모가 변하지 않았고 서왕모의 명을 받아 팔선[八仙, 종리권(鍾離權)·장과로(張果老)·한상자(韓湘子)·이철괴(李鐵拐)·조국구(趙國舅)·여동빈(呂洞賓)·남채화(藍采和)·하선고(何仙姑)]이 인도하여 '남천문도토지신(南天門都土地神)'으로 봉해졌다.

다. 그 외 일인은 대만의 원주민을 고사족高砂族이라 불렀다. 이는 일본 고문헌에서 대만을 '고사高砂'라고 한 데서 유래한다. 전후의 학자도 과거의 이분법을 답습했다. 일본학자 토전자土田滋 역시 언어를 기준삼아 고산족과 평포족으로 양대 분류했다. 전자는 지금 고산과 동부 지역에 거주하는 9개 족군인 태아족泰雅族・새하족賽夏族・포농족布農族・추족鄒族・노개족魯凱族・배만족排灣族・비남족卑南族・아미족阿美族・아미족雅美族이며; 후자는 북부와 서부 평원에 거주하는 지금은 거의 소실된 10개 족군인 개달격란족凱達格蘭族・갈마란족噶瑪蘭族・도가사족道卡斯族・파재족巴宰族・파포랍족巴布拉族・묘무책족猫霧捒族・홍아족洪雅族・소족邵族[수사련(水沙連)]・서랍아족西拉雅族・후후족猴猴族이다.

〈중화민국행정원원주민족위원회中華民國行政院原住民族委員會〉가 2007년까지 승인한 대만 원주민은 총 13개 족군이다.[21] 일거시기 구분한 9족 이외 소족・갈마란족 및 태아족의 아족으로 알려진 태노각족太魯閣族과 아미족阿美族의 지지와 비호를 받는 살기래아족撒奇萊雅族을 포함한다. 과거 인류학자의 분류가 반드시 각 원주민 족의 현실을 반영한다고 할 순 없으나 지금 원주민족군은 정명正名을 쟁취, 향후 정식 민족으로 구분될 가능성이 높아졌다. 비록 헌법에서 이미 대만을 다민족 국가로 승인하고 원주민에게 민족적 지위를 부여하고 있지만 아직 정치와 법률 체계에서 여전히 한계가 있어 보인다. 〈행정원원주민위원회〉에서 단지 1석의 족군 대표만을 얻었고 주요한 선거, 예를 들면 중앙민의기관・지방행정민의 선거방식은 아직도 바뀌지 않았다. 그러나 강화된 원주민족 자치회의 진행 속에 민족적 법률과 정치적

21_ http//tw/yahoo.com. 2007. 9. 24. 대만 원주민의 족군 분포(台灣原住民的族群分布) 인구수: 태아족 (79,024); 새하족(5,402); 포농족(47,585); 추족(6,335); 노개족(11,123); 배만족(81,123); 비남족(10,441); 아미족阿美族, 달오족(達悟族): 2,977]; 소족(원래 추족 중의 평지 원주민으로 2001년 정식으로 정부의 승인을 받음: 602); 갈마란족[부분적으로 아미족(阿美族)으로 분류되기도 하며 2002년 승인: 1,023]; 태노각족 (2004년 승인: 22,266); 살기래아족(2007년 승인: 5,000~10,000).

의의는 곧 제고될 것이다. 정부로부터 민족의 지위를 얻은 원주민족은 미래에 더욱 제도화된 법률적 보장을 쟁취할 가능성이 높다.

대만 원주민을 평포족과 고산족으로 분류하는 것은 기실 정확한 것은 아니다. 고산족이나 평포족은 학술분류상 대만남도민족이며, 단지 과거 역사상 한인이 그들에게 대한 칭호와 분류인 것이다. 또한 고산족이란 명칭은 사실과 부합되지 않는다. 왜냐하면 고산족이라고 해서 모두 고산에 거주하는 것이 아니기 때문이다. 그러므로 고산족이라는 명칭은 사용에 주의를 요한다. 이미 학계 일각에서 지금의 국가정책에서 과거 청국과 일본 통치권 관점에서 출발한 분류와 명명을 계속 사용하는 것은 옳지 않으며 고산과 평포 양분법은 타파가 필요하고 각 민족에게 명명권을 주어야 한다고 문제를 제기한다.

1) 한족의 샤머니즘 : 계동乩童을 중심으로

대만 일각에서 무격의 연원설[22]로 첫째, 전진교全眞敎를 들기도 한다. 북방파 도교의 하나로 태상이노군太上李老君을 표방하며 청정무위・수신양성修身養性을 강조한다. 도사는 모두 도관에서 수도하며 속세의 일에 간여하지 않는다. 즉 수도사修道士・수녀修女는 영적 구도생활을 추구하며 고행으로 자신을 훈련한다. 둘째, 정을교正乙敎로 천사교天師敎라고도 부른다. 도교 남방파에 속하며 부적・주어呪語를 중심으로 구사驅邪・압살押煞을 행한다. 도사는 보통 도관에 거주하지 않으며 민간에서 민중을 위해 법사法事를 시행 무격과 동일한 성격을 보인다. 셋째, 무격의 진화로 대만의 도사師公(師公)를 든다. 도사는 도관에 거주하지 않으며 계통도 없고 대부분 각자 일을 한다.

22_ http : //www.baidu.com : 대만 민간종교의 무격과 무술臺灣民間宗敎的巫覡與巫術.

자기 집이나 민가의 집에 단을 설하고 법술을 시행한다. 대만 민간의 도사는 집단적 조직이 결핍되었으며 구사에 중점을 둔다. 점차 계동·법사法師와 결합 함께 무술23_의 성행을 조장한다.

　대만 한족의 샤머니즘은 무사 개인의 신단이나 묘우廟宇를 중심으로 나타난다. 묘우의 공능功能은 첫째, 신앙의 중심지로 대부분 지방신 중심이며 신을 제배祭拜하고 봉사하는 장소이다. 둘째, 신의 초자연력을 빌려 세인을 위해 봉사한다. 민중의 각종 곤란을 해결하고 현실 생활의 구체적인 이익과 화해를 구하는 한편 전통신앙·윤리도덕을 계승한다. 제신祭神의 주요 목적은 신에게 문복問卜하고 기도하는 것이다. 인간이 신과 소통하는 방법은 개인이 문복하거나 제3자(중개인)를 통해서이다. 개인의 문복은 가장 간단한 방식으로 신 앞에서 분향 제배하고 기도한다. 만일 구체적이고 명확한 응답을 얻고 싶으면 교시筊示24_·노단爐丹[향회(香灰)]25_·첨시籤詩26_ 등을 통한다. 제3자를 통하는 방식은 계동·도사·술사·승려 등이 단을 설하고 무술·법술을 행해 신의 계시를 받는다. 구자求子·순산·혼인·재산·장수·질병·

23_ 제 종교에 나타나는 무술현상은 도교는 부구(符咎)로써 강신·구사·소재하고, 불교는 송경으로써 망령을 제도한다. 민간종교는 계동이 강신 받아 귀신을 쫓고 치병하고 잘못된 길을 바르게 인도한다. 도교와 함께 유교 신교[神敎, 난당(鸞堂)]는 무술이 강신하여 모래판 위에 시를 써서 예언하는 양상을 보인다.

24_ 교는 붉은 색의 반달형으로 나무나 대나무로 만든 복기(卜器)이다. 두 개가 한 짝을 이루며 한 면은 평평하고凹음면(陰面)·요형(凹型)], 한 면은 반원형[半圓形, 양면(陽面)·철형(凸型)]이다. 바닥에 던져서 일음일양(一陰一陽)이면 성교(聖筊)로 신의 허락 내지 응답을 뜻한다. 보통 중대사의 경우 3교 이상을 행한다. 둘 다 양면이면 소교(笑筊)로 신의 냉소를 뜻하며 길흉화복을 보류하는 것이다. 이때는 신의 계시를 얻기 위해 다시 신을 청한다. 둘 다 음면이면 노교(怒筊)로 흉다길소(凶多吉少)를 의미한다.

25_ 향로의 향회를 취해 만든 것으로 신을 제사한 후의 여물이다. 신성을 지니며 신위를 대표하고 호신의 작용을 한다. 질병을 치유하고 평안을 가져온다고 믿기에 특히 어린이나 외출 시, 위험에 종사하는 직업인들이 작은 사각형 붉은 주머니에 넣고[졸火] 몸에 지녀 액막이 한다.

26_ (시구로 표시된) 길흉을 적은 제비. 첨사(籤辭)·첨어(籤語), 구첨문괘(求籤問卦), 구첨문복(求籤問卜) : 신첨은 점괘에 속하는 점법이나 사원이나 도관에서 행해진 내용을 따로 분류하였다. 신불(神佛) 앞에서 제비를 뽑아 길흉을 점치는데 제비는 가늘고 긴 대나무 조각이나 나무 막대기에 문자나 부호 따위를 새겨 만든 것이다. 위진남북조 술사(術士)들은 『주역』의 음양오행에 근거하여 운문이나 시가(詩歌)에 의탁하였다. 죽첨(竹籤)에 새기어 복자(卜者)가 뽑아 점을 친다. 향과 초, 제물 등 경비가 안 드는 편리함에 빈부귀천을 막론하고 성행하였다.

복기(卜器)

오복·구원·액막이·승소·도박 등 다양한 내용을 문복하고 기원한다. 이
들 집단은 전형적인 샤먼이라고 정의하긴 어렵다. 본고에서는 이중 비교적
샤먼 성격에 근접하는 계동을 중심으로 논의하고자 한다.

〈중화민국영계협회中華民國靈乩協會〉는 영계로부터 조성된 종교단체이다.
협회가 정식으로 설립되기 전엔 각 궁묘의 영계가 공동으로 법회를 거행했
다. 협회기관지『중화대도中華大道』에 의하면 영계 단체가 성립된 것은 1988
년 8월 16일 신점新店 황의궁皇意宮에서 개최된 영계 모임에서 하늘의 계시
를 받은 것에 기인한다. 1차 발기인 회의는 1주일 뒤 열렸고 협회의 초안과
조직 규정을 토론하였다. 이때 수많은 영계들이 '신과 인간의 소통'에 대해
예증하였고 단체 명칭을 〈매화연맹동심회梅花聯盟同心會〉라고 정했다. '媒'와
'梅'는 동음으로 영계 스스로 매화의 풍상을 두려워하지 않는 정신을 자부
하고 단결하여 하늘로부터 받은 사명과 대도를 실천하고자 하였다. 9월 20
일 제1차 회원대회에 91명이 참가했고, 1989년 정부로부터 종교사단으로
정식 등기되고 내정부의 건의로 〈중화민국영계협회〉로 개명하였다. 2000년
단체회원(宮·院·堂)은 480가, 개인회원은 4,000명을 상회하고 전全 성省에

운첨(運籤)

각국사례

18개의 사무소가 설립되어 현재 최대 규모로 거듭 났다. 조직은 호국안령위원회護國安靈委員會·영계연습위원회·성리연습위원회聖理研習委員會·기획공관위원회企劃公關委員會·영계교육기금위원회·영계보도편집위원회 및 정법연습위원회正法研習委員會를 포함한다.[27]

대만 사회에서 영매靈媒는 종교적 실천자로 사회의 고통을 풀어주는 등 기여도가 높으나 그에 걸맞게 존중받지 못하고 있다. 그러므로 영계 종교단체가 성립된 이후 주도적으로 영매의 질량을 제고하기 위한 프로그램을 운영한다. 영계협회에서는 '계乩'를 동일하지 않은 매개에 관점을 두어 3종으로 분류했다. 동계童乩는 '신身'을 매개로 하고; 신계神乩는 '심心'을 매개로 부란扶鸞의 글 쓰는 문계文乩와 입을 열어 일을 처리하는 무계武乩를 포함하고; 영계는 '영靈'을 매개로 도를 통한 대변인을 가리킨다. 동계는 신체로써 계하는데 강철 칼을 밟고, 부젓가락을 삼키고, 낭아봉狼牙棒[28]으로 신체를 때려 살이 찢어지고 피가 낭자하는 방식이다. 세인으로 하여금 놀라게 하고 두려움에 떨게 하는 효과가 있으나 저급한 등급으로 중생 교화 작용엔 한계가 있다. 영계협회 〈영학원靈學院〉의 교육과정은 정태靜態의 경전을 깊이 연구하고 혹은 동태動態의 조령훈체調靈訓體[29]를 통해 영계의 품격과 영질靈質을 제고시킨다. 그리하여 천인합일天人合一, 선불성신仙佛聖神의 대변인이 되고자 노력한다. 이는 전통 종교자원과 현대 교육설계의 결합, 당대 사회 정치와 도덕 상황의 기도라고 볼 수 있다.[30]

27_ 채이가(蔡怡佳), 「대만 민간종교의 '조령훈체'(臺灣民間宗教的'調靈訓體')」, 『원주민 무술과 기독종교(原住民巫術與基督宗教)』[(호국정(胡國楨)·정립위(丁立偉)·첨향혜(詹嫦慧)   합편(合編)][대북:광철문화(光啓文化), 2008], 20~21쪽.

28_ 옛 병기의 하나로 무수한 못 끝을 밖으로 나오게 박아 긴 자루를 단 것.

29_ 전과(傅科, Michel Foucault)의 자아기예(自我技藝, technology of self)를 윤리실체(ethical)·교부방식(交付方式, mode of subjectivation)·윤리목적(telos)·윤리공과(倫理功課, ethical works)로 나누어 분석한다. 즉 '체(體)'와 '영(靈)'을 함께 수련, 대만 민간종교 심리를 고려한 독특한 시야라고 하겠다.

30_ 앞의 책, 21~22쪽.

계선乩仙은 "자고를 청하고 맞이한다[청자고(請紫姑)·영자고(迎紫姑)]."는 명의를 지니며 자고신을 맞아 인사길흉을 점치는 것에 기원을 둔다. 『형초세시기荊楚歲時記』에 "정월 15일 밤 민간에서 자고신을 맞아 농사와 잠상의 미래를 점쳤다."했다. 계乩는 부란·부계·부기扶箕로 신선이나 신화 전설속의 신조神鳥인 난새[鸞鳥]를 청한다. 나무로 된 틀에 목필을 매달고, 그 아래 모래판을 두고 두 사람이 틀 양쪽을 잡고 신이 내리면 목필이 움직여 모래판에 쓰여지는 글자나 기호를 읽어 길흉을 점치는 붓점이다. 복건성 창호彰湖에서는 망령亡靈(조상의 무사)을 찾아 신지神旨를 얻고 복괘卜卦를 겸하여 무사인 동시에 점복사 역할을 한다. 남평南平에서는 도사와 무격의 차이가 크지 않다. 일반적으로 도사는 도술을 행하고, 무격은 무술을 행해 신과 소통 사람들의 신임을 얻는다. 도사에게도 신이 강림하고 무격은 도교 교단에서 개설한 학교에 참가 도교의 포교를 돕는다. 이들은 도사이면서 무격이고 무격이면서 무사인 셈이다.[31] 이렇게 대만 한족의 샤머니즘은 사묘를 중심으로 유불도와 혼합되어 이미 전형성을 잃어가고 있다고 사료된다. 특히 1980년대 이후 한인 종교에 있어 인류학·종교학 등 다각적인 측면에서 현장조사를 바탕으로 무술신앙·의식행위·신령사회·신의 종류와 내용 및 신격·공능·귀신신앙·무술활동·묘우·제전·신격 비교 등 광범위한 연구가 진행되고 있다.

계동은 부란을 행하는 동자를 가리킨다. '출교자자出轎仔字'는 계동이 탁자 위에서 신교神轎를 들어 올려 옮기면 가마의 다리가 각종 흔적을 그린다. 이를 보아 계동이 신의 계시를 해석하며 신교는 수교手轎(1, 2인)와 사교四轎(4인)로 분류한다. "동계를 본다[觀童乩]"는 "신명에게 묻다[問神明]"로 일종의 강

31_ 도변흔웅(渡邊欣雄), 「'술'(방법)을 만드는 종교 : 한인 민속종교 분석 개념의 재검토[作爲'術'(方法)的宗敎 : 漢人民俗宗敎分析槪念之再檢討]」, 장순(張珣)·엽춘영(葉春榮) 편, 『대만 본토종교 연구 : 구성과 변이[臺灣本土宗敎硏究 : 結構與變異]』[대북 : 남천서국(南天書局), 2006], 170~171쪽.

신술에 속한다. 기도하여 수신守神[32]을 청하면 계동의 몸에 강림하여 계시한다. 원래 계동은 무격의 일종이나 전문업의 홍두사공紅頭司公(도사)과는 다르다. 계동의 출현은 대부분 특수한 환경에서 우연히 발생한다. 예를 들면 사묘에서 신상을 위해 처음 제전을 거행할 때 계동은 매우 흥겨운 분위기에서 자신이 이미 신탁을 받은 자임을 표시하고 영험을 드러내 보인다. 대중 앞에서 어깨를 찢고 못을 박은 의자나 침대에 앉거나 눕고 칼 사다리를 올라가고 칼을 걸어 만든 다리 위를 걷는다. 뜨거운 기름에 손을 씻거나 입으로 뿜어내고 도끼나 칼로 머리를 손상시키고 대 바늘을 입 주위나 양쪽 팔과 다리에 꽂고 양쪽 뺨을 관통시킨다. 반라로 머리를 풀어 헤치고 온 몸에 피가 낭자하여 광인의 행태를 보인다. 그러나 이러한 법술은 무지한 미신자에게 폐해가 심하고 계속되는 검거 열풍에 점차 사라져가고 있다. 아래 계동이 시행하는 다양한 무술·법술을 간략히 소개한다.[33]

도동跳童[신한(神漢)·**계동**(乩童)]은 도신跳神[강신(降神)]자 중 남자를 가리키며, 여자는 선고仙姑·신조神祖라고 칭한다. 평상시 기복소재祈福消災하는 한편 영신새회迎神賽會[34]에 항상 출연한다. 계동은 강신을 받아 병의 원인과 치유법을 탐문한다. 계동이 병자 집안 대청이나 수신을 모신 사묘에 가서 촛불을 키고 향을 사르고 차·술·야채·과일을 올려 제배한다. 병자 집안사람들은 망자를 위해 지전을 태우고 계동은 향을 들고 강신의 목적을 아뢴다. 수탁두竪桌頭(신의를 판단하는 자)가 옆에 서 있고 북과 징을 치고 주문을 외운다. 30분이나 2, 3시간이 경과한 후 계동의 손이 떨리기 시작하며 최면상태

32_ 현천상제, 왕야인 주왕야(朱王爺)·온왕야(溫王爺)·지왕야(池王爺), 기타 태자야·관제야(關帝爺)·동악대제(東嶽大帝) 등 제신(諸神).

33_ 오영도(吳瀛濤), 『대만민속(臺灣民俗)』(대북 : 중문도서(衆文圖書), 민국89), 168~171쪽.

34_ 신이 대만을 떠나고 다시 돌아올 때 성대히 거행하는 제전. 대만 신 대부분은 복건에서 전입되었기에 매년 "진향걸화(進香乞火)" 행사를 한다.

가 된다. 오직 흰 치마만 남기고 옷을 다 벗고 손에는 신검과 작은 깃발을 들고 뛰며 광기를 연출한다. 수탁두는 질병이 어떤 마귀로부터 왔는지 그 연유와 치유 방법은 무엇인지 혹은 병자의 생사 여부를 묻는다. 계동은 예어讖語[35]로 답하거나 손에 凵[정자형(丁字形)의 목구(木具)]를 잡고 탁상 위의 모래 위나 금색 종이에 글씨를 써 보이면 수탁두가 해석한다. 문답이 끝나면 계동은 강신상태에서 깨어난다.

　　낙지부落地府[낙옥부(落獄府)]는 병자에게 시행하는 법술이다. 민간에서 질병은 인간의 혼이 길을 잃어 지부에 이르렀기 때문이라고 믿는다. 계동을 청해 지부를 설치하고 염라대왕에게 물어 병의 원인과 각종 계시를 받는다. 도사는 연분홍색 헝겊을 머리에 동이고 뿔피리를 불고 북을 치며 청신주請神咒를 외우고 가족들은 소지하며 수시로 빈다. 신이 계동에게 내리면 도사는 낙옥탐궁과주落獄探宮科咒를 외우고 계동은 계로써 계시乩示를 보인다. **구사**驅邪는 계동이 종이로 만든 오귀五鬼·백학白鶴·천구天狗(흉귀)·까마귀·금지金紙[망령을 위해 태우는 지전(紙錢)] 등을 태우고 강신한 상태에서 칼을 뽑아 집안의 재액과 악귀를 쫓아낸다. 솥 안의 끓는 기름에 불을 붙여 집안 곳곳을 돌며 악귀를 전멸한다. **진화원**進花園의 법술은 낙지부와 같다. 부녀자가 여러 번 유산하고 갓난아기가 누차 요절하거나 발육 불량일 때 염라왕청으로 가는 길에 있는 육각정六角亭의 화원을 수리하지 않아 폐허가 된 까닭이라 믿는다. 도사가 뿔피리를 불고 북을 치고 낙옥탐궁과주를 외우고 집안사람들은 소지한다. 계동이 오색 종이를 사탕수수에 묶고 춤을 추고 화원을 보수하여 병의 근원을 소멸시킨다. **공왕**貢王[공왕아(貢王爺)]은 속신에 전염병이 만연할 때 신병을 통솔하여 역귀와 한바탕 격전을 치른다고 전한다. 더 많은 원병을 증원하기 위해 계동은 계로써 계시乩示를 하고 마을 사람 전체

를 동원하여 수백 명 분의 잔치를 준비하며 원병의 진력盡力(힘을 다함)을 위로한다.

탈신脫身은 볏짚으로 인형을 만들어 병자의 옷을 입혀 병자의 몸을 대신하게 한다. 볏짚 인형을 병자의 집에서 멀리 떨어진 사거리에 버리고 악귀를 잡는데 신명에게 구한 계시에 따라 법술을 행한다. 그 외 법술 역시 계시에 따르고 병의 원인이 조상 혹은 친족의 망령이 지옥에서 노역하는데서 비롯된다고 여긴다. 그러므로

계동(乩童)

지조紙厝(종이로 만든 빌딩)를 만들고 도사를 청해 독경을 하고 법사를 성대히 거행한다. **토사**討嗣는 계시에 따라 병의 원인을 해석하는데 친족 중 자손 없이 죽은 자가 한이 맺혔기 때문이다. 이때 죽은 자의 위패에 친족 중의 아들 이름을 써넣어 망령을 위로한다. **과화**過火는 계동이 나신에 맨발로 불 위를 걷는 의식을 말하는데 묘우의 제삿날 거행한다. 도사와 계동이 묘우 안이나 밖에서 기도하고 계속 불을 향해 기도 제배한다. 목탄을 높이 쌓아 활활 태운다. 작은 깃발을 꽂은 연교輦轎를 계동 두 사람이 앞뒤로 메고 뛰고 춤추며 묘우 안팎을 여러 번 돈다. 도사의 신호에 따라 징과 종, 북을 치고 연교를 멘 계동은 계속하여 뜨거운 화염 속을 향해 걸어 들어간다. 한바탕 장렬히 불속을 걷고 난 후 연교는 묘우 안으로 되돌려지고 신상은 원래 장소에 안치되며 의식은 끝난다. 이때 마을 사람이 연교와 함께 불을 건너는 모험을 하기도 하는데 이는 모두 치병과 액막이를 기구함이다. **좌금**坐禁은 평안을 기원하

부계(扶乩)

는 제전 때 법관(도사)을 따라 계동이 수련하는 방법의 하나이다. 목욕재계하고 묘우 안의 방에서 금식하며 7일 주야 기도만 한다.

2) 원주민의 샤머니즘

(1) 연구개황

대만에서 샤먼의 비교적 완정한 형태는 원주민 사회에서 발견된다. 원주민―민족ㆍ[36]_역사ㆍ사회ㆍ신화 전설ㆍ문화ㆍ풍속 습관ㆍ교육ㆍ종교 등의 연구는 주로 〈대만중앙연구원(Academia Sinica)〉[37]_ 및 각 대학ㆍ연구소의

36_ 〈대만성문헌회(臺灣省文獻會)〉는 1994년 원주민족사의 편찬을 시작으로 원주민을 민족 단위로 삼아 수찬(修纂), 사서(史書)의 새로운 추세를 열었다. 1998년 문헌회 출판 제1본은 정부 수찬의 원주민족사로 정부에서 인정한 12개 원주민 중 10개 민족의 전사(專史)를 담았다. 동시에 원주민 취거의 대동현사(台東縣史)의 편찬 과정 중 〈포농족사편(布農族史篇)〉ㆍ〈아미족사편(阿美族史篇)〉ㆍ〈아미족사편(雅美族史篇)〉ㆍ〈배만족과 노개족 사편[排灣族和魯凱族史篇]〉 등 6개 민족사를 실었다. 또 원주민 출신의 석ㆍ박사 학생들이 지속적으로 원주민 부락사를 주제로 논문을 발표하고 있다.

인류학·종교학·역사학·사회학·심리학·정신학계 등에 의해 수행된다. 그 외 최근 대만 학계에서 일거시기 당시 일인에 의한 다양한 분야의 현장 조사 보고서·고문서·영상자료·총독부 공문서 조사보고 등 새로운 자료의 번역 출판과 정리가 활발한 추세이다.

대만중앙연구원은 중화민국 학술연구의 최고기관으로 임무는 ① 인문 및 과학 연구 ② 학술연구의 지도·연락 및 장려 ③ 고급 학술연구 인재 배양이다. 민족학연구소(Institute of Ethnology)는 역사인류학연구군[歷史人類學硏究群, Historical Anthropology Research Team]; 민중종교연구군[民衆宗敎硏究群, Popular Religions of the Han Chinese Research Team]; 당대 정경 속의 무사와 의식 공연 연구군[當代情境中的巫師與儀式展演硏究群, Shamans & Ritual Performances in Contemporary Contexts Research Team]; 글로벌시대 하의 대만의 가정과 세대 관계 연구군[全球化下台灣的家庭與世代關係硏究群, Taiwanese Families & Intergenerational Relationships : Changes and Continuities in a Globalizing Era Research Team]; 의료와 신체 경험 연구군[醫療與身體經驗硏究群, The Medical and Body Experience Research Team); 장[서장(西藏, 티베트)] 이[이족(彝族) 지역 주랑[走廊, 두 지역을 연결하는 좁고 긴 지대] 생태 환경·족군 문화와 미래 발전 연구군[藏彝走廊的生態環境·族群文化與未來發展硏究群, Zang-Yi Corridor and Its

---

37_ http://www.sinica.edu.tw : 1927년 국민정부의 남경을 수도로 정한 전날 밤 남경에서 거행된 제74차 중앙정치회의에서 이욱영[李煜瀛, 석증(石曾)]이 중앙연구원 설립 안을 제출했다. 채원배[蔡元培, 혈민(孑民)]·장인걸[張人傑, 정강(靜江)]과 함께 3인이 공동으로 조직법을 기초하여 설립한 것이 본원에 대한 최초의 기록이다. 동년 5월 9일 사무소 건립을 결의하였고, 7월 4일 장차 중앙연구원을 중화민국대학원 부속기관의 하나로 건립할 것을 계획한다. 11월 12일 대학원장 최원배가 학술계 인사 30인을 초빙 준비 작업에 들어갔다. 1928년 4월 10일 국민정부가 본원을 독립기관으로 수정, 23일 최원배를 원장으로 부임시켰다. 5월 기관의 공인(公印)을 쓰기 시작하였고, 6월 9일 제1차 원무회의를 열어 정식으로 성립을 선포했다. 항전(抗戰) 전 10개 연구소를 북경과 상해에 두었으나 항전 시 폭발 후 서쪽으로 이동 곤명(昆明)·계림(桂林)·중경(重慶) 등지로 나뉘었다. 1949년 대만으로 옮겨 온 이래 단지 역사언어와 수학 두 개의 연구소만이 있었고 도서 문물은 잠시 양해(楊梅) 기차역 창고에 보관했다. 주가필(朱家驊) 원장이 동분서주한 끝에 1954년 비로소 지금의 남항(南港)에 자리 잡는다. 역대 원장은 호적·왕세걸(王世杰)·전사량(錢思亮)·오대유(吳大猷)·이원철(李遠哲) 등이며 이들은 연구원 발전을 위해 경영 협력을 하여 지금의 규모로 키워낸다. 2013년 현재 원장으로 옹계혜(翁啓惠)가 재임 중이다.

Ecosystems, Ethnic Cultures and Future Development Research Team]; 문화와 족군의 형성 과 재창조 : 대만남도민족의 예 연구군[文化與族群的形成與再創造 : 台灣南島民族的例子 研究群, Formation and Reinvention of Cultures and Ethnic Groups among the Austronesians in Taiwan Research Team]; 표의동량과 문화 흐름 연구군[表意動量與文化脈流研究群, The Dynamics of Expressive Culture Research Team]; 『계역, 경계』 인류학 연구군[『界域』人類 學研究群, Borderland Anthropology Team]; 본토 심리 치료치유 연구군[本土心理療癒研究 群, Indigenous Mental Healing Research Team]으로 구성되어 있다.[38]

민족학연구소의 한인 종교 연구는 일찍이 출발하여 현재 풍부한 업적을 쌓고 있다. 중앙연구원은 한인 종교 연구의 수준을 제고시키기 위해 특별히 2007년 〈민중종교연구군〉을 조성 전임연구원인 임미용林美容 · 장순張珣 · 엽 춘영葉春榮 · 정인걸丁仁傑 등을 중심으로 제 학술 분야의 학자 대다수를 영입 시켰다. 연구 범위는 대만의 한인사회에서 출발 다양한 신앙문화를 발현하 고 인류학적 접근과 영역을 뛰어넘은 학제간 연구를 지향한다. 내용은 민간 불교의 신앙 체계, 민간 법사의 치료의식, 민간종교 의식 속에 체현된 한인 종교의 문화 로직과 민간교단[일관도(一貫道)][39]의 조직 발전 및 문화 교지주

38_ http://www.sinica.edu.tw : 2012년 4월 29일. 대만중앙연구원의 민족학연구소는 민중종교 연구군, 당대 정경 속의 무사와 의식 공연 연구군, 글로벌시대 하의 대만의 가정과 세대 관계 연구군, 신체경험 연구 군[身體經驗研究群, Body Experience Research Team], 신세기 사회와 문화 연구군[新世紀社會與文化研究 群, Society and Culture in the Early 21th Century Research Team], 음성으로부터 출발하는 연구군[音聲發 微研究群, Starting from Voice Research Team], 본토 심리 치료치유 연구군, 의료인류학 연구군[醫療人類學 研究群, Medical Anthropology Research Group]으로 개편되었다.

39_ 중국 민간 비밀종교의 하나로 기원은 명조 중엽이며 명말 청대에 성행했고 그 명칭은 청조 광서 12년 (1886)에 시작된다. 처음에 나교(羅敎)라고 칭했는데 이는 산동 사람 나청(羅淸)이 창립한 것에 기인한다. 이후 각종 동일하지 않은 교파, 예를 들면 선천도(先天道) · 천리교(天理敎) 등으로 분화된다. 일관도는 청 말에 비로소 흥기한 한 줄기로 연원은 왕각일(王覺一)로 소급할 수 있다. 그는 청대 비밀종교 중 『불설황극 금단구련증성반진보권(佛說皇極金丹九蓮證性敀眞寶卷)』, 『개시경(開示經)』의 게어(偈語)를 차용하여 동진 당(東震堂)을 건립하고 나교의 도통을 이었다. 나교에서 공봉하는 주신(主神)은 무생노모(无生老母)로 미륵 불삼양신앙(彌勒佛三陽信仰)을 표방했으며 유가를 병행하고 삼교합일(유불도)을 주장했다. 형식상으로 중 국 고대의 참위도설(讖緯圖說)을 쓰고 조직상으로 출가하지 않고 속가(俗家) 신중(信衆)으로 구도(求道)한 후 도친(道親)이라 부른다. 이론은 송대 이학(理學)을 기초로 하며, 민국(民國, 1911) 이후 기독교와 이슬람 교까지 받아들여 오교합일을 이루었다. 현재 대만의 대표적 민간종교의 하나로 신도는 200만이 넘는다.

의教旨主義의 내포된 뜻, 사묘寺廟 역사와 지방사회의 관계 등을 총망라한다. 본 연구군은 민중종교의 현장조사를 기초로 대만 한인 종교의 본고장 이론을 건립한다. 2007년 5월부터 매달 전문 학자를 안배 특강을 실시하며 민중종교의 의식儀式 현상에 중점을 둔다. 2007년 10월 이미 '마조신앙학술연토회媽祖信仰學術硏討會'를 개최하였으며 장차 지속적으로 관련 연구 토론회를 주관하여 한인 종교 연구 성과를 제고하는데 노력을 경주한다.

〈민중종교연구군〉의 영역이 대만 한족 민간신앙이라면 반면 원주민의 샤머니즘은 주로 〈당대 정경 중의 무사와 의식 공연 연구군〉을 중심으로 이루어진다. 무사는 인간과 신령계의 소통자로 인류학에서 오랫동안 관심 가져온 연구 주제이다. 당대 정경 중 우리는 무사가 아직 소실되지 않았고 많은 민족군과 지역사회 내 동일하지 않은 형식과 의식 공연에 내포된 뜻을 통해 계속 활성화되고 있음을 발견한다. 최근 지속적으로 무사의 현상과 다방면에 걸친 연구가 발표되는데 예를 들면 무사의 정의와 비교 의제의 재사고(Kehoe 2000; MacDonald 2002; Znamen편 2004); 현대 사회속의 새로운 무사의 발전(Wallis 2003 : Blain and Wallis 2006); 무사의 보편적 동일성과 진화적 심리학(Winkelman 2002); 충돌·침략, 우주관과 서로 연결된 무사활동(Strathern and Stewart 2004; Whitehead 2002; Whitehead and Wright편 2004); 무사 의식 언어에 대하여, 특별히 음창吟唱 언어의 변형과 반사의 분석(Severi 2002) 등이다. 〈당대 정경 중의 무사와 의식 공연 연구군〉의 주요 연구목표는 대만 원주민 사회에서 보편적으로 존재하고 있는 당대 정경 중 여전히 발휘 작용하고 있는 무사 및 의식 공연이다. 최근 일부 연구자들이 이 영역의 개척에 주력 이미 많은 성과를 쌓고 있으며 다음과 같은 의제에 대하여 지속적인 탐구를 계획한다.

① 외래 정권·종교(서방 기독교와 한족 민간신앙 포함) 및 최근
본고장 문화 회복 진작振作 운동이 원주민 무사와 제의에 미치는

영향. 무사 각색角色과 의식 공연에 내포된 것이 어떤 조정과 변화를 겪어왔고, 어떤 문화 혼재 현상을 발생하는가?

② 지역 구분에 따른 무사의 공연 성격과 사회문화 정경, 그 변천 과정과 원인의 탐구, 동시에 역사 시공 중 관찰되는 동일하지 않은 족군族群과 취락의 경제·문화·동일한 무사와 의식 공연에서 서로 활동하고 빌리는 관계 및 그 이동異同의 비교.

③ 당대의 무사 전승과 공연 중 전통의 질이 얼마나 보존되었는가? 의식 동작·기물과 낭송 가창 언어의 상세 기록물을 통하여 분석하고 이로써 문화의 핵심 이념과 정감의 이해를 증진시킨다. 또한 문화 전승과 창조의 양분養分을 제공한다.

④ 무사와 의식 공연 중의 성별 각색의 구분과 내용을 탐구한다. 예를 들면 대만 원주민 사회 속의 배만족·노개족 및 갈마란족의 무사는 반드시 여성이여야 하며; 비남족 무사는 여성이 원칙이나 단但 짝으로 남성이 있다; 아미족阿美族은 남녀 모두 가능하나 단 당대 무사는 대부분 여성이며; 추족은 남녀 모두 가능하고, 포농족은 남성이다. 이런 차별은 어떤 문화적 의의를 갖는가? 의식의 공연과 전형轉型(다변화)[40]에 어떤 영향을 끼치는가?

⑤ 장차 대만 지역의 예증이 문화를 넘어 큰 구조에 처해진 것을 탐색하고 여타 지역과 비교한다. 이로써 당대 정경 속에 대만 원주민의 무사와 의식 공연의 특색 및 직면한 도전을 드러내 보인다.

위와 같은 의제의 과제 달성을 위해 연구자들은 정기모임을 갖고 관련 문헌을 깊이 연구하고 전문가의 강연을 초빙하고 workshop·연토회 등을

40_ 사회경제 구조·정치제도·가치관·생활방식 등에 변화가 일어나다.

개최한다. 나아가 개인의 연구계획을 설계하고 완성한다. 첫해(2007) 연말 workshop 개최를 예정하며 1년간의 연구 결과물과 개인의 초벌 연구 구상을 제출했다. 2008년 연말에도 또 하나의 연토회를 거행하며 연구논문을 발표했다. 2009년 논문을 증수하고 중문이나 영문판 논문집 출판을 기획했다. 소집인은 호대려胡台麗·유벽진劉璧榛이며, 진문덕陳文德·황선위黃宣衛, 파내巴奈·모로母路, 손대천孫大川·왕숭산王嵩山·왕명휘汪明輝·동춘발童春發, 대방台邦·살사륵撒沙勒, Pamela J. Stewart·Andrew Strathern이 참여했다. 연구진은 주로 대만 한족의 중·신진 학자가 중심이 되며 드물게 원주민 출신도 포함된다. 한편 최근 원주민에 대한 민간신앙 연구의 일환으로 일거시기 대만총독부와 일인학자에 의한 조사보고서 및 문헌·논문에 대한 번역과 정리 작업 또한 활발하다.[41] 원주민 샤머니즘 연구의 흐름과 동향[42]과 관련하여 2008년 12월 5~6일 대북시 중앙연구원 민족학연구소에서 기획한 『當代情境中的巫師與儀式展演硏討會』의 발표 논제와 주요 목차를 중심으로 접근해본다. 이들 내용은 원주민 족군의 무사와 의식을 중심으로 무사·신령·조상신·주제主祭·의식공연·문체·무사 양성과 학습·의식 과정 및 사용 기물·전승·경문·제의·무술·언어·풍년제·장례에 따른 액막이·빙의·성별·각색·창경·신격·사회적 공능 등을 포함한다.

41_ 일제는 식민통치의 장기화를 목적으로 대만의 민심을 이해하고자 민간신앙을 적극 연구하고 현장조사 보고서를 작성했다. 비록 당시의 관점은 불순했으나 훗날 대만 민속 연구 성과물로 일익을 담당하게 된다.
42_ http://www.sinica.edu.tw ① 2007년 : 「대만원주민족연구서목(台灣原住民族硏究書目)」= Word, 「원주민족무사연구서목(原住民族巫師硏究書目)」: 대만= Word/구역(區域)= Word/무사연구이론(巫師硏究理論) ② 2008년 : 「소족무사연구참고서목(邵族巫師硏究參考書目)」 제공자 : 만전미생(滿田彌生)= Word, 「배만족무사연구참고서목(排灣族巫師硏究參考書目)」 제공자 : 호대려(胡台麗)·동춘발(童春發)= PDF, 「추족무사연구참고서목(鄒族巫師硏究參考書目)」 제공자 : 왕명휘= PDF, 「태아족무사연구참고서목(泰雅族巫師硏究參考書目)」 제공자 : 왕매하(王梅霞)·우파사(尤巴斯)·와단(瓦旦)= PDF, 「새하족무사연구참고서목(賽夏族巫師硏究參考書目)」 제공자 : 아위의(雅衛依)·살운(撒韻)= 新增中.

1) 만전미생滿田彌生, 「선생마·텍스트와 의식 공연 : 당대 소족의 생존 책략(先生媽·文本與儀式展演 : 當代邵族的生存策略)」, 1~21쪽.

소족 관련 연구문헌 회고/ 공마람公媽籃·선생마와 주제主祭/ 텍스트와 의식 공연 (一) sacrifier vs. sacrificer (二) 제사祭司vs.무사巫師·중앙中央vs. 위기 (三) 의식 공연·텍스트와 생존 논술

2) 구신운邱新雲, 「동 배만족 무사 양성 연구 : 토판촌을 예로 삼아(東排灣族巫師養成研究 : 以土坂村爲例)」, 1~38쪽.

(一) 배만족 인식 1. 배만족 명칭의 유래 2. 토지 : 구역 분포 (1) 아족계통[亞族系統, raval] (2) 아족[亞族, butsul] (二) 전야지田野地 인식−토판촌/ 전통 무사의 양성 (一) 전통 무 훈련의 기본조건 1. 반드시 장녀이어야 함 2. 조상 중 반드시 무사가 있어야 함 3. 반드시 격세대로 전승 혹은 근친으로부터 전수 (二) 학습과정 1. 언어장애 의식[semucirhuq]을 없앰 2. 기초경문[rada] 연습곡 학습 3. 선고宣告[kipatengteng]의식. 4. 영신주領神咒[gemaugau tua zaqu] 5. 기초경문[rhada]의 교학 6. 기복경문[cacunnan]의 교학 7. 봉립의식[封立儀式, kiringtjelj] (1) 준비작업 1) 가족회의[pakaqepu]를 개최 2) mirava각 항項 의식성 기물의 준비 (2) 봉립의식封立儀式[irhingtjelj] : 배만족의 전통 봉립의식은 매우 번잡스러워 2박3일 거행함 / 현대 무사의 전승 : 전통 무사 훈련의 학습과정과 대동소이

3) 동춘발童春發, 「당대 정경 중의 무사와 의식 전개 : 배만족을 예로 삼아(當代情境中的巫師與儀式展現 : 排灣族爲例)」, 1~21쪽.

전통신앙과 무사 1. 배만족 전통의 신앙 본질 2. 무사의 사회문화 각색

(1) 무사와 그녀의 사회문화 각색 (2) 의식 전개의 시공 (3) 무사와 무술(전통의료) (4) 무사의 양성 (5) 신에게 문복하고 조상령祖上靈과 대화 (6) 기본적 기물과 의식의 순서 (7) 무사와 제의 언어/ 현재 상황속의 무사와 의식 공연 1. 불가사의 : 무사와 기독교가 함께 일함 (1) 영상 : 벌만사筏灣社의 kerker와 tjuku 및 makazayazaya사의 api (2) 과정 설명 : 마가촌瑪家村 무사 Api의 진술 2. 오년제五年祭의 의식언어 (1) 영상 : 내의향來義鄕 남화촌南和村 백로사白露社의 오년제 3. 모든 신이 함께 화합함 : 연합 풍년제 (1) 영상 : 춘일향春日鄕 연합 풍년제 (2) 설명 4. 의식용의 기물/ 무사와 의식 공연의 새로운 목적

4) 임이랑林二郞, 「Gilabus : 대파 69부락 장례 후의 액막이 무의(Gilabus : 大巴六九部落喪葬後的禳祓除崇巫儀)」, 1~51쪽.

　　의식 준비 단계 1. 지정指定 무사 2. 기재器材 준비와 인원을 불러 모음 3. 제1단계 : Demiahranum[물을 준비하여 위로함] 4. 제2단계 : Demuriazeru[밥을 짓고 음식을 준비] 5. 제3단계 : Gilabus[세정(洗淨) 액막이] 一. 남자 집단 (一) 기재 준비 (二) bagalazam[삼가 아뢰어 축도] (三) barezek[영(靈)을 맞이하여 축도] (四) smasuwab[세정 액막이] : 인원, 의복, 남무 (五) badalah[저지 격리] 二. 여자 집단 (一) 기재 준비 (二) 삼가 아뢰어 축도 1. 위에 있는 영에게 삼가 아룀[na yidas] 2. 아래 있는 영에게 삼가 아룀[na yilusu] 3. 동방의 영에게 삼가 아룀[na yilawuz] 4. 개기조령開基祖靈에게 삼가 아룀[na dinurahan] 5. 여무 동업 망령에게 삼가 아룀[na naizayian] 6. 전원田園의 영에게 삼가 아룀[na mai hahuma] (三) 영을 맞이하여 축도 1. 망자의 조상령[na demuwamuwan daw] 2. 전원의 영 3. 길을 지나는 유령[遊靈, na magawagal na magazalan] 4. 의식 장소에 먼저 지나간 과거의 망령[na yiniyian la] 5. 무술 체계의 영[na ginudunulan · na yinudaliyian] (1)

Giguw적 제사[祭詞, manazir] : a. 그녀에 대한 yinudunulan[무력(巫力)의 체계를 주고받음] b. 그녀에 대한 Na banazam[사부(師父) 의식] (2) Anuw적 제사[manazir] : a. 그녀에 대한 무력 체계를 주고받음 b. 그녀에 대한 사부 의식 (四) 세정 액막이 (五) 저지 격리 三. guvalivaly기분 전환의 수렵狩獵

5) 유벽진劉壁榛,「성무 치병과 당대 공동체 의식의 공연 – 갈마란인의 무사 권력과 국가 상상[成巫治病與當代認同的展演 – ''噶瑪蘭人的巫師權力與國家想像]」, 1~21쪽.

17·18세기 치병의 성대한 연회 : 영·신체·벼농사와 돼지/ 근접과 다원화의 성무의식成巫儀式/죽음을 건너는 성무 연출/ 사람에 대립된 충돌 잠재의식 : 여신신앙/ kisaiz적 무대 공연은 당대 족군의 공동체 의식인 전통적 상상/ kisaiz(출연하다) : 치병과 문화자산을 강조

6) Yawi Sayun 아위의雅儒依·살운撒韻,「새하 무의 새로운 면모의 초보적 탐색 : 오복궁의 예[賽夏'巫'之新面貌初探 : 五福宮的例子]」, 1~26쪽.

새하의 전통적 무와 새하 오복궁 (一) 새하 전통 무술 (二) 새하 오복궁의 출현 1. 유전적 신화 2. 가란제卡蘭祭는 용신의 관문을 나오다 3. 오복궁의 조직발전 (1) 입안 1) 〈baki` Soro :〉인도 2) 격차를 인지 3) 모종 정도의 합법화와 합리화 (2) 축융[전설상의 화신(火神)] 및 중건/ 새하의 무와 신新(새로운) 무술巫術 (一) 신무新巫(새로운 무)의 출현 1. 사부 (1) 〈baki` Soro :〉대변인 – taboeh a tamao' · 하의휘夏義輝 (2) 천왕 용신 계생卍生 – aro`a ataw · 하순명夏順明 2. 금동옥녀 (1) 남쪽 다수 (2) 한인 신명神明 다수 (3) 문호 독립 (4) 좌선 (二) 신무의 면모 1. 족군을 초월한 신명관 (1) 새하 신명 1) 전통 새하 신명 2) 신 새하 신명 3) 신명 성별화 (2) 한인 신명 (3) tatini`

2. 신무와 신 무술 (1) 신무 1) 신新 성별 2) 신 분장 (2) 신 무술 1) 신 사물 2) 신 의료/ 결론 : (一) 합성의 오복궁 종교관 (二) 유동·문화 회복 진작 및 문화 합성

7) 호대려胡台麗, 「배만 고루 여무사 창경의 당대 공연[排灣古樓女巫師唱經的當代展演]」, 1~25쪽.

여무사 성무 요건과 창경의 공연 정경/ 창경의 길[Jaran nua Rada] 단계와 입신入神/ 〈원로창경[元老唱經, vavurungan]〉과 가家·촌村 등 원로/ 〈역대 무사 조창경[歷代巫師祖唱經, dravadrava]〉과 양면 조상신[Sarhekuman]/ 가장 귀중한 〈통보창경[通報唱經, lingasan]과 수렵물의 획득/ 〈조창경[鳥唱經, puqaiaqaiam]〉과 조상[Tjakuling] 및 Druluan/ 미성尾聲 창경, 여무사 창경 일의 분배/ 고루 창경 공연 의의의 탐구

8) 파내巴奈·모로母路, 「아미족 제사의 규탐제 의식 공연[阿美族sikawasay(祭師)的 milasung(窺探祭)儀式展演]」, 1~29쪽.

milasung(의식 과정) (一) mabuhkat(개장식) (二) turiac[예주식(預走式)] 1. 신을 향해 가거나 혹은 준비의 길 2. 신역神域을 향해 가다 3. 신역에 도달 (1) calukucuku(발)의 calay(무형의 길)을 설치 (2) kalimakimai(손)의 무형의 길을 설치 (3) makatukar(사다리)의 무형의 길을 설치 4. 신역을 떠남 (三) merakatilalan nu kawas(신의 길을 가다) 1. 신역을 향해 가는 준비의 길 2. 신역을 향해 가다 3. 신역에 도달 (1) cimangalay[색마(色魔)의 신 (2) miciyakay (수박의 신) (3) taracay(큰 잎의 감람나무 신) (4) alalinul(女)與abunaraw(男)(소년 소녀의 신) (5) milalebu(씨름의 신) (6) tuas[조령군(祖靈群)] 4. masadak[회래식(回來

式)] 5. salamuh[휴식식(休息式)] 6. masiyur[퇴전식(退轉式)]/ milasung의식 과정 중의 kawas[영(靈)] (一) 개장식 (二) 예주식 (三) merakat tu lalan nu kawas (신령의 길을 걷다) 1. 색마의 신 2. 수박의 신 3. 큰 잎의 감람나무 신 4. 소년 소녀의 신 5. 씨름의 신 6. 조상령군/ milasung의식 중의 정서 1. 즐거운 정서 2. mararum(존재의 향수)의 정서 (1) tireng(신체, 생명)을 위하여 (2) alan (길)을 위하여

(2) 갈마란족[噶瑪蘭族]의 여무사[女巫師][43]

어떻게 여인이 무가 될 수 있는가? 대부분 샤머니즘 사회 중 무사의 직무는 모두 남성이 주도한다. 가령 모계사회에 있어 북미 알래스카의 Athoposcan 및 Nabesna도 예외는 아니다. 그 외 일부 부계사회에 있어 비록 여성이 무사가 되어 특수한 의식을 진행하나 법력이나 사회적 지위는 남성 무사의 아래에 놓인다. 이는 종교 혹은 문화 자체가 양성 중심의 구체적 실천이기 때문이다. 그러나 대만 동해안 원주민인 갈마란족·비남족 및 아미족[阿美族]의 무사신앙은 여무사가 주도한다. 갈마란족 사회에서 여인만이 Mtiu(무사)가 될 수 있으며 흥성 시기인 1920년대 한 부락에 30여 명이 활동하였다. 비남족 남왕[南王] 부락엔 1970년대 약 14명의 Damalalamau(여무사)가 있었다. 당지인의 말을 빌리면 글자 그대로 여무사는 여성에 속하며 과거에는 행위가 여성을 닮은 4명의 남성 여무가 있었다고 한다. 그 외 북부 아미족 사회, 특별히 화련[花蓮] 동창[東昌] 이루사[里漏社](Lidaw)·인리[仁里] 박박사[薄薄社](Pokpok)·남창[南昌] 두란사[荳蘭社](Nadawnan)·칠각천사[七脚川社](Cikasuan) 안에

43_ 유벽진(劉璧榛), 「신체·여신과 조령 – 갈마란 여무사 연구[身體·女神與祖靈 – 噶瑪蘭女巫師研究]」, 『원주민 무술과 기독종교[原住民巫術與基督宗教]』, 64~82쪽; 유벽진(劉璧榛), 「오직 여인만이 무사가 될 수 있다[只有女人可以做巫師]」, 『인뢰평변월간(人籟論辨月刊)』(October, 2006), 48~55쪽.

80% 이상의 Sikawasay(무사)는 모두 여성이다. 홍성 시기인 1960년대 약 70명의 여무사가 있었고 10명의 남성이 가입했다. 현재 동창·인리에서 매년 거행되는 Milecuk[무사년제(巫師年祭)]에 대략 10명의 무사가 참가한다. 이들 여무사는 수명으로 구성되어 단체를 이루는 것이 특징이다. 이는 세계 각 민족에서 드물게 발견되는 사회적 현상이다. 본문은 갈마란족을 예로 어떤 사회적 배경 아래 여성이 Mtiu가 되는가? 그 배후와 숨겨진 인류의 사유는 무엇인가? Mtiu에게 어떤 특질이 부여되는가? 그들은 부락에 있어 반드시 어떤 일을 처리하는 책임이 있는가? 등을 논의한다.

생산방식과 성별에 따라 일을 분배한다. 신화 전설 중 갈마란인의 전통적 경제활동은 남성은 어렵, 여성은 벼농사와 채집을 위주로 한다. 16세기에 이르러 스페인과의 접촉 이후 갈마란인은 소를 써서 경작하는 기술을 사용하기 시작한다. 생산방식의 영향 이외 도명회道明會 선교사 기록에 의하면 당시 의란宜蘭의 갈마란 부락은 이미 천주교가 전교된 상태였다. 18세기 말 이민자 한인은 대량 난양蘭陽 평원의 논으로 진입 개척을 시작하였다. 이에 따라 갈마란족 사회는 극렬한 충격이 조성되었다. 19세기 중엽 선교사 G. L. MacKay의 신상神像 소장품에서 보면 당시 의란의 갈마란인은 여신의 전통신앙 이외 한인의 토지공·마조·왕야 등을 신앙하였음을 알 수 있다. 갈마란인 사회는 벼농사의 기술 발전으로 생산량은 과거보다 증가되지만 20세기 말 점차 사슴가죽으로 대체된다. 당시 의란평원은 토지를 상실하였고 갈마란족은 한인과의 공동거주를 원치 않았으므로 점차 남하하여 기래奇萊 평원으로 옮겨갔다. 이어서 화동花東과 동해안 지역으로 흩어진다. 일거 시기 정책상 벼농사를 장려하였으므로 1960년대까지 남녀 노동력은 모두 농사에 투입되었다. 매년 세시제의는 농사 경작과 관련하여 이루어졌고 많은 금기와 상징적 의의가 따랐다. 그러므로 갈마란족 무사 의식 대부분은 농사와 관련있는데 주요 내용은 기우·수확제·잃어버린 소 찾기 등이다.

전통종교는 쇠퇴하고 무사가 감소된다. 화련 신사新社 부락의 무사는 지속적으로 벼농사와 관련된 제의를 행해왔다. 그러나 1954년 대다수 부락민이 천주교로 개신한 후 더 이상 거행하지 않으며 지금은 단지 무대나 정명운동의 경우 출현할 뿐이다. 천주교를 받아들인 후 갈마란인은 전통 무사신앙은 미신행위로 영적 기독신앙에 위배된다고 여겼다. 기독교와 외부인구 유입 등으로 전통 성무례成巫禮와 치병의례에 참여하는 자는 점점 감소한다. 1995년과 1998년 부락 내 어린 여아女兒가 병이 나면 비록 무사에 의한 치병의식을 빌리나 남아있는 7, 8명의 Mtiu는 1주일의 치병의식[Kizaiz] 대신 하루의 의식[Pakelabi]으로 대체했다. 그러나 지금 부락 내 기독교 신자의 여부를 떠나 만일 어떤 자가 장기간 병들어 병원에 가도 효험이 없을 시 여전히 원로 Mtiu를 찾아가 점을 친 후 치병[Paspi]한다. 갈마란인은 변함없이 신체건강·심령은 조상과 서로 의지하고 돕는 밀접한 관계에 있다고 여긴다.

Mtiu는 **여신의 대리인**이다. 갈마란인의 조상 기원 신화에서 Mtiu는 여신 [Muzumazu, 공모(共母)] 혹은 집안에서 생전에 Mtiu였던 여자 조상이 위탁하는 자가 된다. 선택받은 자는 신체적 병통[病痛, tagau]이나 탁몽託夢을 거친다. Mtiu들의 증언에 의하면 "전신에 통증이 있고 걷지 못하고 두통이 있고 어떤 부위가 부어오르고 병이 나서 오래 낫지 않는다."라고 한다. 신령으로부터 선택되는 신체적 징조는 특수하거나 고정적이지 않다. 비록 일상생활에서 흔히 만나는 증상이나 모든 사람이 다 무사가 되는 것은 아니다. 우선 반드시 여성이어야 하고 연령은 대략 10세에서 18세의 미혼이어야 한다. 이는 벼농사의 여신[Muzumazu]과 관련있다. 신화에서 생식 능력을 지닌 어린 여아가 장차 여신의 대리인이 된다. 여신과 남신[Siangau] 사이에서 갈마란 아이가 태어나는데 Siangau에 의해 일종 Kanau라고 불리는 게에 먹혀 죽는다. 이로 인해 Mtiu가 되려는 어린 여아가 지붕에 올라가 여신을 부른다. 여신으로부터 생명력을 받아 병을 치유하고 후대의 대리인이 되길 기구한다.

무사와 초자연은 상호 모계전승 관계를 이룬다. 신령에게 선택받은 Mtiu는 꿈의 방식을 통하는데 신령, 갓난아이 귀신, 이미 죽은 여자 조상이나 Mtiu 등이 나타난다. 일반인들이 볼 수 없는 것을 볼 수 있고 특별히 예지력을 지닌다. 한편 꿈을 통한 이들 쌍방은 모자 혹은 모녀의 관계를 맺는다. 이러한 현상은 바로 Mtiu와 상상적 초자연지간에 나타나는 일종의 모계전승의 관계라고 해석된다. 한편 **여무사는 합법성과 대중성**을 지닌다. 무사의 선택은 경험있고 연장자인 Mtiu를 통하거나 다른 집안의 모계 쪽 Mtiu가 점을 치는 두 가지 방식을 통한다. 이는 Mtiu직의 대중성·권력의 합법화 과정을 뜻하며 동일하지 않은 집안 간의 연결 관계를 실천함이다. 또 무사가 되는 병증은 일반인의 경우와 같으나 경험있는 노무사老巫師를 찾아가 점을 쳐 '치유할 수 없는 병'이라 진단받으면 비로소 Mtiu로 확정된다. 그밖에 해몽할 때 반드시 노무사로부터 확인받는다. Mtiu는 모종의 도구를 빌려 신령과 소통하고 표면상 신령의 뜻과 역량을 통하여 결정한다. 이때 직접 노무사 본인의 이름을 거치지 않는데 이는 인간의 염원을 숨기고자 함이다. 갈마란인은 그녀가 다른 세계의 말을 전하는 대표자로 특수한 기도의 말은 교환해온 smakai[마노(瑪瑙) 보물를 통해 소통한다고 여긴다.

　　Mtiu는 여신의 이름으로 의뢰자에게 최종 결정을 내린다. 우선 진단을 책임지는 무사는 왜 반드시 그녀 개인의 소망과 결정을 숨기는 것일까? 비록 실제상 노무사가 점을 쳐서 결정하는 위치에 있지만 갈마란인은 과정의 최후에 또 다른 세계가 있어 결정을 유보한다고 믿는다. 이는 전체 Mtiu 조작의 과정에 있어 결정권은 다른 세계로 인류 자신이 아니라는 사고이다. 즉 여신은 지고무상의 권력을 지니며, Mtiu의 행위는 여신의 이름을 빌려서 전승자를 지정하고 동시에 그녀 자신의 권력과 미래 Mtiu가 되는 여아의 무사 권력을 합리화 시킨다. **가계家系 간의 공동체 의식과 경쟁**이 따른다. 새로운 Mtiu를 선택하는 과정은 반드시 다른 가계 무사의 동의가 필요하다.

이는 동일하지 않은 가계간의 공동체 의식으로 부락이 응집되는 방식이라 하겠다. 비록 젊은 여아가 주동적으로 Mtiu가 되고자 하는 예는 희소하나 Mtiu의 모친이나 조모가 직접 '계승 잠재력'을 지닌 딸에게 압력을 가하기도 한다. 갈마란의 동일하지 않은 가계 중 강제로 무사의 직무를 후대에 물려주는 의무는 확실히 존재한다. 이는 가계 간의 경쟁관계를 해결하는 방법으로 한 가계가 지속적으로 Mtiu가 되는 길을 제어하는 수단이다. 그 외 자신의 가계 중 새로운 Mtiu 계승자가 생기면 모계 중의 성원이 지속적으로 신임하는 친인을 통해 해결을 모색 가계 내부의 현실적 이익을 추구한다.

여신은 재물의 부를 창조한다. 미래의 Mtiu로 선택되면 당사자가 거절할 수 있을까? 선택되는 인물은 반드시 장기간 병든 상태로 극심한 신체적 고통을 겪고 심각하면 사망에 이르기도 한다. 만일 거절한다면 이 병은 징벌로 해석되며 고칠 수 없는 병이라고 일컫는다. 유일한 해결 방법은 성무 의례를 거쳐 건강을 회복하는 것이다. 이는 일종의 명命으로 기본상 거절할 수 없다. 무사의 역량과 권력은 인간으로부터 나오는 것이 아니며 사람이 제어할 방법은 없다. 무사는 병과 곤란 및 불편을 함께 하며 수행기간엔 금기를 준수해야 한다. 예를 들면 어류·소금·가축육류·어떤 야채류를 먹을 수 없으며 성행위를 금하고 부락을 멀리 떠나선 안 된다. 그 외 성무 제의는 새 Mtiu의 집에서 1주일 동안 진행되며 통상적으로 쌀밥·술, 남성이 산상에서 사냥해온 수렵물을 풍성히 장만하여 친지를 청해 잔치를 베푼다. 마지막으로 참가한 사람들이 돌아갈 때 nuzum(고구마·감자 따위)을 나눠준다. 의식을 진행하기 전 금년에 수확한 벼이삭을 꿰어 집안에 매단다. 의식 기간에 천상의 신령[Ziyalan]인 여신과 남신이 강림하여 내년의 풍년을 가져오고 이 집안은 더욱 부유해진다. 여기서 무사신앙의 권력 발생·합리화가 쌀 생산·부와 함께 연결됨을 알 수 있다. 동시에 여신이 부유함을 창조한다. 옛날 노인들이 말하길 마치 성경의 한 구절처럼 "영험한 Mtiu가 벼 이

갈마란족 노무사

삭 한 가닥을 들어 낟알을 대광주리에 던져 입으로 불고 주문을 외워 법술을 행하면 곡식이 넘쳐난다."라고 했다.

치병기복은 부락의 생명력을 지속시킨다. 현재 화련 신사 부락에는 15명의 Mtiu가 존재한다. 매년 추수시기인 음력 8, 9월 그해 병이 났거나 운이 나쁜 무사는 어떤 Mtiu 집 주방에서 자기의 신령을 위해 음식을 먹이는 치병의식[Pakelabi]을 거행한다. 의식의 마지막엔 부락에서 참가한 사람들의 치병과 평안을 기구한다. 그 외 Mtiu의 매우 중요한 직능으로 혼을 불러 망령을 양육하는 고별식[PatoRoqan]을 주관한다. 일상생활 중 가장 빈번한 의뢰는 마을사람의 병의 원인, 유실된 물건이나 사람, 좀도둑을 찾아주는 것이다. 기실 사람을 돕는 치병활동만으론 샤먼이라 하기엔 부족하다.[44] 치병은 갈마란인의 Mtiu의 일상생활에서 가장 빈번한 일이나 의식 중 조상령을 불

44_ Roberte Hamayon은 "시베리아 샤머니즘에서 무사의 치병은 돈을 지불해야 하며 개인적인 부차적 활동이다. 중요한 직능은 계절성의 공공의식을 주관하는 것이다." 했다.

러내고 비를 내리게 하며 혹은 의식을 통해 음식물을 소비하고 상징적으로 양식을 분배하기도 한다. 내년의 평안과 건강, 운 등을 기구함은 부락 전체가 풍부하고 지속적인 생명력을 지니게 하는 중요한 의의를 지닌다.

3. 맺음말

본고에서는 대만 샤머니즘 연구의 흐름과 경향을 한족과 원주민으로 나누어 고찰하였다. 대만의 민간신앙은 초기 이민개척사와 관련 깊으며, 대부분 광동·복건 등 남방지역에서 함께 따라왔다. 한족의 샤머니즘은 유불도 삼교가 혼재하며 주로 무사 개인의 신단이나 묘우를 중심으로 이루어진다. 특히 도교적 성격이 강하며 신령과 소통하는 샤먼을 무사·계동·도사·법사·술사·점복사·산명가 등으로 혼칭한다. 이들은 빙의되거나 도구를 통해 신의 계시를 받는 한편 『주역』을 풀어 복괘한다. 또한 영력의 제고를 위해 끊임없이 심신을 학습하고 훈련한다. 계동의 다양한 법술은 치병과 액막이를 주요내용으로 한다. 신탁을 받은 자로서 불 위를 걷거나 신체에 물리적인 타격을 가해 영험함을 드러내 보인다. 한족 샤머니즘에 대한 연구는 제 학문분야에서 이루어지며 최근 〈대만중앙연구원〉 민족학연구소의 〈민중종교연구군〉에서 지속적인 연구 성과가 발표되고 있다. 야외 현장조사를 바탕으로 무술신앙·의식행위·신령사회·신의 종류와 내용 및 신격·공능·귀신신앙·무술활동·묘우·제전·신격 비교 등 광범위한 내용을 망라한다.

대만 정부의 승인을 받은 원주민은 13개족인 태아족·새하족·포농족·추족·노개족·배만족·비남족·아미족阿美族·아미족雅美族·소족·갈마란족·태노각족·살기래아족이다. 〈민중종교연구군〉의 연구 영역이 대만 한족의 샤머니즘이라면 반면 원주민의 샤머니즘 연구는 주로 〈당대 정경 중의 무사와 의식 공연 연구군〉을 중심으로 이루어진다. 원주민족의 무사와 의식은 아직도 활성화 되고 있으며, 최근 지속적으로 무사의 현상과 다방면에 걸친 연구 성과가 발표된다. 무사의 정의와 비교 의제의 재사고; 현대 사회 중 신 무사의 발전; 무사의 보편적 동일성과 진화적 심리학; 충돌・침략과 우주관과 서로 연결된 무사활동; 무사 의식언어, 특별히 음창언어의 변형과 반사의 분석 등이다. 그 외 탐구하는 의제는−외래 정권・종교 및 최근 본고장 문화 회복 진작운동이 원주민 무사와 제의에 미치는 영향, 무사 각색과 의식 공연에 내포된 뜻이 어떤 조정과 변화를 겪어왔고 어떤 문화 혼합 현상을 발생하는가? 지역 구분에 따른 무사의 공연 성격과 사회 문화 정경, 그 변천 과정과 원인, 동시에 역사 시공 중 관찰되는 다른 족군과 취락의 경제・문화・동일한 무사와 의식 공연에서 서로 활동하고 빌리는 관계 및 그 이동의 비교; 당대의 무사 전승과 공연 중 전통의 질이 얼마나 보존되었는가? 의식 동작・기물과 낭송 가창 언어의 상세 기록물을 통한 분석; 무사와 의식 공연 중의 성별 각색의 구분과 내용; 장차 대만 지역의 예증이 문화를 넘어서 큰 구조에 처해진 것을 탐색하고 여타 지역과 비교한다.

갈마란족의 샤머니즘은 여무사가 주도하며 의식 내용은 주로 농업과 관련있다. 1954년 이후 천주교가 들어온 이후 전통 샤머니즘은 감소되나 마을 사람들은 병자가 병원에 가도 차도가 없을 시 여전히 Mtiu를 찾아가 치병의식을 의뢰한다. 무사가 될 여자아이는 치유할 수 없는 오랜 병을 앓는데 성무의식을 통해 비로소 건강을 회복한다. 선택된 무사는 일종의 숙명으로 벗어날 수 없다. 자격은 반드시 약 10세에서 18세 여아로 미혼이어야 한다. 무사로 선택받는 방식은 꿈을 통해 신령, 갓난아이 귀신, 이미 죽은 여자 조상이나 무사 등이 나타나며 이들 쌍방은 초자연적 모계전승 관계를 이룬다. 또 노무사나 다른 집안의 모계 쪽 무사가 점을 쳐서 결정한다. 이는 여무사의 합법성과 대중성을 말해준다. 그러나 갈마란족은 최후의 결정권은 Muzumazu에게 있다고 믿는다. 무사는 여신의 이름을 빌려서 자신의 권력과 미래에 무사가 되는 여아의 권력을 합리화 시킨다. 또한 무사의 선택에 있어 가계 간의 공동체 의식과 경쟁이 존재하며 여신은 재물의 부를 가져온다. 여신의 대리인인 무사는 치병기복 의식을 거행하여 부락의 생명력을 지속시킨다.

이 글은 『한국무속학』 제22집에 게재된 필자의 논문을 수정 보완했음을 밝힌다.

시베리아 민족들의 동물에 대한
관념과 상징

이건욱
국립민속박물관 학예연구사

　아주 옛날 우리 모두 비슷한 처지의 동물들이었다. 그저 하루하루를 먹고 살기 힘든 또는 내가 어디서 먹힐지도 모르는 고단한 나날의 연속이었을 것이다. 힘세고 덩치 큰 놈들의 세상, 그러다 꾀 많은 인간이라는 동물이 조금씩 먹이사슬의 상층부로 차근차근 올라가기 시작한다. 그리고 어느덧 인간은 백수의 왕이 되었고, 야생의 삶에서 벗어나 자연계에 대한 오만함으로 가득한 이른바 문화적인 삶을 영유하게 된다.

　그렇다고 완전히 동물성을 잃은 것은 아닐게다. 뱀을 보면 징그러워하면서 모종의 두려움을 느끼기도 하고, 큰 개를 골목에서 마주치면 아직은 무섭지 아니한가. 수 백 만 년 간의 동거의 세월들. 얼마나 많은 애증이 있었을까. 이러한 애증관계는 인간이라는 기억력 좋은 동물에게 다양한 관념과 생활양식의 바탕이 되었을 것이다.

　이 글은 꾀 많고 기억력 좋은 인간, 특히 현재 시베리아 지역에 살고 있는 사람들과 또 이 땅에서 수만 세대를 견디어 온 동물들의 관계를 다룬 이야기이다.

1. 시베리아 그리고 이 글을 쓰는 이유

시베리아는 우리 역사와 관련해서 많은 '설'들이 있는 곳이다. 특히 우리 민족 문화의 '시원'이라고들 많이 여긴다. 정말 그럴까?

시베리아는 매우 넓은 곳이다. 우랄산맥 동쪽에서 극동지역과 캄차카 지역을 아우르는 아시아 대륙의 1/4을 차지하는 넓은 곳이다. 정신이 혼미해질 정도의 미칠 듯 한 추위를 가진 겨울이 있는 곳이고, 여름에는 뜨거운 태양과 대지의 열기, 무자비한 모기의 공격이 있는 곳이다. 끝을 알 수 없는 황량한 스텝지역이 있고, 마찬가지로 끝을 알 수 없는 삼림지역도 있다. 바다라고 착각할 만큼의 큰 호수도 있고, 북쪽으로 흐르는 엄청나게 긴 강도 있다. 이렇게 넓고 다양한 자연조건을 가진 이곳에는 그만큼 다양한 민족들이 살고 있다. 약 120만 명의 원주민이 살고 있는 것으로 파악되고 있는데 이들은 수십 종의 민족과 소수 민족으로 구분되고 있다. 언어적으로나 인종적으로 매우 다양하며 저마다의 독특한 문화를 가지고 있다. 이 문화들 그리고 여기 사는 사람들의 생김새는 우리와 매우 비슷한 면이 있다. 그래서 위에 잠깐 말한 설이 존재하는 것이다. 그러나 아직까지는 '설'이다. 제대로 연구되지 않은 지역이기 때문이다. 아마 굳이 기원설 관련한 분야로는 연구할 필요도 없을지 모른다. 언제부터인가 우리에게는 민족의 뿌리라는 정치적 냄새가 가득한 민족주의적 학문이 팽배하고 있는데, 이것도 유행이다. 세상이 좀 편안해지면 무심해질 분야이다. 사람들의 삶의 모습을 어디가 기원입네 어디 영향이네 하는 것은 어찌 보

시베리아 지역 민족 분포지도

우랄 그룹

네네츠
한뜨이
만시
셀쿱
느가나산
에네츠

알타이 그룹

에벤키   텔레우트
에벤   부리야트
돌간   야쿠트
나나이   알타이
올챠   쇼르츠
우데게이   하카스
쥬반   뚜바
오로지
네기달
오록

고아시아 그룹

축취
꼬락
닙이
이뗄멘
유카기르
케트

에스키모-
알레우트 그룹

에스키모 알레우트

본문을 이해하기 위해서는 위 지도에 나오는 민족들과 거주지를 한번 보고 훑어보는 것이 좋다.

면 인문학을 하는 사람들의 몫이 아닐 수도 있다는 생각이 든다. 그건 정치인들의 영역이다. 인문학은 사람을 사람답게 살게 하는데 관심을 두어야지 분류하고 평가하고 싸움을 붙이라고 있는 것이 아니다. 나는 사람이 가득한 인문학이 하고 싶다.

말이 빗나갔다. 아무튼 시베리아는 이러한 곳이다. 춥고·덥고·깊고·넓고 … 사람도 있고 다양한 동물도 있고. 원주민들의 삶은 주변 자연환경과 매우 밀접하게 연결되어 있다. 그러다보니 이제는 도시를 거점으로 현대인들의 삶 속에서 사라진 많은 이야기들이 있을 터. 나는 이 글에서 시베리아 사람들과 동물들의 이야기를 소개하고자 한다. 아마 우리도 이러한 이야기들을 가지고 있었을 것이다. 민족의 뿌리 찾기, 문화 요소들의 뿌리 찾기가 아니라 우리 DNA 깊숙이 내장된 어떠한 아련한 기억을 좀 찾아보고자 한다. 아울러 지금 우리가 잊어가고 있는 우리의 원초적이지만 나름 합리적이었던 그 상상력을 다시 되찾아보고자 한다. 그 상상력은 인간을 대자연 앞에서 겸손·겸허하게 만들었던 그 상상력이다. 친환경이네 생태가 어쩌고 저쩌고 정책이나 구호보다 이 상상력의 회복이 더 중요하다고 나는 생각한다. 독자분들 무의식 안의 노스탤지어 그리고 원초적 상상력을 되찾을 계기가 되기를 바란다. 바로 이 글을 통해서.

2. 세상을 만든 동물들

워낙 대자연을 가진 곳이라 시베리아에는 동물들에 대한 이야기는 무척 많다. 구비전승을 통해 들을 수 있고, 의례를 통해 볼 수도 있다. 구비전승에서 동물들은 다양한 장면에 등장하는데, 창세기와 같은 신화류에서도 만날 수 있다.

부랴트[1]- 신화에서는 오리류들이 세상과 인간을 창조하는데 큰 역할을 한다.

옛날에 땅은 없었고 오직 물만 있었다. … 쏨볼(신격 이름)은 육지
를 만들어 물가를 거닐고 싶었다. 이때 오리가 12마리의 새끼와 물 위
를 날고 있었다. 쏨볼-부르한은 이 오리를 보고 말하기를 "안가따(오
리)! 물에 들어가서 바닥에 있는 흙을 나에게 가져다 주렴!"하고 말했
다. 오리는 쏨볼-부르한의 말에 따라 물에 들어가서 흙을 끌고 올라왔
다. 오리의 코에는 검은 흙을 발에는 붉은 진흙을 가지고 왔다.
쏨볼-부르한은 먼저 오리에게 붉은 진흙을 받아 물에다 뿌렸고 그
리고 검은 흙도 뿌렸다. 그러자 육지가 생겨났고, 풀과 나무가 육지에
서 생겨났다.[2]-

부랴트에서는 이외에도 오리와 창세신화 이야기를 많이 들을 수 있다.
예를 들어 검둥오리가 부르한의 명을 받아 흙을 가지러 물에 들어갔다가 물
고기에게 협박을 당하자, 부르한은 오리에게 '옴 마니 반데 홈'을 읊조리면
흙을 가져올 수 있다고 하는 이야기도 있다. 또 다른 버전에서는 새끼 열두
마리와 함께 있는 오리에게 물 속의 검은 흙, 붉은 진흙, 모래를 가져오게
하여 육지를 만든 이야기도 있다.[3]-
창세신화에서 새에 관한 이야기 중 까마귀가 등장하는 경우도 있다.
예를 들어 코략족[4]-의 구비전승에는 큰 까마귀가 중심에 있다. 큰 까마

1- 부랴트 민족은 몽골계 민족으로 440,000명 정도가 현재 러시아연방 부랴트 자치공화국에 살고 있다.
부랴트 민족은 부족별로 구별을 하는데, 호리 부랴트, 아긴스크 부랴트 등 다양한 부족이 있다. 현재 몽골과
중국에도 약 70,000명 정도가 살고 있다.

2- М.Н. Хангалов(항갈로프), 『Собрание сочинений в трех томах. Том Ⅲ.(논문 모음집 제3권)』, Ул
ан-удэ, 2004, p.5.

3- Ibid., p.6.

코략족에게는 사람이 죽었을 때 여성들이 '까마귀 춤'을 추며 죽은 이를 기리는 풍습이 있다. 출처 : В.В. Горбачева "Обряды и праздники Коряков.", p.101.

귀는 태초에 인간들에게 순록과 개 등 삶에 필요한 모든 것을 주었다. 큰 까마귀 *꾸쩨-꾸이껸야꾸*(또는 꾸트껸넥꾸)는 교활한 노인으로 부인과 자식들을 속이는 페르소나로 그려지곤 한다.

한번은 게 '*아비*'(또는 바다표범 '*아키바*')의 바다 속에 있는 집에 초대받아 간다. 그곳에서 기름진 음식은 대접 받았지만, 마실 것을 주지 않았다. 그래서 까마귀는 바다 속에 있는 짜지 않은 물을 한껏 들이마신 후 육지에 와서 그것을 뱉어 내었다. 그 결과로 강이 생겨났다.

4_ 코략족은 현재 러시아연방에 속해있는 캄챠카 반도 지역에 살고 있는 소수 민족이다. 2002년 현재 인구는 8,700여명이다. 해안가에서 어업을 주로 하는 부족과 내륙에서 순록 유목을 하는 부족으로 나눌 수 있다.

큰 까마귀는 인류의 첫 번째 인간으로, 첫 번째 샤먼으로 구비전승에서 나타나며, 큰 까마귀를 '큰 할아버지'로 부른다. 그의 큰 아들 '*에메꾸트*'와 관련해서도 많은 이야기들이 전승된다.

큰 까마귀는 세상의 창조자 같은 문화 영웅에서 거짓말을 하는 노인까지 다양한 역할을 하는데, 이런 이중적인 성격은 북 아시아와 북서 아메리카에 널리 퍼져있다.[5]

이 외에도 큰 까마귀는 바다표범 '*아키바*'의 수행을 받으며 고래 민족, 물개 민족을 만나러 다니기도 한다. 이러한 이야기에서는 각기 바다 동물들이 인간의 공동체 모습으로 그려진다. 각 공동체들은 큰 까마귀에게 매우 잘해주는데, 큰 까마귀 '*꾸이낀야꾸*'는 이에 대한 보답으로 자신의 딸을 시집보내기도 한다.[6] 코략족에게 까마귀는 구비전승에서 매우 중요한 역할을 하기 때문에 이야기를 시작할 때에는 반드시 "*옛날에 큰 까마귀가 살았던 때에…*" 또는 "*옛날에 큰 까마귀와 그의 사람들이 살았을 때에…*"라며 구술을 시작한다.[7_8]

이텔멘족[9]의 신화에서도 까마귀는 매우 큰 역할을 한다. '*꿋흐*'라고 하는 신화 속 까마귀는 세계의 창조자, 최초의 인간으로 나온다. 이텔멘족은 *꿋흐*의 아이들이다. 육지(캄차카 반도)는 *꿋흐*와 그의 부인 *일꾸흠*이 지상에 내려와서 만든 것이다. 일꾸흠이 지상에 내려왔을 때 물 밖에 없었다. 그녀

5_ Н.В. Васильева(바실례바) 등, 『История и культура Коряков(코략의 역사와 문화)』, СПб., 1993. pp.148~149.

6_ 위의 책 p.150.

7_ Е.С. Новик(노빅), 『Обряд и фольклор в Сибирском шаманизме(시베리아 샤머니즘의 의례와 구비전승)』, Москва, 2004, p.233.

8_ 우리의 경우 '호랑이가 담배 피던 시절'에 대응할 수 있는 표현이라고 할 만하다. 투바에도 동물을 빗댄 이러한 표현들이 있다. 몇 가지의 예를 들면 다음과 같다. "산양의 뿔이 하늘까지 닿아 있었다.", "황소의 뿔이 하늘까지 닿고, 콧김이 하늘에 닿았을 때, 불알이 땅에 끌릴 정도였다."

9_ 캄차카 반도에 살고 있는 소수 민족. 현재 3,000명이 안된다.

는 물에 잠긴 채로 아들을 낳았는데, 그의 머리는 서쪽으로 몸은 동쪽으로 떠올랐다. 엄마가 얼굴을 잡고 아빠가 발을 잡고 물 위로 들어 올려 아들에게 땅이 되라고 명했다. 꿋흐는 사람들에게 먹고 사는 방법을 가르쳐 주었다.[10]

넨츠이족[11]의 이야기에는 까마귀, 자고새, 쥐가 함께 나와 이야기를 이끌어가기도 하며,[12] 아이누족[13]의 신화에서는 할미새가 땅과 물이 섞여 있는 세상을 지금과 같은 모습으로 만들어 준다.[14]

일반적으로 창세신화에는 대홍수 이야기가 함께 한다. 알타이[15] 구비전승에서는 대홍수가 끝나고 물이 다 빠지고 땅이 말랐는지 확인하기 위해 새를 내보내는 이야기가 전승되고 있다.

> … 홍수가 끝났을 때 월겐(신격 이름)은 배에서 수탉을 내보냈다. 그러나 수탉은 추위로 얼어 죽었다. 그 다음에 거위를 내보냈다. 그런데 거위는 배로 돌아오지 않았다. 월겐은 까마귀를 내보냈으나 까마귀도 돌아오지 않았다. 까마귀는 시체들을 찾아 먹고 있었기 때문이다. 일곱 명의 정의로운 형제들은 배 밖으로 나왔다. …[16]

10_ А.П. Володин(볼로딘), 『Ительмены.(이텔멘인들)』, СПб., 2002,pp. 50~52.

11_ 네네츠 또는 사모예드라고도 한다. 러시아연방 콜스크반도에서 타이무르지역에 걸쳐 산다. 서기 1,000년 경부터 남시베리아에서 이곳으로 옮겨와 살고 있다. 2002년 현재 41,302명이 살고 있다.

12_ Л.В. Хомич(호미치), 『Ненцы(넨츠이)』, СПб., 2003, p.55.

13_ 아이누는 신성한 존재인 '카무이'와 대비되는 개념으로 '인간'이란 뜻을 가지고 있는 아이누어에서 나온 말이다. 러시아와 일본 홋카이도 둥지에서 살고 있으며, 러시아에 5만, 일본에 2만 5천정도가 살고 있는데, 인종차별로부터 자녀들을 보호하고자 정확한 수치는 알 수가 없다. 비공식 추산으로 20만 명 정도라고도 한다.

14_ 이정재, 『시베리아 부족신화』(민속원, 1998), 21쪽.

15_ 러시아연방 알타이 공화국과 알타이 주에 살고 있는 제민족을 통칭해서 부르는 말. 크게 네 개 정도의 민족으로 나눌 수 있다.

16_ 이건욱 등, 『알타이 샤머니즘』(국립민속박물관, 2006), 131쪽.

알타이에는 여기에 덧붙여 해와 달이 지구에 계속 접근하려 하다가 수탉의 울음소리로 문제가 해결된다는 옛 이야기도 전해지고 있다.[17]

해와 달이 지상에서 안 보여 일어난 소동에 대한 신화에도 동물들이 등장한다. 부랴트에는 다음과 같은 이야기가 있다.

높은 하늘과 넓은 땅이 사돈을 맺기로 했다. … 넓은 땅은 딸에 대한 신부대로 높은 하늘에게 해와 달을 요구했고, 하늘은 이것을 주자 넓은 땅은 해와 달을 상자에 넣어 두었다. 그러자 하늘과 땅은 어두워졌다.

높은 하늘은 해와 달을 돌려받고 싶었으나, 방법이 없었다. 높은 하늘에게는 아홉 명의 아들과 아홉 명의 딸이 있었다. 높은 하늘은 이들을 고슴도치 '자랴아자르가'에게 보내 해와 달을 돌려받을 만한 조언을 구해오라고 했다. 높은 하늘은 대신 자식들에게 고슴도치를 보거든 그가 땅에서 굴러다닌다고 절대 웃지 말라고 신신당부했다. 자식들이 유르트에서 기다리다 고슴도치가 들어오자 그의 모습을 보고 도저히 웃음을 참을 수가 없었다. 고슴도치는 화가 나서 도로 나가 버렸다. 그러자 높은 하늘은 다섯 마리의 짐승을 보내 고슴도치를 찾아 그의 조언을 듣고자 했다. 다섯 마리 동물은 토끼, 어린 산양, 족제비, 다람쥐, 흰담비였다.

토끼가 먼저 화가 나있는 고슴도치를 찾아 그의 이야기를 듣고 높은 하늘에게 말했다. 고슴도치는 일단 무척 화가 났었고 욕을 퍼부어대면서 이렇게 말했다고 한다. "높은 하늘은 자식들에게 나를 존경할 것을 가르치지 않았어! 그들이 나를 보고 웃었다니까! 아홉 아들은 땅에

17_ 위의 책, 329쪽.

보내 서쪽의 아홉 신격이 되라고 하고, 아홉 딸들은 지상에 보내 아홉 신체가 되라고 해! 높은 하늘은 넓은 땅과 사돈지간 아닌가. 넓은 땅에게 손님으로 가서 '숲 속의 메아리'와 '물에 반사된 빛'을 선물로 달라고 하라해. 넓은 땅이 그것을 어떻게 잡아서 줄 수 있겠는가. 결국 해와 달을 돌려 줄걸세."

이 내용을 토끼는 높은 하늘에 전달했고, 이것 때문에 샤먼이 의례를 할 때 토끼 모피를 오른쪽 첫 번째 자리에 놓는 것이다.

높은 하늘은 넓은 땅에게 가서 자신에게 숲 속의 메아리와 물에 반사된 빛을 선물로 달라고 부탁했다. … 하지만 숲 속의 메아리와 물에 비친 빛은 잡을 수 없는 것이었다. 결국 넓은 땅은 높은 하늘에게 해와 달을 돌려주었다. 집에 와서 높은 하늘은 다시 하늘의 불을 밝혔고, 예전처럼 하늘과 땅은 밝아졌다.[18]

코략족 신화에서는 큰 까마귀가 태양을 삼켜 세상이 어두워졌다고 한다. 그러나 그의 딸이 아버지를 죽이고 배에서 태양을 꺼내는 장면도 있다.[19] 유사한 이야기가 투바[20]에도 전해진다.

아주 오랜 옛날에 산이 작고, 산맥도 작았고, 호수가 웅덩이처럼 아주 작았을 적에, 달이 하늘에서 땅으로 떨어졌다. 암소와 말이 만나서 "밤에 어두워서 살수가 없다. 뭔가 해야 하지 않을까?"라며 대화를 나

18_ М.Н. Хангалов(항갈로프), op.cit., pp.8~9.
19_ Н.В. Васильева(바실례바) 등, op.cit., p.114.
20_ 아시아 대륙 정 중앙에 살고 있는 민족. 자칭 우량하이, 띄바라고 한다. 300,000 명 정도가 러시아 연방 투바 공화국에 살고 있다. 우량하이는 우리말로 오랑캐라고 읽는다. 가장 흔한 성(姓) 중 하나가 '온달'로 우리 역사와 모종의 관계가 있었을 것으로 추정할 수 있다.

누었다. 그리고 다시 달을 하늘로 올리기로 결정했다. 그리고 누가 먼저 이 일을 할 것인가 말다툼을 벌였다. 말이 암소에게 먼저 말하기를 "내가 먼저 하마, 왜냐하면 내 발굽이 단단하니까 발로 차서 달을 하늘로 올릴 수 있다." 암소는 "아니다. 내가 더 강하고 너보다 무겁다. 달은 크다. 너는 할 수가 없다." 말은 이에 동의하였다. 암소가 하늘로 달을 발로 찼다. 달은 하늘에 다시 자리 잡았다. 달이 무거웠으므로 그것을 찼던 암소의 발굽은 두 갈래로 갈라졌고, 말의 발굽은 하나이다. 그래서 말은 눈이 많이 와도 발로 눈을 파고 풀을 먹을 수 있지만, 소는 그러지 못하고 입으로 파서 먹는다.[21]

별자리 형성에는 부랴트의 순록도 등장한다. 어느 명사수가 세 마리 순록을 뒤쫓아서 활을 쏘았고, 순록들은 하늘로 뛰어 올랐는데, 하늘에 다다르면서 지금의 오리온자리가 되었다는 이야기가 있다. 지진은 땅 속에 큰 물고기가 요동 칠 때마다 일어나는 것이라고도 한다.

3. 인간의 창조, 시조와 관련 있는 동물들

사람의 탄생과 부족기원이나 씨족, 직업 창출 등에도 동물이 등장한다.

위에서 상술했듯이 코략족에게는 큰 까마귀는 첫 번째 사람이자, 코략족의 조상이며, 코략족의 수호신이다. 큰 까마귀와는 오직 영험한 샤먼만이 소통할 수 있다. 큰 까마귀의 부인 '미티'와 자녀들도 천상의 신격들로 대접받는다. 특히 자녀들은 항상 나쁜 정령과 싸운다.

21_ 이건욱 등, 『중앙아시아의 유목민, 투바인의 삶과 문화』(국립민속박물관, 2005), 340쪽.

그래서 순록 유목을 하는 코랴족은 명절 때 어린 순록을 큰 까마귀에게 제물로 바친다.[22]

세상과 인간이 동시에 창조가 될 때 동물이 큰 역할을 하는 신화가 에벤 족[23]에도 전해 내려온다. 천상계에서 쫓겨난 처녀가 뿔이 여덟 개 달린 순록을 타고 내려오게 되었는데, 지상에는 물 외에는 아무것도 없었다. 이때 순록이 자신을 죽여 사방에 흩뿌리라고 한다. 순록의 각 부분들은 땅이 되고, 산이 되고, 심장은 영웅이 되고, 두 개의 폐가 남자와 여자로 변한다는 것이다.[24]

곰도 인간의 조상으로 여겨진다. 에벤족의 이야기에 따르면,

어느 날 한 소녀가 곰이 사는 동굴에 들어가게 되었다. 겨울 내내 그녀는 곰의 앞발을 빨면서 지냈기 때문에 굶어죽지 않았다. 봄이 되어 잠에서 깨어난 곰은 그녀에게 집으로 가는 길을 알려주었다. 머지않아 그녀는 자신이 임신한 것을 알게 되었고, 한 동굴을 찾아 거기서 출산을 하였다. 먼저 태어난 것은 새끼 곰이었고, 그 다음은 사람 아기였다. 새끼 곰에게는 나카트라고 불렸고, 할머니의 손에서 컸다. 다 자라서는 숲으로 떠나 버렸다. 두 번째로 태어났던 소년은 토르가니라는 이름으로 불렸다. 어느날 토르가니와 나카트가 숲에서 만나 싸우게 되었고, 토르가니가 나카트를 죽여버렸다. 나카트는 죽어가면서 사람들에게 곰 축제를 어떻게 해야 하는지 알려주었다고 한다.[25]

22_ Н.В. Васильева(바실레바) 등, op.cit., p.114.

23_ 에벤 또는 라무트라고 불리며 현 러시아연방 마가단 지역과 캄챠카 지역, 사하 공화국 북서쪽에 살고 있다. 2002년 현재 19,071명이 살아 있다. 원래 동바이칼(트랜스바이칼)지역에 살다가 동시베리아로 이주한 것으로 알려져 있다. 자신들의 고유한 문화와 언어를 가지고 있다.

24_ В.А. Туголуков(투골루코프) 등, 『История и культура Эвенов(에벤족의 역사와 문화)』, СПб., 1997, p.112.

저승세계를 묘사한 나나이 샤먼의 그림.
다양한 동물들이 등장한다. 러시아연방민
족지학박물관 소장

에벤족의 신화에는 곰은 태초의 인간의 모습을 하고 있었다고 한다. 여자였던 이 곰은 죽으면서 사람들에게 유언하기를 자신의 시신으로 생업에 필요한 것을 만들라고 했다. 자신의 어깨는 스키, 갈비뼈로 활과 화살, 가슴으로 배, 가죽으로 유르트를 만들라고 했다. 에벤족에게 곰은 여성의 시작과 관련이 있으며, 이 여성은 태초의 인간이자 인간에게 문화를 가르쳐 준 것이다.[26] 에벤족에게는 '네누켄'이라는 문답식의 수수께끼가 있다. 여기서도 곰은 모든 것의 시작점으로 나온다. "할아버지. 순록은 어디서 왔나요? −곰털에서 나왔지. 그러면 곰은 어디서 왔나요? −곰은 사람이었단다."[27]

투바인들에게도 곰은 사람의 조상으로 하늘에서 내려왔다는 이야기가 전해진다. 투바인들의 생각에 따르면 해부학적으로 암컷 곰은 여자와 비슷

25_　Ibid., p.120.

26_　Ibid., p.136.

27_　Ibid., p.140.

하고 수컷은 남자와 비슷하다고 한다. 곰의 옛 고향은 신격들이 살고 있는 아자르라르 라고 한다.[28]

토팔라르[29]-인들은 곰과 반목하는 물고기의 후손들이 나온다.

옛날에 한 형제가 살았다. 처음에는 우애 깊게 지냈으나 크게 싸운 후 따로 살게 되었다. 형은 숲으로 들어가 곰이 되었고, 동생은 강으로 가 어부가 되었다. 동생은 큰 물고기를 잡았는데, 그 물고기와 결혼하여 자식들을 낳았다. 자식들로부터 카라가스족이 시작되었다. 지금까지도 카라가스와 곰은 사이가 좋지 않다. 카라가스인들은 곰을 발견하면 반드시 죽여버린다. 그리고 죽은 곰의 뼈를 나무 구멍 등에 몰래 숨겨놓는다. 곰이 이것을 발견하고 곰을 죽인 카르가스를 찾지 못하게 하기 위함이다.[30]

부랴트의 여러 부족 중 호리 부랴트의 전설은 백조와 연관이 있다. 호리도이라는 사람이 백조와 결혼하여 11명의 자녀를 낳았는데 이들이 호리 부랴트의 시조라는 것이다. 이 이야기는 워낙 많이 알려져 동에서 우랄산맥에 이르는 시베리아 대부분의 지역에서 전해 내려져 온다. 우리나라 나무꾼과 선녀 이야기와 연관 지어 매우 훌륭한 연구 성과도 있어 자세히 이야기 내용을 더 이상 설명하지는 않겠다. 대신 백조와 결혼해 호리 부랴트의 시조부가 된 그의 탄생 이야기를 소개하겠다.

28_ М. Кенин-Лопсан(케닌-롭산), 『Мифы тувинских шаманов(투바 샤먼들의 신화)』, Кызыл, 2002, p.21.
29_ 토파, 토하, 카라가스라고 자칭하기도 한다. 러시아연방 이르쿠츠크주 우다 강 근처 타이가 지대에 살며 현재 800명이 안되는 소수 민족이다. 자신들의 언어가 있다.
30_ Л.В. Мельникова(멜니코바), 『Тофы(토파인들)』, Иркутск, 1994, p.172.

어느 날 오이라트-부랴트 출신의 여자 샤먼 아수한이 바이칼 호수에 갔다. 호숫가에 입에 거품을 물고 음매거리고 있는 황소를 보았다. 아수한이 생각하기에 이 황소는 하늘에 의해 그녀에게 정해진 신격이었다. 그녀는 황소와 성관계를 가졌고, 곧이어 임신을 하게 되었다. 그녀에게서 두 아들, 부랴다이와 호리도이가 태어났다.[31]

이 황소의 두 아들이 몽골을 떠나 큰 형은 이키리트 부랴트의 시조가 되고, 동생인 호리도이는 호리 부랴트의 시조가 되었다는 이야기이다.

투바에서 가장 큰 씨족인 아드익 툴루쉬 족에게는 위의 에벤족의 곰 신화와 비슷한 다음과 같은 부족 기원 전설이 내려온다.

옛날 에쥠 강에 툴루쉬 족이 살았다. 겨울이 되어 그들이 겨울 방목지로 이동을 했을 때, 한 여자가 잠자고 있다가 홀로 타이가에 남게 되었다. 겨울이었고, 그녀는 춥고, 배가 고팠다. 그녀는 곰들이 동면하고 있는 동굴을 보았다. 그녀에게는 다른 방도가 없었기 때문에 그 동굴로 들어갔다. 다행히 곰들은 그녀를 해치지 않았고, 봄까지 같이 있게 되었다. 눈이 녹고 툴루쉬족이 겨울 방목지에서 돌아왔을 때, 그들은 남자아이와 함께 있는 그녀를 보게 되었다. 그 다음부터 이 아이를 '아드익-툴루쉬'라 부르게 되었다. 그리고 지금까지도 아드익-툴루쉬의 후손들이 살고 있다. '아드익'은 '곰'의 별칭이고, '툴루쉬'는 '투르크 사람'이라는 뜻이다.[32]

31_ Г.Н. Румянцев(루만체프), 『Происхождение хоринских бурят(호리 부랴트의 기원)』, Улан-Удэ, 2002, p.137.
32_ 이건욱 등, 앞의 책(2005), 340쪽.

사람의 탄생을 주로 다루었는데, 동물의 탄생이야기도 전해 내려온다. 예를 들어 뻐꾸기는 옛날에 방탕한 여인이었다고 한다. 신이 벌을 내려 그녀를 뻐꾸기로 만들었다고 한다. 그래서 그런지 뻐꾸기는 자기 알을 품지 않고 다른 둥지에 낳아 버린다. 낙타는 옛날에 유명한 여자 샤먼이었다. 어느 날 그녀는 신을 놀라게 하고 싶었다. 이를 위해 자신을 가슴을 잘고 그것을 등에 붙이고 신 앞에 나타났다. 이를 보고 신은 화가 나서 그녀를 영원히 그 모습으로 살게 했다. 낙타는 예전에 사람이었기 때문에 낙타의 울음소리는 사람의 울음소리와 흡사한 것이다.[33]

사람의 탄생과 관계된 동물의 이야기가 있으면, 죽음과 관련된 이야기도 있을까?

네기달인[34]들에게는 다음과 같은 이야기가 전승되어 온다.

부가(세상을 창조한 신격)는 땅을 만들고, 동물을 만들고, 물고기와 새를 만들고 사람, 즉 남자와 여자를 만들었다. 부가는 일을 다 마치고는 개에게 자신의 창조물들을 지키게 하고 사람들에게 숨을 불어 넣어 주기 위해 자리를 떠났다. 부가가 없자 암반(지하세계의 나쁜 정령)이 개에게 와 말했다. "자. 봐라. 내가 이 사람들에게 숨을 불어넣어주마. 부가가 이 사람들에게 숨을 불어넣어주기 위해 자리를 비웠는데, 그렇게 되면 사람들은 죽지도 않을 것이고, 그렇다보면 이 땅에 온통 사람들로 꽉 찰거야. 물고기와 짐승들이 남아나지 않을걸. 나는 이 사람들에게 늙으면 죽는 그런 숨을 넣어 줄거야. 죽더라도 다시 다른 모습으

33_ М.Н. Хангалов(항갈로프). op.cit., pp.17~19.
34_ 아무르강 유역에 사는 원주민. '네기달'이란 '강변'이라는 뜻으로 이들은 퉁구스-만주 민족으로 분류할 수 있다. 2002년 통계에 의하면 567명이 남아있는 소수 민족이다. 에벤키어와 유사한 자신들의언어를 가지고 있다.

로 태어날 수가 있지." 그리고 암반은 개에게 털 가죽을 선물하기로 약
속했다.(이때까지 개는 털이 없었다.) 나중에 이 사실을 알게 된 부가
는 크게 노하여 개에게 말하기를 "이제부터 너는 사람의 말을 이해하
는 것을 못하게 할 것이다. 사람의 똥이나 먹고 살게 할 것이다."….[35]

이렇게 개가 불멸의 운명을 타고난 인간을 때가 되면 죽게 만드는 데
역할을 하게 된 이야기는 에벤키족과 알타이 지역 민족들에게도 전해진다.
알타이 신화에서 까마귀는 신이 만든 사람의 몸에 영혼을 배달하는 역할을
맡는다. 그러나 영혼을 가져오던 중 땅 위에 떨어뜨려 사람들은 영생을 누
리지 못하게 되었다는 이야기가 전해 내려온다.[36]

4. 영험한 동물들 이야기

시베리아 제민족들의 신앙생활은 샤머니즘을 기반으로 한다. 불교와 러
시아 정교회의 도입, 사회주의를 거치면서 많은 변화를 겪어왔지만, 시베리
아 사람들의 내면에는 샤머니즘이 뿌리 깊게 자리 잡고 있다. 여기서는 샤
머니즘 관련된 그리고 윗 장에서 미처 소개하지 못한 동물들을 소개한다.

■ 곰

곰에 대한 신성성은 비단 시베리아만의 이야기가 아니다. 오스트리아,
스위스 등 중서부 유럽과 러시아를 위시한 동유럽, 일본, 북아메리칸 인디

35_ Л.Р. Павлинская(파블린스카야), 「Мифы народов Сибири о происхождении смерти.(죽음의 기원
에 대한 시베리아 신화)」, в 『Мифология Смерти』, СПб., 2007, pp.9~10.
36_ 이건욱 등, 앞의 책(2006), 132쪽.

언 등에게서도 곰과 관련된 수많은 민속현상들이 전승되고 있다. 곰과 관련된 민속은 우리나라 연구자들에 의해 훌륭한 노작들이 많이 나와 있으므로 그리 자세히 설명하지는 않겠다.

시베리아에서는 곰은 매우 신성시되기 때문에 곰을 함부로 부를 수가 없다. 대부분의 지역에서 곰을 직접적으로 지칭하는 경우는 거의 없다고 할 수 있을 정도이다.

부랴트에서는 곰을 '*바바가이*' 또는 '*구루우헨*'이라고 부르며, 여기서 바바가이는 '아저씨, 조상, 시조, 형, 누나'라는 뜻을 가지고 있다. 곰에 대해 이야기를 나눌 때는 마치 가족을 이야기 하는 것처럼 지칭하기도 한다. 예를 들어 '외투를 입은 덩치 큰 삼촌', '외투 입은 할아버지', '엄마', '아빠'로 부른다. 사냥꾼들이 나누는 대화에서도 곰을 지칭하는 것은 금지되어 있다. 예를 들어 곰을 봤다면, "궁전을 찾았다." 또는 "여기 차르('왕'이라는 뜻의 러시아어) 양반이 살고 계시네." 식으로 돌려서 표현했다.[37]

투바에서도 곰을 직접 지칭하지 않는다. 부랴트에서는 한 가족처럼 불렸다면, 투바에서는 다소 위압감과 두려움을 존재로 불리는데, 보통 '*마쟈아라이*'(고요한 분), '*까라 추베*'(검은 존재), '*체르 쿨락띡*'(땅의 귀를 가진 분), '*하의 라칸*'(천상의 신격[38])이라고 부른다.[39] 필자의 조사의 의하면 봉우리 옆에 삐죽 나온 작은 봉우리란 뜻을 지닌 '*따흐 이르게끄*', 부드러운 다리를 말하는 '*쳄착부뜨*', 굽은 다리인 '*마이따 부뜨*'라고 부르기도 하는 것을 채록하기도 했다.

37_ 이건욱, 『부랴트 샤머니즘 – 어둠 속의 작은 등불』(국립민속박물관, 2007), pp.291~292.
38_ 투바에서는 지금도 갑자기 안 좋은 일이 생기면 "으쉐, 하의라칸"이라고 외친다. 이것은 "비나이다. 하의라칸이여"라는 뜻이다. 즉 "비나이다. 곰이시여."로 해석할 수 있다. 하의라칸은 대체로 최고의 신격을 뜻하는데, 민중들은 이를 곰으로 해석을 한다.
39_ М. Кенин-Лопсан(케닌-롭산), op.cit., p.21.

토팔라르인들에게는 곰에 대한 지칭은 6개가 있다.

첫 번째 '*이레상*'이라 한다. 할아버지 곰이란 뜻이며, 곰은 사람과 아주 비슷해서 때때로 두 뒷다리로 걷기도 하고 앞발을 손 삼아 무엇인가를 하기도 한다. 곰은 자신의 집을 짓고 잠자리를 사람의 집처럼 꾸미는 것도 사람처럼 취급하게 된 배경이다. 두 번째 '*아쉬끼냐*'이라고 부른다. 그대로 번역하면, '짐승남'이라는 뜻이다. 지치지 않고 열심히 일하는 모습에서 훌륭한 사냥꾼을 연상케 하기 때문이다. 세 번째 이칭은 '*초르한의흐*'으로 따뜻한 외투를 입은 짐승이라는 뜻이다. 네 번째 이름은 '*쿠숙타르*' 이것은 견과류 채집자라는 뜻이다. 다섯 번째 이름은 '*쉬이덴가*'이다. 어디든 갈 수 있는 짐승이라는 뜻으로 산이던 강이던 모든 곳을 자유롭게 다니기 때문에 붙은 이름이다. 여섯 번째 '*까이헤르라르*'라고도 부르는데, 지방 덩어리라는 뜻이다. 겨울잠을 자기 때문에 몸에 지방을 축적해 놓아 이런 이름이 붙었다.[40]

토팔라르인들은 곰을 잡아 머리를 삶아 먹은 뒤 곰의 두개골에 숯을 문지른 다음 나무 구멍에 숨겨 놓고 다음과 같이 이야기 한다. "형제여. 내가 너를 죽인 게 아닐세. 내가 너를 먹은게 아닐세. 다른 사람들이 자네를 잡아먹은 걸세."라고 한다.[41]

부랴트에서도 사냥꾼이 곰을 잡게 되면, 총이 오발 난 것이라느니, 에벤키족 또는 다른 동물들이 살해한 것이라느니 하면서 둘러댄다.

투바인들이 하얀 곰을 만나면, 먼저 절을 하고 곰에게 이것저것 먹을 것을 대접한다. 아직도 사냥꾼들은 가끔씩 하얀 곰과 마주치는데, 절대 총구를 그에게 겨누지 않는다. 하얀 곰은 나라의 주인이기 때문이다. 만약 나라의 주인에게 총구를 겨누면, 빈곤한 삶이 그를 기다리게 된다고들 한다.[42]

40_ Л.В. Мельникова(멜리코바), op.cit., pp.171~172.

41_ Ibid., p.174.

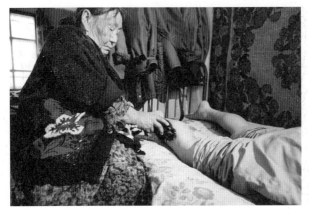

곰발바닥을 이용해 치료를
하는 투바의 주술사 할머니
출처 : 국립민속박물관

샤머니즘 속에서의 곰은 거의 절대적인 권위를 지닌다. 곰은 샤먼의 수
호 정령으로 위력을 발휘하며, 각종 무구와 신체에 등장해 샤먼의 능력을
배가 시켜준다. 예를 들어 곰발바닥의 경우 질병 치료에 많이 쓰인다. 부랴
트에서는 곰 발바닥으로 아픈 곳을 문지르는 치병 의례를 샤먼이 하는데,
부인병에 특효가 있다고 한다. 투바에서 필자는 곰발바닥으로 아픈 곳을 긁
어대며 병을 치료하는 주술사를 보기도 했다.

곰은 병을 치료하는 무구로써의 역할도 하지만 일종의 신체神體로써 역
할을 하기도 한다. 예를 들어 극동 지역에 사는 오로치[43] 샤먼의 신당에는
질병을 치료하는 '키트'가 있다. 나무로 작은 집을 짓고 이 안에 나무로 깎
아 놓은 곰과 개구리, 쌍둥이 인형이 있다. 여기서 곰은 '*테무 두에네니*'라

42_ М. Кенин-Лопсан(케닌-롭산), op.cit., p.22.

43_ 극동지역 러시아 하바롭스크주 인근에 살고 있다. 자신들을 '나니'라고도 부르는데, '나'는 땅을, '니'
는 사람을 뜻하며, '지역사람'이라는 뜻을 가지고 있다. 2002년 통계에 의하면 1,000 명 정도 남아있는데,
우크라이나 공화국에 300명 정도가 살고, 나머지는 하바롭스크 지역에 살고 있다. 알타이어 퉁구스-만주어
계통의 오로치어를 사용한다.

는 이름을 가지고 있는데 마음의 병을 치료하는 기능을 한다고 한다.

투바에서는 곰은 거리가 멀어도 웬만한 소리는 다 듣는다고 믿는다. 그래서 강력한 샤먼은 곰의 머리가죽으로 만든 머리 장식을 가지고 있다. 때때로 샤먼은 곰의 목소리를 흉내 내면서,

"어디 있습니까, 나의 곰들이여? 나의 동네로 와주십시오, 부탁입니다. 어디 있습니까, 이 방목지의 주민들이여? 여기 나의 할아버지 곰이 나타났습니다."라며 의례를 진행하기도 한다.[44] 부랴트에서 곰은 샤먼에게 주술적인 힘을 주는 존재로 인식되며, 심지어 "곰이 샤먼보다 높이 난다."라고 표현하기도 한다.[45]

이렇게 신성시 되는 곰이지만, 그의 탄생담 중에는 신의 징벌을 받아 곰이 되었다는 이야기들도 전해온다. 부랴트에서는

곰은 옛날에 왕이었다. 어느 날 길 가던 사람을 놀라게 하고 싶었다. 이를 위해 그는 다리 밑으로 기어 들어갔다. 사람이 다리로 다가오자 다리 위로 뛰어올라 크게 소리쳤다. 그런데 다리를 건너던 사람은 다름 아닌 신이었다. 신은 왕에게 "곰으로 변해라! 숲 속에서나 사람을 놀라게 해라!" 왕은 곰으로 변했고 숲으로 도망을 가게 되었다.[46]

라는 식의 이야기도 있고, 부르한이 장난꾸러기들을 벌할 때 곰으로 변신시켰다는 등의 이야기[47]도 전해 내려온다.

투바에서는 곰은 옛날에 사람이었다고 한다. 어쩌다 곰은 죄를 지었고

44_ М. Кенин-Лопсан(케닌-롭산), op.cit., p.180.

45_ 이건욱, 앞의 책(2007), 292쪽.

46_ М.Н. Хангалов(항갈로프), op.cit., p.15.

47_ 이건욱, 앞의 책(2007), 291~292쪽.

부르한은 곰에게 벌을 주었다. 벌은 다름 아닌 곰을 털복숭이로 변하게 만든 것이었다. 곰은 지금까지도 자신의 모습이 털복숭이인 것이 창피해서 타이가에 숨어 지내며, 사람들 앞에 모습을 잘 드러내지 않는다. 곰이 예전에 사람이었다는 것은 곰의 젖꼭지가 사람처럼 두개이며, 모양도 사람의 것과 똑같으며, 새끼에게 젖을 먹일 때도 사람처럼 안고 먹이는 것으로도 알 수 있다. 그래서 곰을 함부로 죽이지 않는다고 한다.[48] 코략인들도 곰을 신성시한다. 곰은 인간의 이복 형제라고 생각한다는 이야기도 전해지며, 사람에게 매우 실망하여 툰드라로 들어가 버렸고, 그 후 짐승이 되어 사람들에게 복수를 하기 시작했다는 이야기도 있다.[49]

알타이 샤먼들의 무가에서도 기도를 하면서 큰 암곰을 내려 보내 달라고 하기도 한다.

2005년 알타이의 바실리 우누토프 샤먼은 필자 등 현지 조사원들의 행운을 빌어주며 굿을 해주었는데,

    ··· 큰 암곰을 지상으로 보내주십시오.
    까이라꼬온, 당신에게 영광이 나의 대지에 축복을,
    많은 사람들이 평화롭게 살기를 ···[50]

라는 식으로 무가를 불러주었다. 여기서 까이라꼬온은 신격으로서의 곰을 뜻한다.

48_ 위의 책, 337~338쪽.
49_ В.В. Горбачеба(고르바쵸바), 『Обряды и праздники Коряков(코략의 풍속과 명절)』, СПб., 2004, p.15.
50_ 이건욱, 앞의 책(2006), 224~225쪽.

▪ 새들

니브히인들의 의례용 물새
모양 그릇 표트르대제 인류학
민족지학박물관 소장

우리의 솟대를 보고 시베리아의 영향이라는 말이 많다. 실제 시베리아에는 우리의 솟대와 유사한 모양의 장대들을 많이 볼 수 있다. 대부분 신앙적 의미를 가지고 있다. 새들에 대한 상징성은 시베리아 제민족들 사이에서 다양하게 관찰되는데, 그만큼 다양한 새들이 등장한다.

까마귀는 순록 유목민인 네네츠인들에게 순록의 수호 정령이다. 까마귀 모습으로 신체를 만들어 높은 언덕 위에 세워 놓는다. 늑대가 나타나 순록을 여기저기 흩어지게 할 때가 있는데, 이때 이 까마귀 신체는 순록들을 진정시켜 다시 한 곳으로 모이게 하는 힘을 가지고 있다. 늑대의 습격 시 만약 순록들에게 아무 문제가 없으면 이 신체에 화려한 색의 옷감으로 새 옷을 입혀주며, 만약 늑대를 잡게 되면 늑대의 피를 신체에 바쳤다. 또한 순록들 중 늑대들의 습격 때 제일 먼저 원래 무리로 돌아온 순록을 잡아 신체에 제물로 바친다.

아무르 강변 니브히[51]인들은 물새 모양의 그릇을 만들어 풍어를 비는 의례에 사용한다. 이 의례는 봄과 가을에 행하는데, 샤먼이 집전하지 않고

51_ 2002년 현재 5,800명 정도가 러시아 하바롭스크 주와 사할린 등지에서 살고 있다. '니브히'는 '사람'이란 뜻이다. 자신들의 언어가 있다.

마을에서 가장 나이 많고 존경 받는 노인을 제관으로 선정해서 행하게 한다. 제관은 음식을 준비하여 이 음식들을 물새 모양 그릇에 담아 물에 띄운다. 이렇게 하면 물의 주인 정령이 어부들의 그물에 물고기를 가득 담아준다고 한다. 남은 음식은 마을의 수호 신격인 조상 정령에게 바치고 나머지 음식을 마을 사람들이 같이 음복한다.

부엉이가 시베리아 샤머니즘에 등장하기도 한다. 부엉이는 야행성 조류이기 때문에 여기에서 모티브를 받은 것이다. 에벤키 샤먼은 자신의 성소(이동형 천막 '춤') 앞에 높은 장대를 세우고 그 위에 부엉이 상을 놓는다. 이것은 한밤 중에 악한 정령의 접근을 샤먼에게 알려주는 역할을 한다.

실제 존재하지 않는 새도 샤머니즘에 나온다. 나나이 샤먼에게는 '*꼬오리*'라는 새가 있다. 샤먼은 이 새의 도움을 받아 장례 의례 때 죽은 자의 영혼을 지하세계, 즉 저승에 데려다 주고 자신만 돌아 올 수 있다. 나나이, 울치, 오로치의 전설에는 *꼬오리*가 날 때 그 그림자 밑에 사람이 있으면, 그는 평생 행복할 것이라고 한다. 오로치인들은 *꼬오리*의 모습을 학이나 독수리, 거위의 모습으로 신체를 만든다. 일부 러시아 학자들은 *꼬오리*의 모습과 기능을 통해 이 새가 인도 신화 속의 태양새이자 새의 왕인 *가루다*를 뜻하는 것이라고도 한다.[52]

시베리아 민족들에게 있는 솟대나 기타 의례 용품들을 보면 '*가가르*'라는 단어가 나오며 사전에는 이를 물새라고 칭한다. 일단 필자도 사전적 의미로 물새라고 통번역을 하였지만, 실제 시베리아인들이 직접 보여주고, 인터넷에서 이미지로 확인해 본 *가가르*는 오리과에 속하는 물새로 보인다. 추후 조류 전문가를 대동하고 확인이 필요한 부분이다. 첨언하지만 현지 조사

52_ Т.Ю. Сем(셈), К.Ю. Соловьева(솔로비예바), 『На грани миров. Шаманизм народов Сибири.(세상의 끝에서, 시베리아 샤머니즘)』, Москва, 2006, p.275.

나 기타 문헌 자료를 연구할 경우 우리가 가지고 있는 외국어 사전은 거의 도움이 안 된다.

이외에도 부랴트의 백조, 넨츠이족의 까마귀와 자고새, 아이누족의 할미새, 알타이의 까마귀 그리고 시베리아 거의 전역에서 추앙받는 독수리 등은 인류의 시초, 문화영웅, 샤먼의 시조 등으로 여겨지고 있다. 그래서 무복을 위시하여 다양한 무구에 수호 정령이나 보호 정령으로 표현된다. 독수리의 털은 샤먼의 모자를 장식하는데 쓰이기도 하고, 독수리의 모습이 새겨진 쇠로 된 허리띠도 볼 수 있다. 알타이에서는 새털로 샤먼의 모자를 장식하는데, 이 모자를 '쿠슈 뾰룍'이라고 부른다. 일명 '새[鳥] 모자'라는 뜻이다.[53]

일반적으로 시베리아와 극동지역의 무복은 크게 두 가지로 나눌 수 있다. 짐승의 형태와 새의 형태가 바로 그것인데, 새 모양의 무복은 천상계라는 개념이 생긴 후 나온 것이라 짐승 형태의 것보다는 후대에 나온 것이라고 추측한다.[54] 새 모양의 무복들은 샤먼이 다른 세계로 '비행'을 하는데 도움을 준다.

■ 순록[55]

많은 시베리아인들에게 순록은 매우 중요하고 신성한 동물이다. 위에서 이미 에벤인들에게 순록은 세계 창조와 관련이 있다고 밝혔다. 에벤인들뿐

---

[53] 이건욱 등, 앞의 책(2006), 237쪽.

[54] Е.Д. Прокофьева(프로코피예바), 「Шаманские костюмы народов Сибири(시베리아 샤먼들의 무복들)」, 『Религиозные представления и обряды народов Сибири в 19 - начала 20 века』, Сборник музея антропологии и этнографии, Т. 27, 1971, p.8.

[55] 국내의 많은 책에서 순록을 사슴과에 속하는 동물이다보니 그냥 사슴으로 번역하는 경우가 많다. 그러나 일반적으로 사슴과 순록은 엄연히 모습이 다르며, 민속에서 차지하는 기능조차 다르다. 또한 대부분의 해외 자료에서도 Reindeer로 사슴은 Deer라고 표현한다. 생태학적으로는 계통이 같을지라도 문화적으로는 다른 동물인 것이다. 비교민족학은 책과 입으로 하는 것이 아닌 현지조사가 선행되어야 하는 이유가 필요한 대목이다.

케트족 샤먼의 관. 정수리 부분의 뿔은 순록의 뿔로 신화 속 '태양 순록'을 상징한다. 우주의 질서 등의 이야기를 담은 '천상의 사냥'이라는 신화에서 순록은 매우 중요한 역할을 한다. 표트르대제 인류학·민족지학 박물관 소장

만 아니라 에벤키인들도 순록 유목에 종사한다. 당연히 그들에게 순록은 매우 신성하고 중요한 동물이다.

의례를 할 때 왕관처럼 생긴 관을 쓰는 샤먼들이 있다. 이 샤먼 관에 뿔 모양은 순록 뿔을 의미한다. 부랴트 샤먼들은 옛날에 아예 뿔 달린 사슴의 머리를 통째로 벗겨 그것을 쓰고 의례를 했다는 말도 전한다.[56] 에벤키 여성 샤먼의 관에도 쇠로 만든 뿔들이 달려 있는데 그것도 순록을 의미한다. 샤먼의 수호 정령이기도 한 순록의 정령을 상징하는 뿔의 수는 샤먼의 힘을 상징한다. 샤먼 관에서 이 뿔이 우주의 축 역할을 하기도 한다. 순록은 시베리아 창세 신화에서 낮과 밤이 갈리게 된 원인 설명에 등장하는 등 우주와 세상 창조 등에 관련된 고대 신화 속에 주요 등장 페르소나이다. 이러한 관은 아무 샤먼이나 갖는 것이 아니라 경험 많고 강력한 샤먼만이 가질 수 있다.

네네츠 샤먼은 늑대로 인한 순록의 피해를 막기 위해 초원에 세워 두는 순록의 수호 정령 신체를 만들기도 한다. 이 정령을 즐겁게 하기 위해 담배 냄새를 정기적으로 맡게 하며 주둥이에는 순록의 피를 발라 먹이기도 한다.

56_ 이건욱, 앞의 책(2007), 229쪽.

■ 호랑이

우리 민속에는 호랑이와 관련된 많은 이야기들이 있다. 그런데 시베리아에는 극동지방 정도를 제외하고는 그리 폭넓게 이야기 되고 있지 않다. 투바 민담에서는 투바에 호랑이가 없는 이유에 대해 다음과 같은 이야기가 전승되고 있다.

아주 오랜 옛날에 노인과 노파가 살았다. … 유르트 주변 동굴에는 호랑이들이 살았었다. 호랑이들 중 한 마리가 근처 유르트에 노인들이 사는 것을 알게 되었다. 이 호랑이는 다른 호랑이들에게 "자, 저 노인들을 먹어치우자, 맛있을 것 같아." … 노인은 숲에 가서 백양나무를 베어왔고, 이 나무로 호랑이의 머리를 만들었다. 아주 흡사하게 호랑이 머리를 만들었다. 그리고 호랑이 등뼈 비슷한 것을 만들었다. 그리고 이것을 큰 솥에 넣고 끓이기 시작했다. 숨어서 보고 있던 호랑이는 이 모습을 보고 깜짝 놀랐다. 호랑이는 놀라서 이 노인들과 협상을 하기로 결정했다. 호랑이는 노인에게로 와서 "이것은 무엇입니까?", "어떻게 지내십니까?" 등을 물어보았다. "나는 아주 오래 살았기 때문에 가끔 짐승들을 잡아다 노파에게 먹인다. 보시다시피 이것은 호랑이 머리야." 그러자 호랑이는 이 노인과 지혜를 겨루어야겠다고 결정했다. 그리고 "자, 나에게 문제를 내 보시지요" 하고 말하자, 노인은 "자 그럼 두 개의 냄비를 줄테니 저기 우물에 가서 물을 퍼 와라." 그러나 냄비에는 구멍이 나 있었다. 이 바보 같은 호랑이가 물을 길어 올리려고 했으나 자꾸 물이 샐 뿐이었다. … 호랑이는 노인에게 "뭐냐 이거, 매일 물을 퍼오려 하지만, 냄비는 항상 비어 있습니다. 무엇을 하려고 이렇게 물을 퍼오라는 것입니까?" 그러자 노인은 "에이, 이 약한 것아, 난 너희 대장 호랑이를 끓여 먹으려고 물을 떠오라고 한 것인데, 물도 제대로 떠오지 못하냐?" 호랑이는 이 말을 듣고 부들부들 떨었다.

이제 호랑이가 노인에게 문제를 낼 차례가 되었다. 호랑이는 "나는 이틀 동안 당신을 위해 냄비로 물을 날랐지만, 제대로 하지를 못했습니다. 당신이 정말 강하다면, 당신은 냄비가 아닌 통을 들고 유르트까지 물을 날라보십시오." 그러자 노인은 밧줄로 통을 묶어 우물가로 가져가 물을 퍼왔다. 그리고 유르트에 있는 솥에 물을 붓고 끓이면서 "너희들 중 하나를 끓여 먹어야겠구나." 그 말을 들은 호랑이는 깜짝 놀라 도망을 갔고, 아예 투바 땅을 떠나 멀리 도망을 갔다. 그 이유로 해서 투바에는 호랑이가 없다는 것이다.[57]

극동지역의 민족들 중 오로치인들은 호랑이를 숭배한다. 특히 아무르강 연안에 사는 오로치인들에게 동물들의 조상으로 숭배된다. 또한 오로치인들은 호랑이를 '*아밈피*'라고 부르는데, 이는 '우리의 아버지'라는 뜻이며 '비티 아밈피'라고도 부르는데, 이는 '너와 우리의 아버지'라는 뜻이다. 호랑이는 절대 사냥하지 않는다.[58]

아무르강 지역에 사는 에벤키 샤먼은 번개의 정령을 형상화해서 신체로 사용하는데, 번개는 샤먼의 수호정령인 동시에 창조자로 여긴다. 번개의 정령이 사용하는 '도구'가 호랑이의 정령이다. 그래서 이 신체는 두 개의 나무 조각으로 만드는데, 번개와 호랑이 정령을 각각 만들어 같이 묶어 놓고 사용한다.

우데게이[59] 샤먼의 신체 중에는 나무로 만든 호랑이를 타고 있는 정령이 있다. 이 정령은 사냥의 정령이며 샤먼의 기도를 통해 사냥꾼에게 좋은

57_ 이건욱 등, 앞의 책(2005), 325쪽.

58_ C.B. Березницкий(베레즈니츠키), 『Мифология и верования Орочей(오로치의 신화와 신앙)』, СПб., 1999, p.96.

59_ 극동지역에 사는 몽골계 소수민족이다. 20세기 초까지 오로치인들과 같은 민족으로 취급했다. 2002년 현재 2,000명 정도가 남아있으며, 오로치어와 매우 유사한 자신들의 언어가 따로 있다.

생업관련 의례 때 사용하는 나나이족의 호랑이 가면
러시아연방민족지학박물관 소장

중풍으로 수족이 마비된 사람을 위해 사용하
는 니브히족의 설표 신체 표트르대제 인류학
민족지학박물관 소장

성과를 내게 해준다. 울치[60]족 샤먼은 호랑이를 타고 있는 곰 조각상을 질병 치료에 사용한다. 질병을 사람 몸에서 꺼내 이것을 호랑이 안에 넣고 곰은 이 질병이 못 나오게 하는 역할을 한다. 이 신체를 신성한 숲에 갖다 놓는다.

호랑이와 비슷한 설표雪豹의 신체가 병을 치료하는데 쓰이기도 한다. 나나이[61] 샤먼은 팔과 다리에 풍이 들면 이것을 신체로 옮겨 부족의 신성한 장소에 옮겨 놓으면 병이 낫는다. 또한 나나이 샤먼은 표범을 지상 세계에

60_ 극동지역에 사는 소수민족으로 어업을 주로 한다. 2002년 현재 3,000명 정도가 남아있다.

61_ 우리에게 혁철족(赫哲族)으로 알려져 있다. 러시아의 아무르강과 우수리강, 중국 송화강 유역에 살고 있다. 2002년 러시아 통계에 의하면 러시아에 13,000 명 정도가, 2000년 중국 통계에는 중국 땅에 4,600명 정도가 살고 있다. 나나이는 땅의 사람들이란 뜻이다.

있는 산의 주인으로 인식하기도 한다.

■ 뱀

시베리아에도 뱀이 있다. 추운 겨울이 긴 곳이라 뱀이 있을까 싶지만 의외로 곳곳에 뱀이 있다. 샤머니즘에서 뱀은 주로 무복과 북에 등장한다. 샤먼의 무복을 보면 다양한 색상의 끈들이 주렁주렁 매달려 있는 것을 볼 수 있는데 이것이 뱀의 정령을 형상화 한 것이다. 뱀은 다른 동물들과 마찬가지로 샤먼의 도우미 역할을 하는데, 미래를 보는데 도움을 준다. 뱀을 신성시 하는 이유는 다양하다. 부랴트 샤먼들은 조상 정령이 변한 것이 뱀이라고 말하기도 한다.[62] 뱀은 특성상 허물을 벗는데, 이를 옛 사람들은 재생의 이미지로 보았다[63]. 땅 속으로 깊이 들어가는 것을 보고 지하세계를 오가는 것이라고들 여겼다. 이러한 생태적인 모습이 뱀에 대해 각별한 의미를 준 이유라고 볼 수 있다. 지하세계와 관련된 뱀의 이미지는 나나이 샤먼의 질병 치료용 그림에서 볼 수 있다. 이 그림에서 세계는 3단계로 나누어져 있다. 천상계에는 용 두 마리와 나무들, 신격들이 있고, 지상계에는 조상들과 호랑이가 있다. 뱀은 지하세계를 뜻하는 곳에 두 마리가 그려져 있다.

나나이 샤먼에게 뱀은 일련의 물과 관련된 정령들 중 하나이다. 뱀은 매우 강력한 정령으로 산과 숲의 정령들보다 더 강하다. 나나이의 신화에 보면 샤먼의 나무 또는 우주목은 거대한 뱀과 관련이 있다. 에벤키 샤먼은 관절염을 예방하기 위해 뱀 형상으로 만든 부적을 만든다.

---

[62] 이건욱, 앞의 책(2007), 218쪽.
[63] 길가메시 서사시에도 길가메시가 먹을 불사약을 뱀이 홀랑 먹어버린다는 이야기가 나온다.

에벤키 샤먼의 망토. 주렁주렁 매달린 긴 띠들은 샤먼의 보조 정령인 뱀을 상징한다. 표트르 대제 인류학
민족지학 박물관 소장

■ 이 밖에도

다양한 동물들이 샤먼의 수호정령이나 보조정령의 역할을 한다. 하바롭스크 주변에 살고 있는 나나이 샤먼은 날개 달린 말 모양의 작은 신체를 가지고 있다. 사냥꾼들이 좋은 성과를 얻기 위해 샤먼에게 의례를 요청하면, 샤먼은 이 날개달린 새를 천상의 신격 '*보아 엔두리*'에게 보내 성공적인 사냥을 부탁드리게 한다.

유목 민족들이 많다 보니 말과 관련된 것도 많이 관찰 된다. 샤먼이 쓰는 지팡이의 머리 부분은 말머리 모양이 많다. 말머리 지팡이는 샤먼의 나무를 의미하는 어린 자작나무 가지를 잘라 만든다. 이때 잘못 베느라 나무가 죽어버리거나 하면 샤먼도 또한 병에 걸리거나 죽을 수 있다고 하여 매우 조심스럽게 베어낸다. 부랴트 샤먼은 능력에 따라 13단계로 나누는데, 3번째 단계를 위한 의례를 할 때 이 지팡이를 받을 수 있다. 남 시베리아에서는 말은 다른 지역의 순록과 같은 상징을 가지고 비슷한 역할을 한다. 다시 말해 지역에 따라 순록이냐 말이냐 선택 되는 것이다.

인류의 영원한 동반자인 개에 대한 각종 이야기도 전승되어 온다. 개가 사람과 함께 산 배경을 설명해주는 이야기는 시베리아인들이 좋아하는 내용 중 하나이다.

옛날에 개 한 마리가 자신과 같이 살만한 대상을 찾기 위해 돌아다녔다. 먼저 늑대를 만나 그에게 "같이 살래?"하고 말했다. 늑대는 수락했고, 그들은 같이 살기 시작했다. 어느 날 밤 개는 숲에서 사각거리는 소리를 듣고 짖기 시작했다. 이때 늑대가 "짖지마! 개야. 곰이 온다. 곰은 우리를 잡아 먹을거야."라고 말했다. 다음날 아침 개는 늑대를 남겨놓고 늑대보다 곰이 더 강하다고 생각하면서 곰을 찾으러 떠났다. 개가 곰을 만나 "같이 살까?"하고 말했고, 곰도 그러자고 했다. 어느 날 밤

개가 짖기 시작했다. 곰이 말했다. "짖지마. 개야. 사자가 온다. 사자가 우리를 잡아먹을 거야." 다음날 아침 개는 곰을 남겨놓고 곰보다 더 강한 사자를 찾아 떠났다. 사자를 만나 개는 "같이 살래?"하고 물었고, 사자도 좋다고 하였다. 그런데 어느 날 밤 개가 짖기 시작했다. 사자는 "짖지마. 개야. 등에 파란 쇠를 가진 사람이 온다. 그가 우리를 죽일거야."라고 했다. 다음날 아침 개는 파란 쇠를 가진 사람이 사자보다 강하다는 생각을 하며 사람을 찾아 나섰다. 개가 사람을 만나 "같이 살까?"하고 말하자 사람은 그러자고 했다. 어느 날 밤 개가 짖기 시작했다. 사람은 "어 그래. 그래"라고 말했다. 개는 사람보다 강한 동물은 없구나 생각을 했고 지금까지 사람과 함께 살고 있다.[64]

개가 워낙 사람과 가깝게 살다보니 개를 통해 주변 환경의 변화를 감지하는 징조어도 발달해 있다. 부랴트에서는, "만약 개 코끝이 붉은 색이면 가축들에게 안 좋다. 부랴트인들은 이런 개를 좋아하지 않는다. 만약 누군가 이런 개를 가지고 있으면, 가축들이 임신을 못하고, 건강하지 못하다.", "개가 문 앞에 누워 있으면 좋다. 개를 통해 나쁜 기운이 들어올 수 없기 때문이다. 배를 하늘로 향하고 누워 있는 것도 좋다. 개가 자면서 꿈속에서 부르한에게 주인의 행복을 빌고 있는 것이기 때문이다.", "개가 집이나 유르트에 뛰어 들어와 오줌을 싸면 좋은 징조이다. 아들을 낳거나 큰 이익을 볼 징조이기 때문이다. 개가 문 안에 들어와 오줌을 싸는 것도 좋다. 그러나 집 안에서 길 바깥으로 싸는 것은 좋지 않다. 무엇인가 손해를 볼 징조이다. 앉아 있거나 서 있는 사람 옆에서 싸는 것도 좋다. 그 사람에게 아들이 생긴다는 의미다…", "보한스크 부랴트인들은 입 천정까지 검정개는 나

64_ М.Н. Хангалов(항갈로프), op.cit., p.18.

치병의례에 사용하는 개구리

뿐 기운과 정령을 집에 못 들어오게 한다고 한다. 나쁜 기운과 정령은 검정
개를 무서워한다."라는 말들이 전승되고 있다. 개에 대해 많은 구비전승이
있지만, 코략족은 20~30마리의 개를 잡아 뒷다리를 긴 장대에 매달아 의례
를 행하기도 한다.[65]

쌍둥이가 태어날 경우 첫째는 사람의 아이, 둘째는 곰의 아이 또는 늑대
의 아이라고 한다. 늑대 이야기가 나온 김에 하나 더. 코략인들은 늑대는
태초의 인간인 꾸이낀냐꾸의 이복형제이며 순록의 지배자이고 툰드라의 절
대자라고 여긴다. 또한 죽은 자를 살리는 강력한 샤먼의 모습을 늑대를 통
해 보곤 했다. 신화 등 구비전승 텍스트에서 늑대는 늑대라고 불리기보다
'큰 뼈를 가진 이', '바깥양반', '귀와 귀 사이가 넓직한 이' 등으로 불린다.

늑대를 함부로 죽이지 않는다. 죽이면 늑대가 부족들에게 복수를 한다

65_ 조지 캐넌 저, 정재겸 역주, 『시베리아 탐험기』(우리역사연구재단, 2011), 250쪽.

고 생각한다. 만약 늑대를 죽이면 늑대의 영혼을 달래는 의례를 행한다.

개구리가 신체나 그림에 등장하기도 하는데, 치병의례에서 개구리는 활력과 다산의 상징이며 불임과 부인병, 내장 질환을 치료하는데 도움을 준다. 맘모스도 신체로 샤먼의 강을 상징하게 한다. 바다 거북도 등장한다. 나나이 샤먼은 거북이 형상을 만들어 신체로 활용하는데, 이 신체는 물과 지하세계를 여행할 때 샤먼을 무사히 인도하는 역할을 한다.

동물을 사냥할 때도 샤먼의 손길이 필요하다. 느가나산[66]_인들은 샤먼에게 부탁하여 나무로 수호 정령을 만들어 이것을 특별히 제작한 '신성한 썰매' 놓는다. 사냥 전에 남자들은 썰매를 막대기로 살짝 친 다음 정령에게 말을 걸어 풍성한 포획을 기원한다. 사냥이 성공적이면 죽은 동물의 피를 이 정령에게 바르며 고마워 하지만 별다른 성과가 없으면 이 정령에게 의례를 하는 것을 중단하고 심지어 버리기도 한다.

동물들에 대한 관념은 계절의 변화와도 연관 지어진다. 대표적인 것이 달력이라고 할 수 있다. 울치의 달력에는 2월은 독수리의 달, 3월은 까마귀의 달, 7월은 송어의 달이라고 표현한다. 이텔멘의 경우 우리의 12월 체재가 아니다. 달을 표현하면서 붉은 물고기 달, 하얀 물고기 달 등으로 표현하기도 한다. 이 외에도 동물과 시간의 표기에 대한 구비전승물은 시베리아 전역에서 관찰된다.

투바에서는 독특하게도 가축의 분류를 숨결을 가지고 한다. 이 숨결에 따라 샤먼은 의례의 방식을 달리하기도 한다. 차가운 숨결을 가진 대표적인 동물은 염소와 소이며, 뜨거운 숨결을 가진 동물은 양과 말이라고 한다.[67]_

66_ 일부에서는 '응가산(러시아어 нг은 '응'으로도 발음이 됨)'이라고도 한다. 그러나 '나나사' 또는 '나나산'이란 어원('인간'이라는 뜻을 가짐)에서 나온 말이므로 느가산이 맞다고 조심스럽게 추정해본다. 2002년 900명 정도가 러시아 연방 크라스노야르스크주 타이므르 지역에 살고 있다. 유라시아에서 가장 위도가 높은 곳에 살고 있는 민족이다.

5. 소개를 마치며

여기 소개한 동물 이야기보다 시베리아에는 더욱 많고 무궁무진한 이야기들이 있다. 생업·의례·신앙 등 삶의 거의 모든 부분에서 동물들은 등장한다. 그러나 그동안 국내 연구자들에 의해 소개된 부분도 있고, 주어진 지면 한계도 있어서 이 정도로 간략히 소개하는 정도에서 마무리 지으려 한다. 추후 무속사상연구회의 자료집을 통해 지속적으로 시베리아 동물 및 식물 등과 관련된 각종 자료들을 소개할 것을 약속하며 여기서 줄이도록 한다.

67_ М. Кенин-Лопсан(케닌-롭산), 『Магия Тувинских шаманов.(투바 샤먼의 의례)』, Кызыл, 1993, p.43.

한국사례

무속의례에서 놀이의 생성
-굿의 구성원리로 본 신놀이-

김덕묵

한국외국어대학교 강사

1. 머리말

　무속을 바라보는 시각은 오늘날 다양하게 나타나고 있다. 분과학문에 따라 접근방법에 차이가 있고 그렇게 도출된 이론도 그만큼 달라진다. 분과학문의 입장에만 집착하면 자칫 일부분에 치중됨으로 넓게 보지 못하는 우려가 있고 반면 일정한 입장에서 집약적으로 그 부분을 조망함으로써 일정부분에 있어 심화된 연구결과를 낳기도 한다.

　그동안 굿의 놀이에 대한 연구도 이러한 경향을 띠었다고 볼 수 있다. 국문학계 중심으로 이루어진 이 방면의 연구도 이러한 양면성을 가지고 있다. 문학적 입장에서의 굿연구는 굿에 내포된 다양한 연극적 요소들을 채록하고 분석하는 데 기여를 하였다. 반면 이러한 접근은 종교현상의 본질적 측면에서 고려할 때는 취약한 부분도 있다. 굿의 본질과 그 속에서 생성되는 놀이의 원리, 굿에서 놀아지는 신과 그 신에게서 보여지는 놀이의 의미, 신의 배역을 맡은 무당은 어떻게 놀이를 만들어가는지 등 구성적 부분들을 가볍게 다룰 수 있다. 또한 굿의 놀이연구가 문학적 관점에서 이루어질 때는 굿을 정태적 입장에 놓을 수 있다. 행위자가 아니라 속(俗)을 통해서 보려는 경향이 있기 때문이다. 반면 역동적 측면에서 굿에서 놀이가 만들어지는 과정이나 연행현장에서 행위자인 무당, 놀이의 대상인 신에 대한 것은 별반 관심을 받지 못했다. 예를 들면 굿의 절차를 분석할 때 그것을 전형적인 것처럼 설명할 수 있는데 그렇게 되면 무당에 따라 혹은 상황에 따라 변할 수 있는 가변성을 간과할 수 있다. 더 나아가 그러한 가변성의 원인을 찾는 것에 소홀히 할 수 있다. 현상학적 측면에서의 접근이란 가변성의 원인이나 상황에 따라서도 변하지 않는 심층에 있는 규칙을 찾는다.

무속연구는 무(巫)와 속(俗)에 대한 연구가 상보적 관계 속에서 이루어져야 하나 아무래도 문학 연구자들에게는 속(俗)에 관심이 주어질 수밖에 없었다. 반면 사회과학을 연구하는 사람들은 무(巫)에 관심을 가지는데 종교인의 맥락에서 종교의 본질과 사람이라는 보다 포괄적인 시각에서의 무(巫)에 대한 관심이라기보다는 무(巫)의 인간관계에만 주목하는 경향이 있었다. 즉, 종교사회학적 측면에서의 주목이었던 것이다. 그러다 보니 문학적 입장에서든, 사회과학의 입장에서든 무속의 본질에 대한 연구는 간과되고 있었다. 필요성을 인식했다 해도 엄두를 내지 못한 측면도 있다. 사실 단시간에 이루어질 수 있는 것도 아니고 많은 시간과 노력이 있어야 하기 때문이다. 또한 실제 무당이 아닌 학자가 어떻게 그것을 알 수 있을까 하는 어려움은 연구자들 사이에 암묵적으로 그 부분을 난제로 돌리고 범접할 수 없는 영역으로 인식하는 경향도 있었다.

이러한 한계를 뚫고 무속연구를 전진시켜보자는 필자의 의욕은 그동안 현장조사에서 얻은 경험을 토대로 현상학적 접근으로 이어지게 하였다. 즉,

굿이란 무엇인가. 굿에서 놀이란 무엇인가. 그렇게 본질적인 고민을 하면서 필자는 "굿은 신놀이다"라는 실마리를 찾게 되었다. 비록 간단한 것 같지만 이러한 깨달음에 도달하는 데는 적지 않은 시간이 흘렀다. 굿은 청신-오신-송신이라든지, 굿의 절차를 설명해 놓고 그것을 몇 가지의 단위로 나누는 것으로 굿의 구조라고 소개하는 것에서 벗어나 보다 본질적인 요소 즉, 상황이나 변수에도 변하지 않는 보편적인 요소나 심층적 구조를 찾고자 하였다. 이렇게 하여 굿을 구성하는 원리로서 찾은 것이 '신놀이'이다. 따라서 필자가 제기하는 신놀이는 놀이의 차원뿐만 아니라 굿의 본질을 규명하고자 하는 측면에서 이루어졌다.

만약 놀이의 의미를 좁은 범위에서 혹은 일반적인 놀이연구의 경향에서 신놀이의 개념을 보려 한다면 필자가 말하고자 하는 것을 이해할 수 없다. 즉, 일상적인 놀이개념이나 혹은 기존 문학적 연구경향에서 이 글을 보려고 한다면 필자의 의도를 놓칠 수 있다. 그런 것에 맞추지 말고 우선 편안하게 이 글을 읽고 여기에서 신놀이가 말하는 것이 무엇인지, 그리고 그것이 기존의 문학적 접근에서 이루어진 굿의 놀이연구와 어떤 차이가 있으며 어떤 것을 찾을 수 있는지 그렇게 보면 될 것 같다.

본문에서는 굿에서 놀이에 대한 기존의 연구경향 및 신놀이의 개념을 검토하고 굿의 본질로서 신놀이를 분석한다. 아울러 신놀이에 담긴 논리를 사상적으로 찾아보려고 한다. 무속연구를 사상 혹은 철학과 연계하면서 보다 발전된 무속학을 창출하고자 하는 것이 필자의 희망이다. 무속의 본질을 찾아내고 그것을 사상적으로 검토한다는 것이 아직은 다소 가설적인 수준에 머물 수 있다. 하지만 이러한 시도가 후일 무속사상에 대한 연구가 만발할 수 있는 작은 씨앗이 될 것으로 본다.

2. 굿에서 놀이에 대한 기존의 연구경향

굿에서 놀이에 대한 연구경향은 그동안 '굿놀이'라는 용어로 대표되었으며 이것은 현용준과 김영돈의 『제주도 무당굿놀이』(문화재관리국, 1965)에서 사용된 이래 여러 학자들이 사용하고 있다.[1] 황루시는 "무당굿놀이는 무당巫堂이나 또는 무부巫夫가 굿을 하는 중에 행하는 연극演劇"을 가리키며 본시 굿이 신을 대신한 무당이 삶의 갈등을 나타내는 일정한 내용을 여러 사람들 앞에서 연행하는 점에서 연극의 기본조건을 갖추고 있으나 "무당굿놀이라 함은 굿에서도 특히 짜임새가 있는 극적 구성을 갖추고 내용도 단순히 주술적 모방을 넘어서 어느 정도 인간사회의 문제를 다루고 있는 것을 지칭한다…(중략)… 무당굿 가운데 주로 여흥으로 행해지는 놀이로서, 연행하는 무당이나 구경꾼들이 모두 재미로서 생각하는 것, 즉 연극이라는 의식이 들어있는 것을 우선적으로 지칭한다."[2]고 하였다.

이러한 측면에서의 연구는 굿에 내포된 다양한 연극적 요소를 채록하고 분석하는 데 기여를 하였으며 굿이 가지고 있는 문학·예술적 가치를 한층 밝혀낼 수 있었다. 또한 굿과 민속극과의 관련성을 규명하는 데 일조하였다. 반면 이러한 접근을 종교현상의 본질적 측면에서 고려할 때는 새로운 의문이 대두된다.

우선 굿으로부터 굿놀이가 어떻게 구분될 수 있는가 하는 점이다. "극적 구성이나 인간사회의 문제를 다루고 있다"는 측면은 굿에서 일반적으로 볼 수 있는 형식이기 때문에 그것으로 일반굿과 굿놀이를 구분하는 것은 한계가 있다. 물론 황루시도 "무당굿은 그 자체로서 이미 연극적이다. 무당이

황루시, 「무당굿놀이연구」(이화여대 박사학위논문, 1987).

위의 논문, 1~2쪽.

신神으로 분扮하여 삶의 갈등을 나타내는 일정한 내용을 여러 사람들이 보는 앞에서 연행한다는 사실이 연극의 기본적인 조건을 갖추고 있기 때문이다"라고 하여 굿 자체의 본래적 연극성을 무시하지는 않았으나 그가 굿놀이라고 제시한 근거들이 일반굿과 비교했을 때 명확하지 않다는 점이다.

가령 황루시가 무당굿놀이라고 제시한 황해도 도산말명 방아놀이[3]는 지신집 큰애기, 살량집 며느리, 봉산네 오라버니가 차례대로 나와서 방아를 찧고 재담을 하고 방아타령을 하며 노는 거리인데 무당과 상장고가 재담을 주고받으며 노는 것이 마치 연극과 흡사하다 해도 일반 굿거리에서 신들이 노는 것 역시 근본적인 구성은 이와 다르지 않다. 대감이 와서 놀 때도 도산말명에 비해 간략하기는 하지만 무당과 상장고가 재담을 주고받으며 대감타령을 하며 갖가지 놀이를 한다. 동자나 장군이 와도 그의 신격에 맞게 논다. 또한 도산말명이 인간사회를 다룬다고 한다면 대감이나 다른 신격이 놀 때도 인간사회를 다루지 않는다고 볼 수 없다. 특히 조상이 놀 때는 그 자체가 인간사회의 문제를 다루는 것이다. 이와 관련하여 박진태가 "예술의 제의기원설을 받아들일 때, 흔히 인간과 자연과의 갈등을 주술적으로 해결하려는 굿에서 인간과 인간 사이의 갈등을 예술적으로 표현하려는 연극으로 발전했다고 말한다. 그러나 굿과 연극의 실상을 인간과 인간 사이의 갈등을 주술적으로 해결하려는 굿도 있고, 인간과 자연과의 갈등을 예술적으로 표현하려는 연극도 있다"[4]는 주장은 시사하는 바가 있다.

또한, "무당이나 구경꾼들이 모두 재미로 생각하는 것, 즉 연극이라는 의식이 들어있는 것을 우선적으로 지칭한다"고 하였으나 굿거리 중 놀이성이 강하다 해도 그 속에서도 주술성이 번뜩인다. 놀아야만 되는 기능적인

3_ 위의 논문, 15쪽.
4_ 박진태, 『탈놀이의 起源과 構造』(새문사, 1990), 1쪽.

이유가 있기 때문이다. 또한 완전히 여흥거리이거나 놀이라고만 치부되는 것이 굿거리에 얼마나 있을까. '굿놀이'를 굿에서 선별함에 있어서 기준이 애매할 수밖에 없다.

굿이 내포하는 놀이성은 굿에 따라, 거리에 따라 층위가 다양하다. 접근 방법에 있어서도 굿 전체를 한 편의 드라마로 볼 수도 있고, 어떤 거리를 가지고 분석할 수도 있다.[5] 의례에 따라 주술성이나 놀이성의 정도가 차이가 나기도 한다. 서연호는 서울지역에서 하는 영장치기와 제주에서 하는 영감놀이, 동해안에서 하는 도리강관원놀이를 검토하여 '영장치기'는 환자의 쾌유를 기원하는 상징적인 의미가 내포된 것으로 보았으며, '영감놀이'는 영장치기에 비해 더욱 놀이적인 의식이 가미된 치병治病굿이며 '도리강관원놀이'는 영감놀이보다 더욱 놀이정신이 충만하다고 하였다.[6] 연구자에 의한 분류방식에 따라 이러한 구분은 차이가 날 수 있으나 위의 도리강관원놀이 같은 것이 그간 학자들이 관심을 가졌던 소위 '굿놀이'라고 하는 것에 근접한다. 대부분의 신의 놀음이 무당의 행위에 의해 실천되고 장고치는 사람은 판소리에서 고수가 창唱과 아니리에 추임새를 넣고 대화에 응답하듯 무당에 화답한다. 이런 굿거리는 대개 3인 이상의 다수에 의해 진행됨으로서 민속극적 특성이 두드러진다는 것이며 이것을 다른 민속예술이나 문학장르와 비교하거나 연관관계를 검토하기도 하고,[7] 구조, 연행방식, 유형, 갈래 등을 살펴보는 것이 그간의 굿놀이 연구였다.[8]

---

5 어떤 거리의 극화된 양식들은 민속극과 유사한 측면이 많다. 서대석이 분석한 동해안굿의 '거리굿의 연극적 고찰' 같은 글은 동해안 별신굿 중 극화된 거리굿을 중심으로 살펴보았다[서대석, 『韓國巫歌의 硏究』(문학사상사, 1988)]. 이균옥의 연구도 동해안 별신굿 중 거리굿, 원님놀이, 탈굿, 호탈굿, 말놀이, 중도둑잡이, 맹인놀이, 여처낭굿 등을 무극으로 보고 그것을 중심으로 연구하였다[이균옥, 『동해안 지역 무극 연구』(박이정, 1998)].
6 서연호, 「한국무극의 원리와 유형」, 『한국무속의 종합적 고찰』(고대 민족문화연구소, 1982), 249쪽.
7 황해도굿의 굿놀이를 해서지역의 민속예술과 연관관계 속에서 보고자 한 시도는 황루시(앞의 논문)나 김헌선의 연구가 있다.

물론 굿의 놀이에 대한 개념에 있어서 국문학계에서도 굿놀이만 있었던 것은 아니다. 학자에 따라 '무극', '희곡무가', 극무가 등 다양한 용어가 대두되었다. 무극巫劇이라는 용어는 서연호와 이균옥의 글에서 보여진다.

전승되는 굿 중에서 연극으로서의 構造를 갖추고 있거나 연극적인 요소가 들어 있는 굿을 일반적으로 굿놀이라 부르는데, 이를 연극학적 측면에서 巫의 演劇(Shamanistic Theatre), 즉 巫劇이라 이름할 수 있다. 그리고 무극으로 공연되는 굿의 제반 구조적 요소들을 채록해 놓은 演戲本이나 臺本을 口碑文學的 측면에서 戲曲巫歌 혹은 劇巫歌라 이를 수 있다.[9]

극적 성격을 지닌 굿거리는 類개념의 갈래로는 '희곡문학'에 속하며, 種개념의 갈래 명칭은 '무극'이라고 하는 것이 타당하다. 무극을 희곡무가 또는 극무가라고 칭하는 것은 무극이 노래 위주로 불려지는 것이 아니기에 타당성이 없다고 생각된다. 무극에 부분적으로 노래가 삽입되기는 해도 이것은 탈춤에 가요가 삽입되어 연행되는 경우와 유사하다. 가요가 삽입되어 있다고 해서 탈춤이 극이 아니라고 할 수 없듯이 무극도 마찬가지이다. 희곡무가라는 명칭이 타당하려면 먼저 무극의 대사가 주로 가요로 연행되어야 할 것이다.

그리고 '무당굿놀이'라는 명칭도 문학 갈래 명칭으로는 적절하지 않다. 무극은 놀이성이 강한 것이기는 하지만, 주술적 성격이 강한 치

8_ 문학적 입장에서의 굿연구가 문학의 한 부분을 굿에서 찾는다고 할 때 연구자의 시야는 무가, 연극성에 안착된다. 따라서 무가나 굿에서 정형화된 대사가 많은 민속극처럼 연극성이 풍부한 굿거리에 주목하게 된다.

9_ 서연호, 앞의 논문, 233쪽.

병굿인 '여처낭굿'의 경우는 놀이라고 할 수 없기 때문이다. 영어의 'play'는 놀이와 연극이라는 이중의 의미를 지니고 있으나, 우리의 경우에 놀이는 '유희'라는 의미를 강하게 지니고 있다. 그리고 유희의 사전적 의미는 '즐겁게 놂', '장난으로 놂'이다. 따라서 문학 갈래의 명칭인 '극'을 강조하기 위해서 '굿놀이'보다는 무극이 더 적절하다고 생각된다.

모든 굿을 연극으로 보는 견해도 문제가 있다. 예를 들면 서사무가의 연행방식에 극적인 요소가 있다고 해서 서사무가의 갈래를 희곡이라고 할 수는 없다 …(중략)… 어떤 연행문학이 서사인지 희곡인지를 구분하는 기준은 그 작품 속에 어떤 요소가 우세한가가 기준이 되어야, 부분을 전체로 파악하는 오류를 피해야 갈래의 성격은 합리적으로 파악될 수 있을 것이다.[10]

서연호와 이균옥은 문학의 갈래인 '극'을 강조하기 위해서 '무극'이라는 용어가 적절하다고 보았다.[11] 허용호는 굿놀이 용어를 둘러싼 기존의 논의를 검토하였다.[12] 그는 이전 연구의 한계는 극, 독립성, 재미 등에 대한 이견에서 기인한 굿놀이 범역의 차이가 자리하고 있다고 보고 극 혹은 극적인 것, 독립성, 재미와 같은 것으로 굿놀이를 구분하는 것은 의미가 없으며 그 속성은 어느 정도 극적이며, 어느 정도 재미를 추구하며 어느 정도 독립적일 뿐이라고 하였다. 그는 문제는 굿놀이적 혹은 굿놀이성에 대한 주목이라

10_ 이균옥, 앞의 논문, 69쪽.
11_ 그밖에 다양한 논의들이 있었으며 서연호(앞의 글), 이균옥(앞의 글) 등에 의해 연구사가 정리되었다. 따라서 더 자세한 내용은 기존의 선행자료를 참고하면 된다. 이 글에서는 중복을 피하기 위해 그와 관련된 논의는 생략한다.
12_ 허용호, 「'굿놀이'의 역사 기술을 위한 도론」, 『한국무속학』 제21집(한국무속학회, 2010), 8~33쪽.

고 하고 이러한 입장에는 민속극주의로부터의 탈출과 굿으로의 복귀를 지향하는 것임을 밝혔다. 또한 이러한 시각을 견지하기 위해 굿의 역사 속에서 굿놀이를 다루며 즉, 굿의 요소로서 놀이 혹은 굿놀이를 중심으로 한 굿의 역사기술이 된다고 하였다. 이에 따라 그는 몇 가지의 제안을 하는 데 굿 관련 문헌 자료에 대한 철저한 점검과 정리, 추론 중심의 굿 역사 기술에 대한 재검토, 놀이와 제의의 관계로 살펴본 복선과 축적의 순환사 기술, 문화기호학적 문화사 혹은 요소 간의 변화와 지속사, 굿화를 기준으로 하여 살펴본 문화사 모델 등이라고 하였다.

한편 허용호는 굿놀이의 개념에 대해서 나름의 엄밀성을 내세우면서 그 경계와 영역을 분명하게 하기 보다는, 넓고 유연한 개념 정의와 영역 설정이 필요하다고 하며 그 방식은 극 혹은 극적인 것에 대한 개념을 넓게 하는 것이라고 보았다. 극을 포괄적이고 열린 개념으로 보고 "다른 무엇으로 가장하여 대화나 몸짓 혹은 춤과 노래를 중심으로 해서 어떤 행위를 보여주는 것"[13]으로 정리할 수 있으며, 또한 이때 그 존재 양상이 종속적인가 아니면 독립적인가 하는 것과 재미 여부는 문제 삼지 않는다고 보았다. 따라서 좁은 의미의 연극성, 독립성, 재미 등을 따져 물어 거기에 맞추는 식의 발상은 넘어서야 하며 이러한 너른 개념 정의를 '굿놀이'로 부를 것인지, 무극, 무희 등으로 부를 것인지에 대해 유동적이지만 일단 '굿놀이'를 선호한다고 하였다. 그는 여기에서 '놀이'가 문제시 될 수 있는데 놀이를 사전적 의미로 이해하기 보다는 연희성과 연극성은 물론 주술성 혹은 제의성까지 포함하는 것이 놀이의 용어라고 보았다. 따라서 이렇게 놀이와 관련된 유연하고 너른 용례들이 많이 발견된다면, 굳이 '굿놀이'라는 용어를 피할 필요가 없으며 나아가 '굿놀이'를 규정하는 핵심적인 것이 재미나 유희성만이 아니라

13_ 이것이 허용호가 정의하는 '굿놀이'다.

잡귀 구축이나 병굿에서 이루어지는 극적이며, 주술적인 것도 포함될 수 있기에 더욱 그러하다고 하였다.

허용호의 이러한 주장은 몇 가지 측면에서 필자가 2009년 4월 한국무속학회에서 발표한 내용과 일치한다.[14] 즉, 앞에서 황루시의 글을 비평하며 필자가 제기한 견해에서 보여지는 바와 같이 극적인 것, 독립성, 재미와 같은 것으로 굿놀이를 구분하는 것의 한계에 대한 지적이 허용호에게 있어서도 보여진다. 허용호가 민속극주의로부터 탈출과 굿으로의 복귀를 주장하는 것은 굿의 본질에서 굿의 놀이를 보자고 주장하는 필자의 견해와 상통한다. 또한 허용호가 놀이와 제의의 관계를 복선과 축적의 순환적 기술로 보자는 측면도 필자가 전술한 학술발표에서 민속극의 생성과 신놀이 및 신놀이의 생성과 민속극의 관계를 한쪽에서의 일방통행식 관계가 아니라 상호 영향관계에서 보고자 한 점과 동일한 맥락이다. 물론 이러한 견해는 서구에서 1970년대 이후 연극과 제의의 관계에서 기원설보다는 연극과 제의의 특징들을 분석하고 궁극에서는 제의의 공동체적인 경험을 연극에서 성취하고자 하였던 바와 같이[15] 근래에 들어서는 낯설지 않은 논의이다. 아울러 필자가 놀이의 개념을 의례를 풀어가는 행위일반에까지 적용시키려고 한 점이나 그 범위를 넓게 보려고 한 점도 허용호가 놀이를 너른 개념으로 정의하고자 한 것과 같다.

허용호의 글에서는 전술한 필자의 글에 대한 언급이 없지만 그가 사용한 용어나 논지를 보면 필자의 글에 대한 반사적인 반응이 있음을 알 수 있다. 필자는 기존의 문학적 접근과 달리 굿의 본질적 측면에서 '신놀이'라는

14_ 김덕묵, 「무속의례에서 놀이의 생성 - 굿의 구성원리로 본 신놀이」, 『제24차 한국무속학회 학술발표회 논문집』(2009. 4.18). 이 논문이 발표된 후 그해 12월 한국무속학회에서 굿과 놀이를 주제로 한 학술대회가 개최되었다. 지면에서 언급한 허용호의 논문도 이때 발표되었다.
15_ 이미원, 『연극과 인류학』(연극과 인간, 2005), 16쪽.

개념을 사용했지만 허용호의 글에서는 그의 논의가 결국 필자가 제기한 문제들을 '굿놀이' 용어 안에 포섭하고 굿놀이 용어의 적합성을 드러내기 위한 것이었다는 생각이 든다. 즉, '굿놀이' 용어 안에서도 그런 것을 다 할 수 있다는 것을 보여주기 위한 시도로 보인다. 이와 관련된 논지의 핵심은 '굿놀이'라는 용어에 포함된 놀이개념에 주술성과 제의성까지 포함될 수 있고 너른 개념 정의에서 볼 때 '굿놀이'라는 용어가 적절하다는 것이다. 그런데 굿놀이의 범위를 넓히고 놀이의 개념에 주술성과 제의성을 넣는다고 하여 문제가 해결되는 것일까. 구체적으로 그의 논의에 대해 비평을 해보자.

첫째, 필자가 제기한 용어상의 문제를 굿놀이 용어 안에서 해결해 보려고 한다면 그는 자신이 제시하는 굿놀이 용어의 범위를 분명히 밝혀야 한다. 즉, 굿과 굿놀이를 동일하게 보는지(굿=굿놀이), 아니면 동일하게 보지 않는지(굿≠굿놀이) 그 입장을 알고 싶다. 만약 그가 전자라고 한다면 굿놀이를 지나치게 강조할 필요가 없다. 필자와 같이 굿의 성격으로서 놀이를 말하면 될 뿐이다. 그가 후자라고 한다면 어디까지를 굿놀이라고 할 것인지에 대해 여전히 선택의 문제에서 벗어날 수 없다. 이와 같이 허용호의 논의가 가지는 딜레마는 굿놀이 용어 안에서 두 마리 토끼를 다 담아내려는 시도가 낳는 무리함에서 비롯된다고 볼 수 있다.

또한 '놀이'의 개념이 주술성을 포함하는 포괄적인 것이니 놀이와 관련된 유연하고 너른 용례들이 많이 발견된다면 굳이 '굿놀이'라는 용어를 피할 필요가 없다고 하는데, 그렇다면 놀이와 굿은 어떤 차이가 있는가. 이때 놀이는 굿의 한 요소인가, 아니면 굿 자체인가. 또한 굿과 굿놀이는 어떻게 구분되는가에 대한 분명한 입장이 요구된다. 필자가 제기하는 신놀이는 '굿=신놀이'가 성립될 수 있다. 반면 '굿=굿놀이'가 성립되지 않는다면 어차피 선택의 문제를 피할 수 없다. 허용호가 애써 이런 선택의 문제 그리고 그 기준으로서 극성, 재미와 같은 측면을 판단근거로서 피하고자 한다면 도무지 어느 쪽인지 종잡을 수 없다. 만약 '굿=굿놀이'로 본다면 필자의 신놀이 적 인식에 용어만 달리한 것과 차이가 없다. 그렇다면 필자와 같이 굿을 놀이로 보고 분석하자는 뜻인데 이러한 입장에서는 굿 자체를 놀이적 인식에서 분석하는 연구가 요구된다.

둘째, 허용호는 극 혹은 극적인 것, 재미와 같은 것에서 자유로워지자고 하지만 과연 그런 것에서 자유로운 굿의 놀이연구가 가능할까. 애써 굿놀이의 개념 범위를 넓혀보려 했지만 문학적 접근에서 그런 것을 염두하지 않을 때 야기되는 문제도 생각해야 한다.[16] 차라리 이균옥처럼 극, 놀이와 같은 측면을 솔직히 밝히고 그러한 맥락에서 '무극'이라고 하는 것이 명료하지 않을까. 필자는 문학적 입장에서 굿의 놀이를 연구할 때 '무극'이라는 용어가 더 적절하다고 본다. 굿에서 행해지는 극적인 요소를 '무극'이라고 하고 그것이 일반 연극이나 민속극과 어떤 차이가 있는지 '특성'을 밝히면 될 뿐인데 지나치게 용어에 매달리거나 특정용어를 지키기 위한 열의는 소모적이라고 본다. 어차피 문학적 접근은 '극'적인 것을 문제삼아야 하며 그렇게 연구를 풀어나가야 한다. 문제는 지나치게 정태적이거나 경직된 태도에서 벗어날 필요가 있다는 것이지 애초의 명제를 버리자는 것은 아니다. 어떠한 접근도 문제가 없는 것은 없다. 문학적 접근도 전거한 문제들이 있음에도 불구하고 그 나름대로 분과학문의 영역에서 기여하는 바가 있다.

분과학문의 문제점을 인식하면서 보다 신축성 있게 성찰적 접근을 해나가자는 것이지, 그렇다고 분과학문의 접근방식을 포기하자거나 그 분과학문

16_ 민속극에 얽매이지 않고 굿 자체로서 보고자 하는 것은 필자가 주장해 왔던 것과 유사점이 있지만 문학적 접근에 있어서 그것이 얼마나 실효성이 있을지는 의문이 든다. 여전히 굿놀이라고 할 때 구분의 문제는 대두될 수밖에 없고 '굿놀이'의 범위를 넓혔다고 하여 문제가 해결되었다고 볼 수 없기 때문이다. 선언적으로 그렇게 하자고 하여 되는 것이 아니라 후속연구들이 실현가능한지 따져보아야 한다. 어쩌면 허용호와 같은 입장에서는 필자가 제기하는 문제를 '굿놀이' 용어에서 해결할 수 있는데 굳이 '신놀이' 용어가 필요한가라고 반문할 수 있다. 그렇다면 그동안 그렇게 연구를 해왔는지. 물론 양자가 중첩되는 부분도 적지 않고 기존 연구방식을 수용하는 부분도 있다.

의 입장에서 모든 것을 해결해 보자는 태도도 문제가 있다. 특정 분과학문이 할 수 있는 것이 있고 없는 것이 있다. 분과학문으로 할 수 있는 최선의 노력을 하고 한계점이 있다면 솔직히 시인하는 것이 바람직하다. 한계점은 타 분야와의 보완적 관계에서 통찰할 수 있는 지혜도 필요하기 때문이다.

셋째, 비단 허용호의 논의에서만 국한된 것은 아니지만 '굿놀이' 용어에 대해서 필자가 가지는 불만 중 하나는 그 의미가 애매하다는 점이다. 굿놀이라고 하면 무당이 굿에서 하는 놀이라는 인상보다는 어른들의 살림살이를 모방하여 노는 아이들의 소꿉장난놀이처럼 어떤 사람들이 하는 행위를 다른 사람들이 모방하여 하는 놀이를 말하는 것으로 보인다. 김금화의 책에 보면 민중들의 놀이문화에서조차 굿의 영향이 미쳤던 황해도 지역에서 무당이 굿하는 흉내를 주민 중에서 재간있고 입담 좋은 사람이 하면서 함께 즐거워하며 박수치는 내용이 나온다.[17_] 이때 무당이 굿하는 것을 놀이화하여 모방하고 재연하는 것이야 말로 굿놀이 즉, 굿하는 것을 모방하는 놀이이다. 이와 같이 '굿놀이'라는 용어는 굿에서 행해지는 놀이가 아니라 '굿하는 것을 모방하는 놀이'라는 의미로 쓰여지는 것이 언어습관상 타당한 것이 아닌가 생각된다. 또한 영감놀이, 손각시놀이, 대감놀이처럼 모방의 대상에 '놀이'라는 용어가 붙어서 의미를 분명히 드러내듯이 굿에서 모방의 대상이 신이라면 그냥 '신놀이'라고 하는 것도 의미를 분명히 할 수 있다. 또한 무당이 행하는 극이라는 측면에서 보고자 한다면 '무극'이라고 하는 것도 의미상으로 문제가 없다. 전거한 정황으로 볼 때 굿놀이라는 용어가 우리의 언어습관상 적절한지 의구심이 든다.

허용호가 '굿놀이적' 혹은 '굿놀이성'에 대한 주목이라는 표현을 사용하는데 굿놀이적 혹은 굿놀이성이 무엇을 말하며 그것이 적절한 표현인지 고

17_ 김금화, 『복은 나누고 한은 푸시게』(푸른숲, 1995), 180쪽.

민하게 만든다. 필자는 자주 '굿이 가지는 본질적인 놀이성'이라는 표현을 쓰는데 '굿놀이성'이라는 것이 그것을 의미하는지, 굿에 포함된 놀이의 성격을 말하는지, 굿 자체를 말하는지 명료하게 파악하기 힘들다. 이러한 점도 굿놀이 용어가 가지는 모호성에서 기인한다고 볼 수 있다.

앞에서 본 바와 같이 굿에서 놀이에 대한 연구경향은 문학적 접근이 중심이 되었으며 성과 또한 적지 않다. 다만 이러한 입장에서의 연구가 굿의 놀이에 대한 본질적인 문제를 모두 해결할 수 있는 것은 아니라는 점이다. 분과학문에서 제기되는 한계는 장점만큼이나 솔직하게 인정하고 남는 문제는 타 분야와 보완적 관계 속에 놓을 필요가 있다. 이제 그 남은 문제에 대해서 논의를 시작해 보려고 한다. '신놀이'란 무엇이고 여기에 함축된 놀이는 어떤 의미를 가지며 그것으로 굿을 읽을 때 우리는 어떤 효과를 얻는가.

3. 신놀이의 개념

신놀이의 관점에서 바라보는 굿과 놀이란 굿 자체를 놀이로 즉, 굿을 신이 노는 놀이로 보고 굿의 본질 및 그에 상응하는 놀이를 읽는 것이다. 물론 이와 같은 접근방법이 굿의 놀이를 연구하는 데 모든 것을 담보할 수 있다고 주장하고 싶지는 않다. 다만 이러한 접근이 문학적 접근과 맞물려서 상보적 관계에 놓일 때 굿의 놀이는 물론 굿의 본질을 독해하는 데 한층 도움을 얻을 수 있다.

'신놀이'라는 개념은 모든 굿을 신놀이로 보기 때문에 포괄적이다. 필자는 현상학적 시각에서 굿에서 놀이가 생성되는 원인이나 본질적 성격을 탐구한다. 따라서 굿을 움직이는 본질적 원인으로서 '신'을 중심에 두며 굿을 신+놀이 즉, 굿에서 놀이란 '신놀이'로 보며 이러한 입장에서 굿의 제諸 놀이를 분석한다. 물론 이러한 연구에서도 놀이의 구조, 갈래, 유형, 연행방식 등 기존의 분석방법은 활용될 수 있다. 신놀이는 신이 노는 것이다. 즉 '신놀음'을 본질로 한다. 물론 신을 가장한 인간이 놀고 참여자가 함께 즐긴다는 측면에서 인간의 놀이로도 확대되지만 근본은 신놀이이다.[18]

여기에서 사용하는 놀이에 대한 개념은 유희와 같은 것에 국한된 사전적 의미를 넘어선다. 한국문화 속에서 바라보는 개념이다. 한국문화에서 놀이란 의례성을 포함한다. 줄다리기가 의례성을 띠고 그네뛰기가 의례적인 의미를 동반한다. 화전놀이 역시 의례성을 배제할 수 없다. 화전놀이의 예를 들어보자. 멀리 갈 것도 없다. 타임머신을 타고 필자의 고향마을로 달려가 보자. 때는 1970년대 초, 우리고향마을[19]에서는 매년 화전놀이를 했다. 필자가 관찰한 용인의 어느 연안 이씨처럼 부유한 양반가에서의 화전놀이야 풍부한 식재료를 번철 위에 올려놓고 서민들은 생각지도 못하는 꿀을 발라서 먹는 등의 호사가 있었지만 우리네 고향의 화전놀이는 그저 쌀밥 한 끼 먹으면서 전 한 쪽을 먹는 것으로 족하였다. 매일 같이 꽁보리밥을 먹다가 그날만큼은 조금씩 쌀을 거두어 몇 가지 나물반찬을 준비하고 전을 부쳐서 비빔밥을 해 먹으면 그것으로 행복하던 시절이었다. 겨우내 땔감으로 이용하느라 검불 하나 없는 마을 옆 야산에 올라 참나무 그늘 아래에 주민들이 둘러앉아 하루를 쉬는 날이지만 그것도 가난한 살림에 쉬운 것은 아니었다. 행여나 살림살이 걱정을 하며 한 해는 화전놀이를 건너뛰기라도 하려면 "화전놀이를 하지 않으면 마을이 가난해 진다"며 주민들은 화전놀이에 의미

18_ 무당이 하는 신놀이는 신이 실려서 하는 것이니 몇 시간을 놀아도 힘든 줄을 모르며 술을 먹지 못하는 무당도 술을 좋아했던 조상이 실리면 말술을 먹어도 그떡 없다. 그야말로 신놀이인 것이다. 만신은 만 가지로 신이 온다. 만 가지의 신을 놀리는 것이 만신이다. 이런 것이 굿에서 놀이가 가지는 즉, 신놀이가 가지는 예측할 수 없는 성격이고 민속극과 다른 특성이기도 하다.

19_ 1974년 즉, 필자가 초등학교 2학년 때까지 살았던 문경시 산북면 약석리 '새마'라는 마을로서 그 무렵 7가구가 살았다.

를 부여한다. 화전놀이에 이러한 의미가 언제부터 생겼는지는 알 수 없지만 이렇게 놀이에도 의미를 부여하고 의례적 놀이를 만드는 것이 우리 한국인들이었다. 우리 문화에서 놀이는 무엇으로 정의해야 하는 것일까.

이때 놀이의 개념을 명시하라고 한다면 무엇이라고 할까. 놀이라고 할수도 있고 아니라고 할수도 있다. 마치 서양 연극의 개념에서 동양연극을 연극이라고 볼수 있는지 혹은 없는지처럼 애매한 위치에 놓인다. 매사 가르고 이분법적인 서양식 사고로는 어느 쪽에 두어야 할지 위치선정이 어렵다. 필자가 제창하는 신'놀이'에서 놀이개념은 일원적으로 사유하는 우리문화적 맥락에서 바라보는 놀이이다. 굿이 놀이이고 놀이가 굿이고 삶이 놀이고 놀이가 삶이다. 여기에서 누군가 놀이개념을 밝히라고 하고 신놀이를 놀이의 개념에서 설명할 수 있는지 따져 묻는다면 또한, 질문 속에 서양식으로 명쾌하게 놀이개념을 구분해 달라는 혹은, 구분할 수 있는지에 대한 문제제기를 한다면 필자는 당황할 것이다. 동양연극의 특질을 말하고 있는데 그것을 서양연극의 개념이나 담론 속에서 밝혀내라거나 그런 것에서 벗어나니 옳지 않다고 한다면 그런 주장이 설득력이 있을지 의문이 들기 때문이다.

필자가 사용하는 신놀이 개념은 놀이에 대한 일반적인 개념과는 차이가 있다. 무당들이 "한거리 논다"고 할 때 '논다'는 개념이 유희적인 놀이만을 말하는 것이 아니다. 그런데 '논다'는 용어가 사용된다. 놀이의 개념을 사전적으로만 해석할 수는 없기 때문이다. 필자가 신놀이라고 할 때도 신이 노는 것이 굿이고 그래서 굿은 신놀이고 이러한 기본적인 입장에서 인식의 출발점을 삼는다. 여기에서 놀이개념을 굳이 밝히라고 한다면 신놀이에서 놀이는 유희나 재미로서의 범위를 넘어서 삶의 영역에까지 걸쳐있는 다양한 행위들을 아우르는 개념이다. 굿에서 본다면 의례를 풀어가는 행위일반이다. 이러한 기본적인 토대에서 굿의 놀이를 설명하고자 하는 것이 필자의 인식방법이다. 이러한 접근을 통해서 굿의 구조와 원리를 한층 더 드러낼 수 있다면 그것으로서 이 연구의 목적은 실현되는 것이다.[20] 이제 굿에서 신놀이가 진행되는 과정, 신놀이의 내용과 표현행위를 살펴보도록 한다. 이 연구를 위해 분석대상으로는 황해도굿을 중심으로 하였으나 여타 지역의 성격도 이와 크게 다르지는 않을 것이다.

4. 굿과 신놀이

굿거리를 구성하는 구조는 하나의 신화소를 가지고 있는 신격으로부터 출발한다. 비슷한 계통의 신격들이 모여 '군群'을 이루어 굿거리가 형성된다.[21] 이렇게 모여진 굿거리가 열두거리가 되어 굿이 된다. 물론 이때 열둘은 상징적인 의미를 가지고 있으며 통상 열둘이 되는 것은 아니다. 따라서 개별신격의 신놀이 → 개별거리(신격群) → 굿(열두거리)으로 굿은 만들어진다. 굿이 이러한 틀로 구성된 이유는 이렇게 조직될 때 수많은 신을 효과적으로 놀릴 수 있기 때문이다. 신에게 놀이를 할 수 있는 장치를 제공하는 것이 굿이며 놀이 자체가 신에게 바치는 제물이고 신의 놀음이 곧 굿이다. 굿에

20_ 로제 카이와는 '놀이'란 허구와 기분전환의 역할이 우선시 된다고 하였으나[로제 카이와, 이상률 역, 『놀이와 인간』(문예출판사, 1994), 27쪽] 한국문화에서 놀이라는 것은 반드시 허구나 기분전환을 위한 것은 아니다. 특히 굿에서의 놀이는 주술성을 띠며 의례의 과정이다. 그리고 보면 종교의례에 내포된 놀이의 개념은 로제 카이와의 정의를 넘어선다고 볼 수 있다. 이때의 놀이란 허구와 기분전환을 포용하면서도 의례의 일부로서 일이기도 하다. 일과 놀이의 미분성에 놓여있으며 놀이적 일이며 일적인 놀이라는 양면이 포함되어 있다. 신놀이에서 놀이개념은 '의례를 풀어가는 행위 일반'을 지칭하는 것으로 사전적인 의미의 놀이와 차이가 있다.

21_ 하나의 굿거리에서 하나의 신격만 모셔지는 것이 아니다. 산신거리라고 해도 산신만 모셔지는 것이 아니다. 장군, 신장, 산신 등 산과 관련된 각종 신들이 모셔지며 산신이라고 해도 하나의 산신만 있는 것은 아니다. 본향의 본산신령, 도당의 신령, 팔도명산의 신령 등 산신群을 이루기 때문이다. 물론 장군이나 신장 역시 하나의 신만을 말하는 것이 아니라 群을 이룬다. 이렇게 신격을 群으로까지 다양한 존재를 염두하고 있는 것은 무속의 신관과 관련이 있다. 김덕묵, 「황해도굿의 무속지적 연구」(한국학대학원 박사학위논문, 2009), 75쪽.

서 놀이적 측면에 대한 연구는 신+놀이에 대한 인식을 출발로 한다.[22]

1) 신놀이의 과정

굿거리를 통해 신격은 놀음을 할 수 있는 시공간을 제공받는다. 등장신격은 굿거리를 통해서 그에게 주어진 시공간을 놀고 무당은 "신을 놀린다"고 한다. 굿거리 안에서 놀이의 과정을 보면 '알림－갈등(싸움)－화해－놀음'으로 구성된다.[23] 물론 꼭 이와 같이 순차적으로 이루어지는 것은 아니며 순서의 뒤섞임이 있을 수도 있으나 전체적 내용을 보면 이러한 구성을 이룬다. 황해도굿의 대감놀이를 사례로 본다.

김매물의 재수굿에서 대감복을 입은 무당은 소당기를 들고 막춤을 추며 대감의 몸짓과 표정을 지어 자신이 왔음을 표시한다(알림). 이어서 대감은 굿상을 쳐다보며 점고를 한 후 차린 것이 없다며 투정을 부리기도 하고 대주에게 심술을 부리기도 한다(갈등). 대주가 빌면서 용서해달라고 하고 이내 대감은 기분이 풀리어 소당기로 복을 주는 시늉을 하고 대주에게 돈을 달라고 한다(화해). 돈을 건네주자 대감은 재담을 하며 놀고 명타령을 하면서 명복을 준다고 한다(놀음). 대개 신의 놀음은 이러한 구조에서 벗어나지 않으며 신격에 따라 놀이화가 더 진전되기도 하고 덜 하기도 할 뿐이다.[24] 이

22_ "굿을 한다는 것은 다름 아닌 굿을 노는 것이었음을 그 언어 습성이 보여주고 있다…(중략)… 굿이 戲樂, 즉 '놀이'로서 의식될 수 있는 것이라면 '굿은 놀이되는 것'이라는 命題를 이에서 확인할 수 있는 것이다." 김열규, 『한국신화와 무속연구』(일조각, 1987), 149~150쪽.

23_ 김덕묵, 「연극적 측면에서 분석해 본 황해도굿－김매물의 굿에서 구성틀과 등장신격을 중심으로－」, 『한국무속학』 제21집(한국무속학회, 2010), 142쪽.

24_ 등장신격의 놀음은 알림－갈등(싸움)－화해－놀음의 구조를 이루는 것이 전형적인 형태이기는 하나 시간이 부족할 때나 그 신격을 비중있게 다루지 않을 때는 간단히 '알림'이나 '놀음'만 하는 것으로 압축되기도 한다. 여기서 갈등은 "生의 갈등을 演戲的 行動으로 구체화함으로써 해소하려는 문제(김열규, 앞의 글, 154쪽)"에서 출발하며 생의 갈등은 일반화된 신격보다 조상이 놀 때 더 구체화된다.

중 놀이화가 더 진전된 것에만 집착하면 그것의 생성기반을 소홀히 하고 특정한 굿거리에 대한 정태적인 분석에 머무를 수 있다.

신놀이의 과정을 무당의 입장에서 보면 '청신 – 오신 – 좌정'으로 설명할 수도 있다. 그동안 학계에서는 굿의 구조를 '청신 – 오신 – 송신'으로 설명하는 경향이 있었는데[25] 재고해 볼 필요가 있다. 유동식은 굿거리 안에서 청배무가를 하고 가무를 하여 오신娛神 한 후 타령이나 노래가락을 부르면서 송신한다고 하였는데, 굿거리에서 송신은 드물다. 굿이 시작되면 신청울림을 통해 신을 청하고 개별거리에서 다시 해당하는 신들을 청배한다. 그렇게 하여 신들을 놀린 후 무당은 입었던 신복을 벗으면서 날만세 장단에 "잘 놀고 나요~" 혹은 내림을 하면서 "한 거리 무 안에서 잘 놀고 나요 아 헤~"하면서 굿거리를 끝내는데 이것을 송신으로 이해하면 안 된다. 신청울림이나 청배를 통해 신을 청한다고 해도 굿에서는 신을 보내는 의식은 일반적이지 않다. 굿에서는 시작과 동시에 수시로 잡귀잡신을 보내는 의식을 한다. 일반신을 모시는데 부정한 것이 범접하지 못하게 하기 위함이다. 굿이 끝나는 마당거리에서도 잡귀잡신을 풀어먹이는 의식을 한다.[26]

전체 굿을 보았을 때 굿의 서두에는 신청울림을 하여 신을 청하고 초감흥거리에서도 모든 신을 청한다. 그러나 굿이 끝나는 부분에서는 구체적으로 송신하는 의식이 있는 것은 아니다. 마당거리에서 잡귀잡신을 풀어먹이면 그것으로 끝난다. 송신이라고 한다면 불청객이 아니라 모신 손님을 점잖게 배웅하는 것이라고 볼 수 있는데 굿의 종반부인 마당거리는 그러한 송신이 아니다. 또한 굿이 시작됨과 동시에 굿에는 수시로 부정을 가시고 잡귀

25_ 유동식, 『한국무교의 역사와 구조』(연세대출판부, 1992), 314~315쪽. 하나의 등장신격의 놀이가 아니라 의례 전체의 구조를 보더라도 청신 – 오신 – 송신만으로 굿의 구조를 설명하기에는 불충분하다. 실증적이고 면밀한 분석이 전제되어야 한다.

26_ 김덕묵, 앞의 논문(2009), 77쪽.

를 쳐내는 의식이 있는데 이러한 물림을 송신이라고 할 수는 없다. 잔치판에 온 손님을 한 분씩 모셔 무대 위에서 장기자랑을 시키고 자기자리로 가도록 하는 것은 송신이 아니다. 또한 굿거리에는 앞에서 등장한 신이 뒤에서도 여러 번 등장하기도 하고 조상들도 누차 나오기도 하는데 이런 경우는 굿거리가 끝난 후 송신한다는 개념으로 설명할 경우 이치에 맞지 않다. 따라서 굿거리에서 하나의 신격이 등장하여 퇴장하는 과정은 '청신-오신-좌정'으로 보아야 한다.[27][28]

2) 신놀이의 내용과 표현행위[29]

굿거리에 등장하는 신격은 나름의 이야기와 성격을 가지고 있는데 그것은 '신화'라고 볼 수 있다. 이 신화[30]가 굿거리의 구조 속에서 재현되는 것이다. 따라서 필자가 주목하고자 하는 신화는 기존의 통념과 같이 거창한

27_ 위의 논문, 77쪽.

28_ 이와 더불어 최종성이 서울 진오귀굿의 절차를 분석하면서 "주송과 재연행위로 구성된 제차는 각 제차마다 청신-오신-송신의 구조가 반복되기 보다는 신화의 주송을 통해 神位가 좌정되어 제차의 전환을 가져오고, 거기에 재연행위가 연속적으로 덧붙여져 제차가 완결되는 구성을 갖는다"고 한 점도 시사하는 바가 있다. 최종성, 『진오귀굿 薦度祭次의 연속성 연구』(서울대 석사학위논문, 1995), 2~3쪽.

29_ 신놀이의 내용과 표현행위에 있어서는 필자의 박사논문인 「황해도굿의 무속지적 연구」(한국학대학원, 2009), 76~81쪽에서 검토한 내용을 본 논문의 취지에 맞게 조금 수정하여 수록하였음을 밝혀둔다.

30_ 필자는 굿거리에서 등장신격이 가지는 '신화'란 단순히 신과 관련된 이야기가 아니라 신격이 굿에서 표현해내는 이야기, 성격, 몸짓, 일상생활 등 그에게서 발화되는 모든 정보기호를 신화라는 함축적 의미로 표현하도록 한다. 기존의 신화에 대한 정의와는 차이가 있다(김덕묵, 「연극적 측면에서 분석해 본 황해도굿 -김매물의 굿에서 구성틀과 등장신격을 중심으로-」, 『한국무속학』 제21집(한국무속학회, 2010), 146쪽]. 오늘날 신화에 대한 정의는 다양하다. 신화학에서 큰 영향을 미치고 있는 엘리아데는 성스러운 사건이나 태초에 생긴 일[M. Eliade, 이은봉 역, 『종교형태론』(한길사, 1996), 527쪽]과 같은 것의 모방, 재현, 반복성과 같은 논의가 중심을 이루는데 이것은 신화가 생성되는 근원적인 물음에서부터 탐색되었다기 보다는 이미 가공된 내용에 대한 정태적 분석의 결과로 보인다. 현존하는 굿에 대한 본질적인 접근을 통해 신화를 검토할 때 그것은 '우주 안에 존재하는 무엇에나 있을 수 있는 이야기'라고 볼 수 있으며 신화의 생성은 인간을 포함하여 인간 주위를 둘러싼 모든 존재간의 자기표현이며 소통의 산물에 근거한다. 무속적 사유가 보편적인 신화의 생성논리로까지 연장될 수 있는가라는 물음은 과제가 된다. 하지만 자기 본래성(本來性)의 발현을 기본으로 하는 무속적 사유가 종교학의 서장을 장식할 수 있다고 볼 때 신화의 발생론에서 이점은 중요한 축으로 고려된다.

기원신화가 아니다.[31] 그동안 한국의 신화연구는 건국신화, 무속신화, 창세신화로 분류[32]되어 연구해 왔으나 의례보다는 신화 자체에 비중을 둔 연구가 주종을 이루었다. 본고에서 말하는 신화는 굿에서 등장신격과 관련된 내용이며, 이러한 신화는 지금도 얼마든지 생산되는 역동적인 것이다. 하나의 등장신격은 하나의 '신화소'를 안고 있다.[33] 굿에는 다양한 등장신격이 모여 굿거리를 형성한다. 같은 무당이 하는 굿도 굿을 하는 이유나 재가집에 따라 등장신격은 일률적이지 않으며 그때의 상황에 따라 가변적이다. 따라서 굿이 달라지는 이유는 신화소를 가진 등장신격이 어떻게 출현하느냐가 중요하며 굿의 구조를 규명하기 위해서는 등장신격이 그에게 허락된 구조 속의 시공간을 어떻게 이용하는가를 볼 필요가 있다.

여기에서 김매물이 행한 어느 재가집의 재수굿(2006년 11월 1일 인천) 중 상산맞이와 정학봉이 행한 어느 재가집의 진오귀굿(1998년 7월 10일 안산) 중 망자대잡기 장면을 사례로 살펴본다.

김매물은 관대를 입고 청배를 한 후 재금을 들고 내림을 하고 사뿐히 굿판 중앙으로 와서 천천히 연풍을 돈 후 두 팔을 들고 접신을 하고 대주에게 공수를 준다. 이어서 거상과 분향을 한 후 굿상에 절을 하고 내림("부군님, 산신님 놀러오셔 아~헤……")을 한다. 이어서 다시 거상을 하고 막춤을 추다가 연풍을 돈 후 내림공수("네 오냐 본향산천, 인천으로 산신님…… 모진광풍 많았구나 도와준다 쉬")를 한다. 이어서

31_ 신화연구에서 기본적인 문제는 우주기원론, 인류기원론, 문화기원론을 들 수 있으며[大林太良, 兒玉仁夫・權泰孝 역,『神話學入門』(세문사, 1996), 69쪽], 한국에서도 건국신화나 무조신화와 같은 기원신화에 주목했을 뿐 굿거리에 등장하는 신격이 어떻게 생산되고 어떤 원리를 가지고 있는지에는 소홀하였다.

32_ 오세정,『한국 신화의 생성과 소통 원리』(한국학술정보, 2005), 36쪽.

33_ 등장신격은 '신화'라는 보따리를 굿의 구조 안에 있는 그에게 주어진 시공간 내에서 풀어낸다.

상의를 흰색 몽두리와 빨간색 몽두리 두 개를 껴입고 놀다가 다시 남색 쾌자를 입고 벙거지를 쓰고 장군칼을 들고 막춤을 추다가 꺾음을 하고 내림공수("네 열시영산에 본산장군, 최영장군, 장군님들 아니시랴……")를 한다. 이어서 벙거지를 벗고 장군칼을 내려놓고(쾌자는 그대로 입은 채) 소당기를 들고 막춤을 추다가 내림공수("네 서낭님 아니시냐…… 서낭님 놀고 난다")를 한다. 이어서 복장은 그대로 한 채 방울을 들고 산신상의 쌀을 찍어 오방기 위에 산을 한 후 대주에게 주고 흘림공수("네…… 잘 도와준다")를 하고 내림을 한다(상산맞이).[34]

기주가 망자대를 잡자 아무 반응이 없어서 정학봉의 신딸 김준영이 대신 잡았다. 김준영의 몸에 망자의 넋이 내리자 김준영은 부엌에 가서 후라이팬을 가지고 와서 부침개 굽는 흉내를 내기도 하고 망자대를 잡고 춤을 추고 노래(눈물 젖은 두만강)를 하다가 기주를 잡고 한참 동안 울기도 하다가 넋두리를 한다(망자대잡기).[35]

상산맞이에서는 산과 관련된 신들이 모셔지는데[36] 그 종류와 범위를 정확히 말할 수는 없다. 명확히 어떠한 신들이 모셔진다고 말한다면 그것은 무속을 제대로 이해할 수 없다. 주로 산과 관련된 신들이 모셔지지만 무당(발화자)의 언어와 몸짓을 통해 발화되는 신들(메시지) 중 일부가 참여자(수신자)에게 가시적으로 느껴질 뿐이므로 참여자가 지각하는 등장신격은 적은

34_ 김덕묵, 앞의 논문(2009), 55쪽.
35_ 김덕묵, 「황해도 진오귀굿 연구」(한국학대학원 석사학위논문, 2000), 23쪽.
36_ 이날 김매물은 산천거리 청배를 할 때 대주의 고향인 목포 유달산 산신을 먼저 찾고(呼名) 그 다음 인천 문학산 산신을 찾은 후 팔도명산의 산신님을 찾았다. 대주의 본향산신과 현거주지의 산신이 팔도명산 앞에 먼저 거론되는 것이다.

수에 불과하며 굿의 상황에 따라서도 가변적이다. 그럼에도 불구하고 참여자 중 일부인 연구자(수신자)가 인지하는 신들을 중심으로 이 신들이 굿거리라는 시공간을 어떻게 활용하는지를 보면 다음과 같다.

상산맞이가 시작되면 '산신님'의 관대를 입고 무당은 청배를 하고 점잖게 공수를 내린다. 이것이 굿거리에서 나타나는 산신님의 모습이다. 굿에서 보이는 '부군님'의 모습은 도포를 입고 갓을 쓰고 점잖게 공수를 준다. 장군은 남색 쾌자를 입고 벙거지를 쓰고 장군칼을 들고 막춤을 추다가 허리를 뒤로 젖혀 꺾음을 하고 힘차게 공수를 하는 것이 장군님의 모습이다. 서낭님은 서낭기와 오색천을 감은 북어를 들고 놀다가 문밖으로 북어를 던지는 것이 굿거리에서 흔히 볼 수 있는 서낭서리의 모습이다. 굿에서 산신, 부군, 장군, 서낭의 모습은 무당(발화자)이나 현장상황에 따라 조금씩 차이가 있다 해도 상대적으로 정형화되어 있는 반면, 조상의 경우는 상황의존성이 강하며 어떤 모습을 보일지 예측이 힘들다. 앞의 망자대잡기에서 나타난 '망자'의 모습은 후라이팬을 가지고 와서 요리하는 시늉을 하고 그가 생전에 좋아하던 '눈물 젖은 두만강'이라는 유행가를 부르며 기주를 잡고 넋두리를 한다.

여기서 등장한 신격들은 굿거리 속에서 무당이라는 발화자를 통해서 자신의 '신화'를 표현한다. 이때 표현되는 신화의 구성요소는 산신, 부군, 서낭, 장군 등과 같이 정형화된 신들의 경우에는 신의 성격, 모습, 일상활동, 역할(기능), 기호嗜好 등을 함축하고 있으며, 조상의 경우에는 그의 생전의 성격, 모습, 버릇, 습관, 일상활동(생전의 직업), 기호嗜好, 생전에 앓던 병, 죽을 때의 모습, 생전의 한과 같은 것으로 구성된다. 이렇게 결합된 신화는 그 신격에 관한 '정보의 총합'이라고 볼 수 있다. 이 신화는 굿거리에서 해당 신격에게 주어지는 시공간을 통해 무당이라는 발화자가 언어나 몸짓, 행위, 말투, 도구와 같은 기표를 매개로 참가자들에게 전달한다.

여기서 의례를 더 의미 있는 것으로 보느냐 아니면 신화를 본질적인 것으로 보느냐 하는 양자의 관계를 감안해 볼 필요가 있다.[37] 클럭혼(Clyde Kluckhohn)과 같이 필자는 모든 의례를 동일한 차원에서 설명하는 것이 적실성이 있을까 하는 의문이 들고 문화나 종교 등 다양한 변수를 고려해야 한다고 본다. 따라서 무속의례(황해도굿)만을 두고 볼 때 의례와 신화의 관계는 보완적이다. 신화는 의례를 통해 표현되며 의례는 신화가 표현될 수 있는 틀을 제공함으로 의례가 가져야 할 내용을 담보해 낸다. 앞에서 신화란 등장신격과 관련된 정보의 총합이라고 보았다. 그 정보를 함축적으로 보면 해당신격의 본질, 일상적 모습으로 볼 수 있는데 이것을 '일상'이라고 지칭하도록 한다. 물론 이때의 일상이란 신놀이의 표현행위가 인간의 일상적 삶의 방식으로 발화되고 있음을 의미한다. 이렇게 보면 의례에서 등장신격의 표현행위는 그의 삶의 모습인 '일상의 재현'이라고 볼 수 있다.[38]

굿거리에서는 놀리고자(또는 놀고자) 하는 등장신격의 일상을 재현한다. 가령 장군은 칼과 창을 쓰고 말을 타면서 전쟁터를 누빈다. 그것이 장군의

37_ 이와 관련하여 서양학자들의 견해를 보면, 신화와 의례학파는 의례에 중요성을 부여했으며 해리슨(Jane Ellen Harrison)은 의례를 신화의 근원으로 보았다. 반면 종교현상학자들은 신화를 강조했다. 신화와 의례학파는 의례를 상대적으로 안정된 것으로 보고 신화는 변화의 여지가 많은 것으로 보았으나 종교현상학자들은 신화를 뒷받침하는 구조에 안정성이 있다고 보았다. 엘리아데(Mircea Eliade)는 신화와 상징은 인간이 성스러움을 경험하고 표현하는 다양한 형태를 의례가 제공하는 것보다 더 분명하고 자발적으로 제시하며, 신화가 모든 종교 경험의 기초적 구조들에 가까우며 종교적 인간을 규정하는 인식적 패턴에 본질상 가까이에 있는 성스러움의 표현으로 보았다. 그는 제의들은 원초적 과거에 신들이 수행하여 신화적 설명으로 남아 있는 행동들을 다시 수행함으로써 역사적인 이곳의 현재를 시간이 시작되기 이전인 신들의 성스러운 원초적 시대와 일치시키는 것이라고 보았다. 클럭혼(Clyde Kluckhohn)은 신화와 의례가 완전히 독립적으로 있는 경우를 비롯하여 둘 사이에는 매우 다양한 관계가 있다고 보았으며, 의례와 신화 중 어느 것이 우선인가에 관련된 문제는 '닭이 먼저냐 달걀이 먼저냐' 하는 물음과 같이 무의미한 것이며 신화도 의례도 어느 것이 '우선'이라고 할 수 없다고 보았다. 캐서린 벨, 류성민 역, 『의례의 이해』(한신대출판부, 2007), 26~39쪽.

38_ 김태곤이 "신과 영혼, 내세가 모두 코스모스 밖의 카오스 쪽에 있는 것이라 믿어 이와 같은 우주관, 신관, 영혼관, 내세관이 모두 카오스의 미분성에 기반을 둔 원본사고가 체계화되고 巫歌 역시 원본사고가 언어를 통해 형상화 된 것이라"[김태곤, 『韓國巫俗研究』(집문당, 1985), 521쪽]고 하는 것은 엘리아데와 같은 서구학자들의 이분법적인 도식과 무관하지 않다. 앞으로는 무속의례에서 실증할 수 있는 사례를 통해서 구체적으로 굿의 구조나 사고가 논의되어야 하며 맥락이 다른 서구적 시각을 수용함에 있어서는 심사숙고해야 한다.

일상생활이다. 굿청에 들어선 장군은 빠르고 격렬한 장구 장단에 맞추어 칼을 휘두르고 말을 타면서 달리는 춤을 추며 장군의 일상적 모습을 재현한다. 그 행위를 통해 사람들은 장군의 실제를 느끼게 된다. 동자는 동자의 전형적인 일상적 모습으로 사탕을 손에 쥐고 아이처럼 익살을 부리기도 하고 선녀는 선녀의 일상적 모습으로 나타난다. 굿청에 등장하는 조상들의 모습에서도 이런 점을 볼 수 있다. 전거한 정학봉의 굿에서 주방장이 죽어 망자로 등장했는데 무당의 몸에 실린 그는 부엌에 가서 후라이팬을 가지고 와서 부침개를 굽는 행위를 재현했다.[39] 그가 생전에 했던 일상의 모습을 재현하는 것이다. 또한 그는 '눈물 젖은 두만강'을 부른다. 그의 생전 모습을 아는 사람이 옆에서 그 사람의 애창곡이었다고 말한다. 굿청에서 무당에 실려 망자가 노래할 때 가족들은 그 노래가 그 사람이 살아있을 때 즐겨 부르던 노래라고 말하는 경우를 들을 수 있다.

여기서 우리는 굿거리에서 신이나 조상을 놀리는 원리가 '일상의 재현'임을 알 수 있다. 굿거리에서 등장신격은 무당의 몸을 매개로 그의 일상을 재현하는 데 왜 이런 행위를 하는 것일까. 등장신격이 그의 일상을 상징적으로 재현함으로 그가 보내는 메시지는 다의적이다. 일상을 재현함으로 자신이 왔음을 참여자들에게 알리는 의사소통의 기능이 있는가 하면, 생전에 했던 일을 무당의 몸을 통해서나마 다시 재현함으로 감회에 젖고 한을 푸는 기능이 있다. 무당의 몸을 통해 산사람과 만나 죽은자의 한을 풀고 공수를 통해 참여자들에게 서운했던 점, 미래에 대한 예측, 당부 등도 하면서 한바탕 놀고 나면 등장신격은 흡족해 진다. 따라서 일상의 재현행위가 반드시 순환론적인 반복이나 모방행위로만 그치는 것은 아니다. 이렇게 함으로 등장신격과 매개자인 무당, 참여자는 새로운 미래를 맞이하는 것이다.

39_ 김덕묵, 앞의 논문(2000), 23쪽.

5. 신놀이의 논리

1) 신놀이의 논리

굿에서 놀이개념[40]은 만물의 본질적 성질을 중시여기는 무속적 인식과 만물의 원초적 놀이본능이 합치되어 형성된다. 그것은 신놀이를 주축으로 하는 무속의례를 통해 표현되는데 이를 통해 볼 때 신놀이는 만물의 놀이본 능을 풀어야 한다는 논리적 근거를 기본으로 하고 있다.[41] 호이징하의 정의로 보면 놀이는 자발적인 행위이며 자유를 전제로 하고 일상적인 혹은 실제의 생활이 아니라는 것이며, 장소의 격리성과 시간의 한계성이 있다.[42] 신놀이 역시 장소의 격리성과 시간의 한계성을 가지고 있으나 신놀이는 여유가 있을 때 노는 여가적인 것이 아니며 놀아야 하는 당위성이 있다. 신놀이도 재미가 있고 호이징하가 말하는 미학 개념이나 긴장 요소, 규칙 등이 있다. 즉, 긴장, 안정, 전환, 엄숙함과 장엄, 활력과 우아함, 예술적인 미학, 규칙과 질서, 형식적인 특성을 가지고 있다. 아울러 모방성, 반복성, 유희성, 변화성, 현실세계와 집단 혹은 개인 경험의 재연, 자연에 대한 관념 등을 내포한 의미의 연속체이며 굿판에 참여한 사람들도 "실제가 아니다. 연극이다. 반신반의하다. 진짜 같다." 등 신놀이에 대한 다양한 생각을 가질 수 있다. 반면 굿을 의뢰한 사람이나 굿을 통해 소망을 기원하는 사람에게는 일

40_ 우리말의 '놀이'도 종교・신앙・의례・굿 등과 밀접한 관계가 있다. '굿보다'는 말은 이미 17세기 문헌에 나타나는 말이지만 현재에도 호남・영남 지방에서 '구경하다'는 뜻으로 사용되며 이 말을 통해 볼 때 굿이 대중놀이의 중심 대상이었다는 것을 의미한다. 무당의 '놀다'의 의미는 신이 몸에 실려 노래와 춤과 공수 등을 노는 것으로 파악된다. 성병희, 「민속놀이의 특성과 연구사」, 『민속놀이와 민중의식』(집문당, 1996), 20~21쪽.

41_ 기능적으로 볼 때 굿은 '풀이'의 측면이 강하다. 신놀이도 여기에 화답하며 놀이형식을 매개로 기본적인 욕구나 자기표현, 억제된 정서의 발산, 소망실현과 같은 풀이가 성취된다.

42_ 요한 호이징하, 김윤수 역, 『호모 루덴스』(까치, 1993), 19~24쪽.

상의 현실로서 진지하게 받아들일 수밖에 없다. 신놀이에는 현실과 가정假定, 놀이성과 제의성이라는 측면이 복합되어 있다.

　신놀이를 통해서 우리가 알 수 있는 것은 굿의 구조와 원리는 다양한 '신의 놀이'를 기본으로 하고 있다는 점이다. 여기서 더 근원적으로 생각해 보면 만물을 굿판에 모셔 놀리는 것이 굿이라는 것은 곧, 만물은 '놀고 싶은 욕망'을 가지고 있고 그것을 놀려주는 것이 굿의 기본 전제임을 말한다. 만물의 놀이 욕망을 토대로 하고 있는 무속적 사유는 호이징하가 놀이는 문화보다 오래되었다거나 아이나 동물의 놀이에서부터 놀이의 본질을 찾고자 한 것과 연관된다. 또한 성병희가 재미를 맛보겠다는 욕망은 인간의 원초적 본능으로서 이 본능이 신앙과 결부되어 각종 놀이로써 표현된다는 지적도 같은 맥락에서 볼 수 있다. 무속적 사유의 해결방식은 기본적으로 만물의 욕망을 인정하며 일정한 놀이공간을 통해서 그것을 분출하고 표상함으로써 욕망의 여과와 조정을 이끌어내고자 한다. 이점에서 놀이를 원초적인 것으로 보고 문화보다 오래되었다는 호이징하의 시각은 신놀이가 무속의례의 원초성으로 환원될 수 있음을 시사한다.

　무속적 사유는 인간과 자연의 '본래성'을 출발로 한다. 만물의 존재와 특성(직성)을 무시하지 않으며 자기 본래성本來性을 발현할 수 있도록 구현한다. 이러한 사유 위에서 형성되는 신놀이는 해석학적 현상학으로 유명한 하이데거의 존재론적 노선에 있는 놀이 사유를 떠올리게 한다. 물론 사상적으로 양자가 일치될 수 있는지 심화된 연구는 현재 필자의 능력밖에 있으나 하이데거의 핵심적인 사유가 동양사상으로부터 영향을 받은 바가 있다고 할 때 서로 간의 공통분모가 나타나는 것은 당연한 현상인지도 모른다. 강학순의 연구에서 다음의 글을 인용해 볼 수 있겠다.

하이데거는 후기 사유에서 모든 존재자가 놀이의 상대로서 드러나는 놀이의 차원을 제시하고자 한다. 놀이의 세계는 모든 존재자들이 기술적 지배의 관계에 있는 것이 아니라, 평화롭게 공존하고 저마다의 타고난 자유를 존재의 빛 안에서 누릴 수 있게 하는 것이다. 존재는 놀이의 본질로부터 사유되어야 한다. 놀이의 세계에서는 존재자들은 서로 가까이 친숙하게 어울려 만나고 있다. 우리는 이 점을 주목하고자 한다. 인간은 본래적으로 더 큰 우주적 연관 속에서 순응하고 어울리는 놀이 속에서, 존재자에 대한 소유, 지배, 조작의 **집착 얼개**에서 벗어나, 우주와의 근원적인 가까움의 **놀이 연대** 속에서 자기 존재의 자유를 회복하는 것이다. 이 놀이 연대는 인간의 환경, 자연과의 근원적인 관계 맺음, 즉 친교 내지 이웃관계다. [43]

하이데거는 인간이 모든 존재자에 대한 소유나 지배에서 벗어나 우주적인 연관 속에서 순응하고 어울리는 놀이 속에서 자기 존재의 자유를 회복하는 인간과 자연의 친화적인 관계를 모색한다. 타자와의 교섭과 공존, 저마다의 자유를 누릴 수 있게 하는 것이나 우주 속에서 인간과 자연을 동일한 관점에서 보고자 한 것은 무속의 사상인 조화와 평등의 인식과 크게 다르다고 볼 수 없으며 신놀이의 인식과도 통한다. 물론 이러한 신놀이의 논리는 유교나 도교의 사상과도 맥락이 닿아있다. 동양사상과 하이데거 사상의 유사성은 그동안 동서양의 학자들에 의해서 제기되어 왔다. 도교의 '도道'와 하이데거의 '존재'의 의미가 가지는 유사성이나 '본래성'에 대한 하이데거의 생각은 선불교의 깨달음과 많은 공통점을 가지고 있다는 주장도 있다. [44]

43_ 강학순, 「하이데거의 근원적 생태론」, 『하이데거와 자연, 환경, 생명』(철학과 현실사, 2000), 30쪽.
44_ 마이클 와츠, 전대호 역, 『Martin Heidegger』(랜덤하우스 중앙, 2006), 138~145쪽. "하이데거의 사유는 마치 '예정 조화'라도 된 듯 여러 측면에서 독특하게도 노자의 사유 세계와 유사성을 보인다. 그가 구체

신놀이는 개성을 가지고 있는 만물이 저마다의 특질을 펼칠 수 있게 하며 그를 통해 존재의 근거를 드러내게 한다. 또한 만물이 서로의 배려 속에서 각자의 존재 방식대로 자유롭게 놀게 한다. 신놀이는 다양성과 다가치성의 인정, 개성과 욕망의 포용, 배려 및 조화와 평등을 본질로 하는 무속적인 인식의 표현으로 볼 수도 있겠다.[45] 굿에서는 가능한 많은 것을 놀리고자 한다. 신놀이를 통해 만물이 노는 방식이나 내용은 각각의 직성에 따라 다르겠지만 기본적으로 놀려야 한다는 것은 일반화될 수 있다. 황해도굿에서 신구神具의 경우만 보더라도 실제로 사용하지 않는 것들까지 '거풍'[46]을 통해서 모두 놀린다. 놀려야 한다는 논리가 신을 대신한 물질에까지 통용되는 것이다.

무당들은 불려야 좋다. 무당들은 기도할 때마다 "잘 불리게 도와줘요"라고 한다. 무당이 잘 불린다는 것은 그만큼 무업이 잘된다는 것이지만 단순히 경제적으로만 생각할 수 없다. 무당들은 춤추고 노는 기회를 그만큼 많이 가지기를 원한다. 즉 그렇게 되면 자신도 놀고 그와 동시에 신명도 그만큼 놀릴 수 있다는 것이다. 그래서 무당들은 "서 말짜리 치성을 할래, 서 되짜리 굿을 할래"하면 경제적으로 수입은 적지만 굿을 선택한다는 말이 있다. 그만큼 그들에게는 신명을 놀리는 것이 중요하다. 무당들은 신명을 놀리고 나야 몸도 가볍고 잘 불린다고 믿는다. 놀지 못하면 심신이 처진다. 무당뿐만 아니라 일반인도 가끔씩은 놀아야 심신이 가벼워진다. "신명난다"는 말

적으로 노자의 『도덕경』에 접하고 노자의 사유를 자신의 언어로 풀이하는 것은 말할 것도 없고 그의 거대한 철학적 계획에 관한 이정표도 노자의 사유 세계에 드러나 있기 때문이다." 윤병렬, 「도(道)와 존재 — 노자와 하이데거의 사유 세계 엿보기」, 『하이데거 철학과 동양사상』(철학과 현실사, 2001), 106쪽.

45 물론 신놀이에는 만물이 성립하는 근원적인 존재에 대한 인식이 구체적으로 드러나지 않는다. 다만 모든 존재를 평등한 관점에서 수렴하려 한다. 특히 각자의 직성과 욕망, 개성 등을 자연스럽게 받아들이는 점에서 이러한 성격이 잘 드러난다.

46 거풍은 장시간 집안에 넣어두었던 물건을 꺼집어 내어 바람을 쐰다는 뜻으로 민간에서도 흔히 사용하던 용어이다. 물론 황해도굿에서 무구를 거풍시킨다는 것은 평소에는 사용하지 않던 무구를 신사맞이와 같이 특별한 경우에 전부 굿청으로 가져가서 무당이 놀리는 것을 말한다.

이 있다. 인간은 누구나 신을 가지고 있고 신명이 나야 삶에 활력이 있으며 가끔은 신명을 풀어주어야 한다.

2) 신명론

신명은 신놀이를 만드는 원초적 힘이다. 무당은 가무歌舞를 통해 신명을 솟구치게 하여 접신을 한다. 이것은 인간이 신에게 다가가는 매개가 된다. 그러나 무당의 접신에서뿐만 아니라 신명은 한국인의 일상적인 삶 속에 내재한다. 신명은 '신바람'이라는 말로도 통용될 수 있다.[47] 우리는 일상생활에서 하는 일이 잘 되어도 신바람이 나고, 누군가로부터 칭찬을 받아도 신바람이 난다. 그래서 한국사람은 "잘 한다"고 해야 신바람 나게 일을 하고 신바람이 있어야 없는 힘도 솟아난다. 한국인에게 살맛나는 세상은 신바람이 있어야 한다. 굿을 하는 무당만 신명이 돋아나게 하는 것이 아니라 한국인 누구에게나 신명이 충전되어야 하는 것이다. 애동무당이 신복을 입고 굿청에 들어서서 가무강신歌舞降神을 할 때 신어머니는 그 사람의 기를 죽여서는 안 된다. 기를 살려주고 신명이 솟구치게 해야 한다. 일반인들도 기죽는 것을 싫어하고 신명나게 살고자 한다. 사람은 누구나 신명을 가지고 살기에 무당이 될 수 있는 가능성을 지니고 있다.

굿에서 신명은 무당에 의해 점화된다. 무당은 신놀이를 집단의 신명으로 승화시킨다. 굿의 연출자인 무당은 참석한 개인들의 신바람을 돋아주면서 참석자 모두의 신바람으로 전이시킨다. 각자의 놀이본능과 개성을 만개

47_ 신명과 신바람에 대해서는 일찍이 김열규도 거론하였다. 그는 집단화된 신바람의 으뜸은 별신굿판에 있다고 보고 그것은 수로왕 신화의 신맞이 부분이나 고대의 제천의식에서부터 면면히 이어져 왔으며 한국인의 생활과 문화에 긴요한 구실을 하였다고 보았다(김열규,「韓國 神話와 巫俗」,『韓國思想의 深層硏究』(우석, 1986), 57쪽].

滿開시키면서도 그것은 굿판의 일체감을 해치는 불협화음이 되지 않는다. 개인의 신명을 돋아주면서도 참석자 모두의 신명으로 일체를 만드는 것이다. 따라서 결과적으로 굿을 만드는 것은 무당, 재가집, 구경꾼 모두가 되는 것이다. 무당굿이 아닌 한국인의 일상에서도 신바람은 얼마든지 점화될 수 있다. 들판에서 일을 하다가 선소리꾼에 의해서도 신바람이 점화될 수 있고, 월드컵에서와 같이 축구선수들에 의해서도 점화될 수 있다. 이렇게 점화된 신바람은 집단적인 황홀경으로 승화되며 참석자들을 일체화시킨다. 신명은 무당의 굿판 담장을 넘어 한국인의 일터며 놀이터, 예술에 이르기까지 모든 영역에서 빠질 수가 없다.[48]

전통사회에서 한국인은 일과 놀이의 구분이 분명하지 않았다. 일을 하면서 놀이를 하고 놀이를 하면서 일을 배운다. 또한 굿과 일상의 삶은 구분되는 것이 아니다. 한국인이 하는 것은 모두가 굿이다. 일굿, 놀이굿, 소리굿, 춤굿 무엇이든 ○○굿이 될 수 있다. 모두가 굿이 될 수 있다는 것은 '신명'이 있기 때문이다. 철학자 김형효는 다음과 같이 말한다. "한국인의 공동무의식의 업業에는 신바람의 기질이 늘 은연중에 작용하고 있다. 열렬하게 집단적으로 접신탈아接神脫我 하는 기질은 한국인의 공동적 굴기崛起를 가능케 하는 원동력이 되기도 한다. 1907년 국채보상운동, 1919년 삼일운동, IMF의 국채보상운동으로서의 금붙이 바치기 운동, 월드컵 축구대회시의 전국의 응원열기 등은 다 집단적 신바람을 일으킨 한국적 굴기의 한 가

---

[48] 1980년대에 이론적 체계를 갖춘 민족문화운동에 있어서도 '신명론'은 '공동체론'과 함께 놀이정신의 중요한 원천이며 예술적 원천으로 이해되었다. "민속연희에서 일반적으로 추출되는 여러 가지 요소 중 가장 근원적인 것으로는 민중적 생활표현의 예술적 원천인 '신명'을 꼽지 않을 수 없는데, 그러한 신명을 불러일으키는 여러 계기의 내재적 동인은 하나의 개념으로 통합될 수 있는바 그것은 바로 '놀이정신'이다. 놀이정신은 민속연희의 정신적 내용을 이루고 있는 민중적 미의식의 내재적 존립근거로서 인간의 몸 속에 들어있는 신명을 촛구치게 하는 핵심적인 역할을 수행한다. 현대의 마당굿에서도 이러한 놀이정신은 연희를 성립시키는 가장 근원적이고 중요한 바탕이 된다." 채희완·임진택, 「마당극에서 마당굿으로」, 『문화운동론』(공동체, 1985), 117쪽.

능성을 알려주는 사례라 읽어도 무방하리라"[49]. 물론 이러한 주장은 다소 비약된 측면도 있다. 하지만 이러한 착상의 저변에는 한국인의 기질 속에 신명이 일정부분 작용하리라는 인식을 근거로 한다.

신놀이는 모두 한데 어울리는 놀이판을 만든다. 서로 놀고 나누어 먹고 화해하여 일체를 만드는 천지인의 대동놀이를 전형으로 한다. 그 놀이판은 결코 배타적이지 않은 넉넉한 인심이 있는 곳이며 무속적 놀이개념과 이상이 담겨진 소우주가 된다. 잡귀도 그에 걸맞게 직성을 풀어주고 놀이소리를 듣고 온 단순한 참여자에게까지 '무감'을 서게 하기도 한다. 민속놀이나 민속극에서 풍악을 울리며 지신을 밟아주고 다양한 동물을 놀리고 다양한 배역들을 춤추게 하는 것도 만물이 지니고 있는 놀이본능을 풀어주는 것으로 신놀이의 틀에서 벗어나지 않는다. 신놀이에서 보여지는 논리와 전형이 한국문화에 보편화되어 있으며 '신명'은 그러한 신놀이를 가능케 하는 원초적 힘으로 작용한다.

이상에서 본바와 같이 4장과 5장의 내용을 도표로 정리하면 다음과 같다.

〈표 1〉 굿의 구성과 신놀이

굿의 구성	개별신격의 신놀이→개별거리(신격群)→굿(열두거리)
개별신격의 신놀이 과정	알림-갈등-화해-놀음
신놀이의 내용과 표현	신화(신의 성격, 모습, 일상활동, 역할, 기호 등 신에 관한 정보의 총합)를 가지고 무당이라는 발화자가 언어, 몸짓, 행위, 말투, 도구와 같은 기표를 통해 표현. 등장신격의 상징적인 표현행위에서 일반적 형식은 그의 삶의 모습인 '일상의 재현(신화의 재현)'으로 함축
신놀이의 논리	무속적 사유는 인간과 자연의 본래성을 출발로 하며 만물의 존재와 특성(직성)을 무시하지 않으며 자기 본래성을 발현할 수 있도록 구현. 만물의 욕망이 겹부된 놀이본능을 인정하며 일정한 놀이공간을 통해서 그것을 분출하고 표상함으로써 욕망의 여과와 조정을 이끌어냄

49_ 김형효, 「한국인의 공동심리 유형들과 그 양면성」, 『한국인, 심리학 그리고 문화』(한국학중앙연구원, 2007년도 국내학술회의 발표자료집, 2007. 8.10), 7쪽.

6. 맺음말

신놀이는 굿이 생성되고 구성되는 원리이며 굿은 신에게 놀이의 시공간을 제공하는 장치이다. 그간 굿에서 놀이연구는 특정 놀이의 구조나 연행방식의 분석이나 다른 민속예술과 비교, 유형, 갈래 등을 검토하였다. 필자는 이러한 접근은 성과도 있지만 굿에 대한 문학적 접근이라는 점에서 굿이 가지는 본질적인 놀이성 보다는 분과학문의 관심에 초점이 맞추어졌다고 보았다. 이글은 놀이의 본체로서 굿을 보고 현장관찰을 토대로 굿에서 놀이가 '만들어지는 과정'에 주목하였다. 그 결과 굿을 구성하는 원리로서 '신놀이'를 도출하게 되었으며 그것은 굿에서 놀이가 생성되는 문법임을 알았다.

굿의 구조는 다양한 신격의 노는 과정이 반복되어 굿거리의 시공간을 시계열적으로 배열하고 있으며, 그것을 여러 개의 군群(거리)으로 묶음에 따라 하나의 굿이 형성된다. 이러한 구조가 언제부터 형성되었는지는 알 수 없지만 우리는 굿거리를 통상 열두거리로 이해하며 이 틀 속에서 등장신격은 신놀이를 한다. 신놀이의 과정은 알림 – 갈등 – 화해 – 놀음의 순서로 이어진다. 신놀이의 내용은 등장신격에 대한 정보의 총합인 신화이며 이것은 일상생활로 함축될 수 있다. 따라서 신놀이의 표현행위는 신화의 재현인 동시에 곧, 일상의 재현이라고 볼 수 있다. 이 문법 위에 등장신격은 신화를 알리는 상징기호를 발화하며 새로운 이야기를 만들어낸다. 신놀이의 유형은 굿에 따라 놀이성의 정도가 차이가 있기 때문에 다양하게 분류될 수 있다.

신놀이는 무속의 체계를 설명하는 또 하나의 논리로서 만물은 곧, 놀고 싶은 욕망을 가진 것으로 놀려주어야 한다는 사고가 내재되어 있으며 굿은 이러한 신놀이를 위한 장치이다. 만물의 원초적 놀이본능과 그러한 성질을 중시여기는 무속적 인식이 신놀이를 가능케 하며 그것은 무속의 놀이개념을 함축하고 있다.

필자가 '신놀이'라는 용어를 떠올린 것은 무속의 본질에 대한 관심이 증대되면서부터이다. '굿놀이'나 '무극' 등으로 칭해지는 문학연구자들의 연구 경향과 달리 새로운 시각을 가지게 된 것도 그 무렵이었다. 무속은 무엇인가. 종교현상의 본질을 보고자 하는 필자의 고민은 연행예술 혹은 문학적 입장에서 연구하는 학자들과 접근방법이 다를 수밖에 없었다. 그동안 굿연구의 경향은 주로 분과학문의 소재주의식 연구였지 굿 자체를 알기 위한 연구였다고 하기에는 부족함이 많았다. 이러한 경향에 이의를 제기하고 굿의 본질적 성격을 드러내기 위해서 필자는 '신놀이'라는 용어를 제시하였다. 굿이 신이 노는 놀이라는 본질성을 여과없이 드러내고자 하였다.

끝으로 '굿놀이', '무극', '신놀이' 용어에 대한 필자의 입장을 밝히면서 글을 맺도록 한다. 오늘날 국문학계에서는 무극보다 '굿놀이'라는 용어를 사용하는 사람이 많은 것으로 알고 있다. 여기에는 '놀이'가 제의적 성격까지 잘 포함할 수 있다는 생각이 반영되었을 수도 있다. 그러나 문학적 접근에서는 어차피 극성劇性을 도외시 할 수 없으며 동양연극에서 극은 제의성을 담보하고 있다는 점에서 극의 맥락을 동양적 차원으로 본다면 놀이의 개념과 같이 범위를 넓게 볼 수 있다. '굿놀이' 용어의 애매성보다 '무극'이라고 하는 것이 명료하지 않을까 생각된다. 굿이 무당이 하는 '무극'이며, 신이 노는 '신놀이'라는 명쾌하게 특성을 드러내는 용어를 사용하여 전자는 문학적 입장에서, 후자는 현상학적 입장에서 상보적으로 통용된다면 어떨까.

이 글은 『남북문화예술연구』 제9집(남북문화예술학회, 2011)에 게재한 것을 재수록 하였음을 밝혀둔다.

한국 무속의 다원성
: 학적 담론과 무당의 정체성 형성 사이의 "루핑 이펙트(looping effects)"

김동규
서강대학교 종교연구소 선임연구원

1. 머리말

한국 무속이라는 일반 범주 내에 함의된 다양한 현실(actualities)은 무속의 내적 혹은 외적 실천을 막론하고 두말할 필요가 없을 것이다. "제자본은 각 본이라도 성수본은 하나다"[1]라는 황해도 무속 전통 안의 인식은 어쩌면 '하나'로서 무속을 강조하기 위한 표현이라기보다는, 무속의 다원성에 대한 무당 그룹 내의 일반적인 경험적 인식이 반영된 것으로 이해할 만하다. 마찬가지로 "팔도 굿이 다 다르다"는 표현 역시 제각각의 형태와 의미를 지닌 무속 의례에 대한 인식의 표현으로 이해될 수 있다. '한국무속'이라는 일반

1_ '제자'는 '신의 제자'의 줄임말로서 무당을 가리키는 무속 내의 일반적인 표현으로 볼 수 있다. '성수' 는 황해도 무속전통을 따르는 무당들 사이에서 사용되는 표현이며, 복잡한 의미를 지니지만, 이 표현에서는 무속의 일반적인 신들을 총칭하는 개념으로 사용되고 있다.

인왕산 초입에 있는 무속행위 금지 안내문과 그 옆에 걸린 "무당뉴스" 함이 무속의 역설적인 현실을 재현하고 있다.

범주 안에 이런 다양한 형태의 무속 실천들이 어떻게 단일한 형태로 포섭될 수 있는지에 대한 의문이 당연하게 여겨질 정도다.

무속의 실천 현장에서 만나게 되는 다양한 현실과 마찬가지로 무속에 대한 이미지 역시 학적 담론과 무속에 대한 정책담론들을 포함한 이른바 '공적인(official) 층위'에서 다양하게 구성된다. 만약, 무속의 이미지를 하나의 스펙트럼 위에 위치시켜 본다면, '주술', '미신', 혹은 '사기 행위' 등으로서의 부정적인 이미지가 그 스펙트럼의 한 끝에 자리하게 될 것이고, 다른 한쪽에는 '한국의 순수한 종교 전통으로서 무교' 혹은 '한국 문화의 지핵地核으로서 무교'라는 긍정적인 이미지를 그 반대편에 위치시킬 수 있다. 무당 혹은 무속 의례가 무형문화재로 지정되고, 종교 간 대화 모임에 참여하는 무당의 모습은 긍정적인 이미지로서 무속을 잘 드러내는 사례라 할 수 있다. 그리고 그 스펙트럼의 중간에는 무수히 많은 형태의 이미지와 현실들이 서로 교차하고 있으며, 사회, 문화, 경제 등의 변화를 배경으로 그 스펙트럼을 넓혀가면서 한국무속의 다양한 현실을 구성해왔다고 할 수 있다.

이미 많은 학자들이 분석한 것처럼, 무속의 양극단의 이미지 구성은 한국사 내의 문화정치학(cultural politics)을 통해서 설명될 수 있다.[2] 즉, 부정적인 무속 이미지가 한국의 지성사 및 정치 문화사 안에서 주변화과정을 통해서 생산되고 현실화되었듯이, 긍정적인 무속의 이미지 역시 무속의 가치를 재발견하고 재창조하려 했던 특수한 역사적인 맥락을 배제하고는 이해하기 어려운 점이 있다. 환언하자면, 특수한 역사적 요청과 그에 따른 학적 담론의 구성이 무속의 광범위하고 복잡한 스펙트럼 형성에 기여해 온 것이다. 20세기 초반 한국 무속에 대한 본격적인 학문적 관심이 표방된 이래 무속은 종교학, 민속학, 국문학, 심리학, 인류학 등의 분과학문 영역에서의 나름 객관적인 연구 성과에 힘입어 많은 부분 부정적인 이미지를 거둬내는 데 성공한 것처럼 보인다. 무당의 신비 경험을 정신병적 질환으로 설명해버리는 태도나 무속의 다양한 의례적 실천들을 원시적 잔존물의 형태로 규정하여 근대화의 장애물 혹은 한국사회의 전근대성의 표징으로 여기는 태도 역시 지속적인 학문적 반성을 통해 사라졌다고 할 수 있다. 가히 무속 패러다임의 변화(paradigm shift)할 만하다.

하지만, 아카데미아 영역 밖에서도 이러한 부정적인 이미지가 거두어졌는지에 대한 질문은 여전히 유효하다. 많은 영역에서 무속이 가졌던 부정적인 이미지가 긍정적인 이미지로 대체되고 있음이 발견되지만, 여전히 부정적인 이미지가 무속문화를 구성하는 데 한 영역을 차지하고 있다는 데에는 이견이 없을 것이다. 그렇다면, 무속에 대한 긍정적인 이미지 및 그와 관련

2_ 대부분의 기존 학자들이 한국무속의 부정적 이미지의 형성 및 주변화과정을 외래 이데올로기(불교, 기독교 등)와 무속 사이의 문화정치학(cultural politics)의 입장으로 이해하는 것에 비해, 김종호는 무속의 부정적 이미지를 외래 이데올로기의 유입과 상관없이 한국문화 내에 존재하는 무속과 공적인 문화 사이의 "문화적 모순 (cultural contradiction)" 속에서 그 원인을 찾는다. Chongho Kim, *Korean Shamanism : The Cultural Paradox*, Burlington : Ashgate Publishing Company, 2003, pp.156~161 참조. 하지만, 그가 주장하는 "문화적 모순"이라는 개념은 일견 타당해 보이지만, 이 모순을 가능케 하는 두 축 중의 하나인 한국의 공적인 문화와 외래문화의 밀접한 상관성을 고려한다면 문화정치학의 입장과 크게 구분되지 않는 것으로 보인다. 이와 관련해서는 Dong kyu Kim, "Looping Effects Between Image and Realities : Understanding the Plurality of Korean Shamanism," Ph.D. Dissertation, University of British Columbia, 2012, pp.19~22 참조.

한 학적 담론은 무속 연구자들 사이에서 혹은 무속에 대한 긍정적인 시각을 견지하는 학자들 사이에서만 존재하는 인하우스게임(in-house game)의 산물에 불과한 것인가? 그렇지 않다면, 무속에 대한 학적 담론은 무속의 현실을 구성하는 또 하나의 행위자(agent)로 이해될 수 있을까? 이와 관련한 필자의 입장은, 학적 담론에 의해 생성된 무속의 특정 이미지는ㅡ그것이 긍정적인 것이든 부정적인 것이든ㅡ구체적인 역사적 배경을 떠나서는 이해될 수 없지만, 동시에 그렇게 생산된 무속의 특정 이미지들은 당대當代를 뛰어넘어 상당수 잔존하면서 무속의 다양한 현실을 구성하게 된다는 것이다.

구체적으로 본고에서 필자의 관심은 무속문화의 다양한 현실 중에서, 무당의 정체성 형성과 학적 담론의 영향관계에 놓여 있다. 다시 말해서 무속의 다원성을 구성하는 여러 가지 요소들 중에서 특히 학적담론에 의해서 더 풍부해지고 다양해지는 동시대의 무속문화에 대한 이해를 목적으로 하고 있다. 이른바 무당 사이의 '전통적인' 도제관계가 해체되고 설득력을 잃어가고 있다고 평가되는 상황에서 독립된 무당 혹은 큰무당이 되기 위해서 현대의 한국 무당들은 어떤 준거틀이나 학습 방법들을 이용하여 자신의 정체성을 구성하는가 하는 문제다. 구체적으로, 근대 이후 한국의 지성사에서 등장하는 무속에 대한 학적 담론이 무당의 정체성 형성 과정에서 어떻게 기능하느냐 하는 것이다. 한편, 본고에서 의미하는 '학적 담론'은 무속에 대한 직접적인 언급에만 제한된 것이 아니라, 그러한 담론을 가능케 했던 기본 개념들까지도 포함하고 있음을 밝힌다.

2. 무속의 다원성과 "루핑 이펙트looping effect"

무속에 대한 학문적인 연구와 그에 따라 형성된 무속의 공적인 이미지 혹은 분류(classification)는 단순히 무속 현실에 대한 객관적이고 중립적인 기술(description)이라기보다는 무속 현실에 개입해서 무속을 재구성하는 계기가 된다는 것이 본고의 입장임을 서두에서 밝혔다. 사실, 이러한 입장은 무속 현실에 대한 언어와 현실의 해석학적 순환관계를 염두에 둔 것이며, 동시에 이안 해킹(I. Hacking)의 "루핑 이펙트looping effect" 개념을 한국 무속의 다원성 이해를 위해 적용해 본 것이기도 하다.

1) 루핑 이펙트looping effect

해킹의 루핑 이펙트 개념은 "사람이 어떻게 만들어지는가(Making Up People)"를 설명하기 위해 고안된 개념이다. 상술하면, 특정한 종류의 사람을 네이밍naming 하는 것은 바로 그런 부류의 사람을 창조하는 것이며, 그 사람이 세계를 경험하는 방식을 창조하는 것이다. 바로 이 분류 혹은 분류의 실천과 분류된 사람 사이에 존재하는 과정을 설명하는 개념이 바로 루핑 이펙트라는 것인데, 이 개념의 밑바탕에는 그의 철학적 입장이 깔려있다. 그는 자신의 철학적 입장을 역동적 유명론(dynamic nominalism)이라고 부르는데, 이 입장은 정적 유명론(static nominalism)과 구별된다. 그는 고전적인 정적 유명론을 다음과 같이 설명한다.

(a) 모든 범주, 종류, 분류는 본성에서 발견되기보다는 인간에 의해 창조되고 정착된다. 그리고 (b) 그런 분류들은 변화하고 수정될 수 있지만 한번 자리를 잡게 되면 고정되어 분류된 것들과 상호작용하지 않는다.[3]

3_ Ian Hacking, *Historical Ontology*, p.106.

그에 의하면, 이러한 정적 유명론은 두 가지 오류를 범하고 있는데, 실제로 많은 범주가 본성(nature)으로부터 출현하기도 하며, 또한 우리가 가진 범주들 역시 정적이지(static) 않다는 것이다. 이와 달리, 그의 역동적 유명론은 "어떤 종류의 사람(혹은 인간종(human kinds), 역자 주)은 바로 그 종류 자체가 만들어짐과 동시에 존재하게 된다"는 것이다.[4] 하지만, 염두에 두어야 할 것은, 그의 철학적 입장에서 인간종의 창조와 개별적 인간의 동시적 발생은 일회적인 사건이 아니라는 점이다. 앞서 이야기했듯이, 해킹의 "루핑 이펙트" 개념은 사람들을 분류하는 행위와 분류된 사람들 사이에 놓여있는 순환적인 관계를 설명하기 위한 개념이다.[5] 즉, 일정한 분류 체계(classificatory system)에 의해서 분류된 사람들(the classified)은 그 분류(classification)를 받아들이건 거부하건 간에 일정한 행동 양식을 보이게 되고, 그 이후에 그들의 변화된 행동 양식은 또 다른 형태의 분류체계를 생산해 낸다는 것이다.

　이와 관련하여, 해킹은 루핑 이펙트를 통한 특정한 시기의 역사적 사건이나 인간 유형(human kinds)의 탄생을 이해하는 데에는 그 사건에 작용하는 두 방향(vectors)을 이해해야 한다고 제안한다. 해킹에 따르면, 어떤 공적인 담론이나 분류체계를 생산하는 전문가집단에 의한 "위로부터(from above)" 방향과, 만들어진 분류 혹은 범주가 그렇게 분류된 사람들에 의해 받아들이거나 혹은 거부하건 간에 형성되는 "아래로부터(from below)" 방향이 고려되어야 하는데, 이때 양방향의 상호작용이 전제된다.[6] "분류체계" 혹은 전문

4_　Ibid.

5_　킹에 따르면, 분류는 곧 체계적이고 일반적인 "지식"을 얻기 위한 실천이다.

6_　Ian Hacking, *Historical Ontology*, Cambridge & Mass : Harvard University Press, 2002, p.111. 해킹은 "루핑 이펙트(looping effect)" 개념을 적용하여, 성(gender), 호모섹슈얼리티, 다중인격(multiple personalties) 등과 같은 다양한 현상을 설명한 바 있다. 지면관계상 이에 대한 자세한 소개는 생략하지만, 이 개념은 구성주의의 한 맥락에서 이해가능하며, 본질주의의 한 대안으로써 혹은 소박한 실재론이나 유명론의 한계를 잘 극복하고 있다고 보여진다. 이와 관련하여서는 Ian Hacking, *Rewriting the Soul*, New Jersey : Princeton University Press, 1995; *The Social Construction of What?*, Massachusetts : Harvard

가 집단을 표상하는 "위"라는 표현에서 확인되듯이, 네이밍naming 즉 분류만으로는 루핑 이펙트가 설명되지는 않는다. 이 순환관계의 범위에는 전문가 집단 이외에도 전문가 집단이 생산한 지식, 그 지식과 관련된 구체적인 제도들, 정부, 가족, 미디어, 그리고 분류된 개인들 등 모두가 구성 요소로서 관여하고 있다. 그리고 해킹은 이러한 모든 요소들을 한 마디로 매트릭스로 표현한다.

> … 어떤 사람이 천재 혹은 거식증이 사회적으로 구성된 것이라고 말한다면, 그가 이야기하는 것은 천재 혹은 거식증에 대한 관념, 그 관념으로 구분된 개별적인 사람들, 그 관념과 그 사람 사이의 상호작용, 그리고 이 상호작용에 관여하는 다양한 사회적 실천들과 제도들인데, 이 모든 것을 한마디로 매트릭스matrix라 할 수 있다.[7]

한편, 이러한 루핑 이펙트의 구성 요소들 사이의 순환관계는 규율과 감시라는 권력의 생산작용의 일방적 흐름에 초점을 맞추기 보다는, 분류 행위를 통해 훈육의 대상으로 파악된 타자이자 주체인 분류된 사람의 실천을 분류체계로 통합한다고 볼 수 있다. 이런 점에서 그는, 직접 인용하고 있지는 않지만, 미셸 드 쎄르토(M. Certau)가 "전략(strategies)"과 "전술(tactics)" 개념을 통해 문화의 소비자들의 "보이지 않는" 이차적 생산과정을 문화연구 영역에 포함하고자 했던 노력을 떠올리게 만든다.[8]

University Press, 2000 참조.

[7] Ian Hacking, *The Social Construction of What?*, p.34.

[8] "전략(strategies)"과 "전술(tactics)" 개념은 제도나 구조의 생산자와 그 안에서 활동하는 개별적 소비자의 행동 양식 사이에서 발생하는 차이점을 이해하기 위해 쎄르토가 사용한 개념으로서, 이에 대해서는 Michel de Certau, *The Practice of Everyday Life*, trans. Steven Rendall, California : University of California Press, 1988 참조.

2) 무속의 다원성

무당과 고객들 혹은 단골신도들에 의해 표현되는 신앙과 실천을 지칭하는 일반 개념으로서 '한국 무속'과 동시대인들의 무속 실천의 관련성에 대한 이해에 "루핑 이펙트"라는 개념이 적용될 수 있는 가능성은 '한국무속'이라는 범주가 역사적으로 구성되었을 뿐만 아니라 무당들 스스로도 자신들을 중심으로 하는 문화가 학자들 및 공적인 담론들의 대상이 되었다는 사실을 잘 알고 있다는 점에 놓여 있다.

실제로, 20세기 초반 이래로 한국의 무당들은 학적 담론의 영역에서 기술되고 분류되어왔으며, 그러한 분류는 일차적으로 자신들의 공동체 내에서의 전통에 기초한 학자들의 생산물이라고 할 수 있다. 그렇게 해서 형성된 '독립된 무당의 이미지'는 학적 담론의 층위에서나 무당 그룹 내에서도 독립된 무당 혹은 큰무당의 이미지로 고착되었다. 여기에는 좀 더 구체적인 설명이 필요할 것으로 보인다. 즉, 독립된 무당이 되는 데 필수적인 과정으로 여겨지는 내림굿과 그 이후의 신부모와의 도제관계를 통해 이루어지는 지난하고 혹독한 학습과정을 통해 구성된 독립된 무당의 '전통적인 모델'이라는 것은 이른바 현존하는 큰만신 혹은 문화재로 규정된 몇몇 무당들의 생애사에 등장하는 삶의 해석틀로 설명될 수 있으며, 그들의 재구성된 기억과 한국무속의 원형 탐색이라는 무속에 대한 본질주의적 접근 방법이 결합된 사회적·역사적 구성물로 이해할 수 있다.[9]

'한국무속'에 대한 이와 같은 구성주의적 접근은 언뜻 보면 무속에 대한 원형주의적 혹은 본질주의적 접근에 대해 커다란 위협으로 비칠 수도 있을

9_ 원형의 복원에 천착했던 민속학적 입장이 봉착한 현재의 문제 상황에 대한 분석은 남근우, 「복원주의 민속학의 아이러니 : '강릉단오제'의 곤경을 중심으로」(『한국민속학』 52, 한국민속학회, 2011), 37~83쪽 참조.

것이다. 그러나, 필자가 제안하는 이해틀은 현재의 무속 연구 혹은 현실에 대한 급진주의적 변화를 요청하는 것은 아니다. 해킹Hacking이 제안한 구성주의의 다양한 층위들 중 다만 무속의 본질 혹은 원형이라는 것이 "무속의 본성에서 비롯되었거나 혹은 필수불가결한 것은 아니다"는 정도에 국한된다.[10] 더욱이 본고에서 주장하고 있듯이 '전통적인 모델'이 독립된 무당이 되는 과정에서 하나의 준거틀(referential framework)로써 기능하고 있다는 데 의미를 부여하는 한, '한국무속'이 사회적 역사적 구성물이라는 견해는 결코 그 '전통'을 폐기하고자 하는 의도를 지니지 않는다. 오히려 '전통'이 특수한 역사적 상황에 따른 구성물이건 혹은 주어진 본질이건 간에 현실에서 큰 힘을 발휘하는 권위적인 상징으로 작용하고 있다는 데에는 변함이 없다.

3) 무당 정체성의 전통적 모델

현지조사를 하다보면, 한국 무당들 사이에서 "영검(영험)은 신령에게서 오지만 재주는 배워야 한다"는 말을 자주 들을 수 있다. 달리 표현하면, 과거를 알아내고 미래를 예측할 수 있는 신비한 능력은 신령으로부터 오지만, 그 능력을 키우고 통제하는 것은 바로 인간의 노력에 달려 있다는 것이다. 입무入巫 후보자가 무당으로서 자신의 운명을 받아들인다고 가정했을 때, 독립된 무당으로 성숙해가는 크게 두 가지로 나누어 보는 것이 일반적이다. 내림굿을 기점으로 신으로부터의 부름과 그에 따르는 신병의 경험이 하나의 과정을 이루고 있으며, 다른 하나는 내림굿을 하고 난 이후의 학습과정이 이에 해당한다. 물론, 내림굿이야말로 무당으로서의 정체성을 만들어가는 데 가장 결정적이고 드라마틱한 사건임에는 틀림없다. 최정무의 표현처럼,

---

10_ Ian Hacking, *The Social Construction of What?*, p.6.

내림굿이라는 사건은 입무 후보자가 자기 "영혼의 어두운 밤" 속에서 벗어나 "고통 받는 다른 영혼들을 빛으로 인도하는" 에이전트로 변모하는 과정을 상징하는 의례인 것이다.[11]

그러나 내림굿이 독립된 무당으로서의 자질을 보장하는 것은 아니다. 내림굿을 받은 무당은 신령과의 지속적인 유대감 속에서 소통을 해야 하며, 이를 위해서 많은 무당들이 정기적으로 산기도를 행하기도 하며 자신의 신당에서 모시는 신령들에게 조석朝夕으로 정안수를 대접하고 기도를 통해 그들과 교감하려 애쓴다. 독립된 무당이 되기 위한 이와 같은 요인을 신령과의 '수직적 관계(vertical relationship)'라 생각한다면, 동료들 및 신도들과의 '수평적인 관계(horizontal relationship)' 역시 대단히 중요한 요인이다. 비테프스키(P. Vitebski)의 주장처럼 "무당의 경험은 무언가를 얻기 위한 자신의 사적인 여행일 수도 있지만, 동시에 자신이 속한 공동체를 위한 봉사"라는 점은 독립된 무당의 자질에 있어서 수직적인 요인과 수평적 요인이 서로 떼어서 생각될 수 없음을 잘 보여준다.[12] 더욱이 공동체 대한 봉사는 단순히 무당에게 부과된 어떤 의무를 나타내는 것이 아니라, 그 관계 속에서 무당으로서 자신의 정체성을 더 강화할 수 있는 사회적 실천이라는 점에서 더욱 중요하다고 할 수 있다. 구체적으로 점복이나 굿, 기타 의례를 통해서 드러나는 결과를 통해서 무당으로서 자신의 운명을 확신한다는 점이 좋은 예가 될 것이다. 또한 끊임없이 자신의 정체성을 구성해가는 과정에서 자신의 운명을 확신하게 되는 무당에게 수직적 관계 및 수평적 관계는 그 무당이 학적 담론과 가지는 상호 작용을 포함하는 "루핑 이펙트"의 매트릭스로 이해할만하다.[13]

11_ Chung-moo Choi, "The Competence of Korean Shamans As Performers of Folklore," PhD dissertation, Indiana University, 1987, p.113.

12_ Piers Vitebski, *Shamanism*, Norman : University of Oklahoma Press, 2001, p.96.

13_ 필자는 고객 및 동료 무당들과의 사회적 관계, 그리고 의례실천의 장(field)은 한국무속의 "고리효과"

전통적으로, 수평적 관계를 통한 독립된 무당의 전통적인 모델은 기본적으로 신부모와 신자식 사이의 도제관계를 통해 전승되었다는 것이 일반적인 견해다. 전통적인 신부모와 신자식의 관계를 조흥윤은 다음과 기술한다.

> 무당은 제 신부모를 육친 모시는 것과 똑같이 섬겨야 한다. 예컨대 그가 어떤 굿을 맡아 하게 되면 신부모를 굿판의 상석에 모셔야 한다. 굿이 끝난 후 벌이의 한 몫을 신부모에게 바친다. 명절이나 신부모의 진적굿 날에는 신부모를 꼭 찾아 뵙고 식구마냥 도와야한다. 신부모가 죽으면 그 진오기굿을 맡는 것도 신자식의 일이다. 이것이 무당이 제 신부모 모시는 전통적인 법도이거니와 오늘날 이대로 지키는 무당은 찾아 보기 극히 힘든 실정이다.[14]

또한, 김헌선은 연구자들 사이에서 서울굿의 전통무당이라고 널리 알려진 박수무당 이지산의 기억을 다음과 같이 소개하고 있다.

> (이지산은) 무병을 앓고 나서 신어머니에게 본격적인 무업을 전수 받았는데, 그 과정이 매우 흥미롭다. 먼저 잔신부름을 많이 시켰다고 한다. 예컨대 제기나 요강을 닦는 일을 시키기도 하고, 물동이에 물을 담아서 이고 오게 한다든지, 뜨겁게 삶은 잿물 빨래를 하게 한다든지 갖가지 잡일을 시켰다고 한다 ··· 그런데 실상은 잡일을 했던 경험이 실제 굿을 하기 위한 밑천 노릇을 했다고 한다 ···[15]

를 이루는 또 하나의 구성요소로 이해하기 때문에 현대 한국 무속이 경험하는 의례의 변화 역시 "고리효과" 를 적용해서 이해할 수 있다고 본다.

14_ 조흥윤, 『한국의 무』(정음사, 1990), 42쪽.

15_ 김헌선, 『한국화랭이 무속의 역사와 원리』(지식산업사, 1997), 34쪽.

신부모 밑에서 혹은 신의 선생 밑에서 치루는 배움의 과정에 대한 혹독함과 고단함은 또 다른 전통무당으로 익히 알려진 김금화의 자서전 속에서도 동일하게 재구성되고 있다.[16] 인간문화재로 지정되고 방송매체에 자주 출현한 김금화 만신의 경우, 인간문화재라는 제도가 표방하고 있는 전통문화재의 보존과 원형의 유지라는 이념과 부합하여 '살아 있는 전통'으로써 기능한다고 볼 수 있다. 어쩌면, 최정무가 기술한 것처럼, "무당으로서의 삶 자체가 배움의 주된 과정"이라 할 수 있다.[17] 신들을 위해서 의례 음식을 준비하면서 신들의 성격과 특성을 학습하며, 신어머니의 손님을 위해 차를 내면서 점상 옆에 앉아 신어머니의 점치는 법을 보고 배울 수도 있다. 이처럼, 신부모와의 긴밀한 관계 속에서 이루어지는 배움 속에서 신어머니는 신자식이 스스로의 정체성을 확립해 가는 데 일종의 모델로 기능할 수 있는 것이다. 이런 맥락에서, 김인회는 한국 무속의 교육적 측면을 논의하면서 신어머니의 인성과 삶에 대한 태도까지 제자들에게 전승된다고 하기도 했다.[18]

그러나 문제는 무속 문화의 전승 배경이 되는 한국 사회의 사회-문화적 조건이 지난 수십 년 동안 급격하게 변화했다는 점에 있다. 구체적으로, 더이상 도제관계를 통한 "전통적인 법도"의 전승이 독립된 무당의 이미지로서 설득력을 잃었다는 점이다. 그렇다면, 독립된 무당 이미지의 준거틀을 대신하고 있는 것은 어떤 것인가?

16_ 김금화, 『복은 나누고 한은 푸시게』(푸른숲, 1995); 『비단꽃 넘새』(생각의 나무, 2007).

17_ Chung-moo Choi, "Nami, Ch'ae, and Oksun : Superstar Shamans in Korea," In Ruth-Inge Heinze ed., Shamans of the 20th Century, New York : Irvington Publishes, 1991, p.59.

18_ 김인회, 『韓國巫俗思想硏究』(집문당, 1993), 229쪽.

4) 복합 모델 : 사례연구

켄달(L. Kendall)은 동시대의 한국 사회에서 무당들에 의해 추구되는 길 (paths)을 전통적인 길, 엄격한 훈련과정을 배제하고 쉬운 길을 찾는 젊은 무당들의 길, 그리고 마지막으로 새로운 형태의 정체성(shamanship)을 만들어가는 적극적인 길로 나누어 설명한 바 있다.[19] 또한, 엄격한 도제 관계를 통한 전승이 찾아보기 힘들어졌다고 하더라도, 우리는 여전히 주위에서 새로운 무당이 태어나며 또한 독립된 무당이 되고자 하는 후보자들을 많이 만날 수 있다. 그 중 어떤 무당들은 교육기관을 찾아 무당으로서 필요한 기예를 습득하고 또한 무당으로서의 자신의 삶의 의미를 이해하고자 노력한다. 대한경신연합회 소속의 "무속보존회"와 같은 무당을 대상으로 하는 교육기관이나, 80년대에 설립되었다가 현재에는 사라진 무당과 일반인 모두를 대상으로 했던 무속연구단체, 혹은 최근 무교대학임을 표방하고 활동하는 단체들에서 제공하는 서비스가 그에 해당한다. 이 이외에도 다른 무당들의 자서전이나 동료 무당들의 홈페이지나 블로그를 방문하여 조언을 구할 수도 있으며, 무속 연구가들의 연구서들을 통해서 무속에 대한 지식과 독립된 무당의 길을 모색하는 경우도 있다.[20] 이런 관점에서, 현대 한국 사회에서 독립된 무당의 이미지와 현실은 신부모에서 신딸로 단일하게 전승되는 것이 아니라 다양한 자원(sources)에서 발견되는 광범위한 기호와 상징들을 통합함으로써 달성되는 구성되는 것이라 할 수 있을 것이다.[21]

19_ Laurel Kendall, *Shamans, Nostalgias, and the IMF : South Korean Popular Religion in Motion* , Honolulu : University of Hawaii Press, 2009, pp.102~128.

20_ 사이버 공간에서 무당들의 활동에 관한 연구로는 김성례의 "Korean Shamanic Heritage in Cyber Culture,"(『샤머니즘 연구』 3권, 2001), 269~296쪽 참조.

21_ 물론, 전통적인 도제관계를 통한 독립된 무당의 이미지 전승과정이 신자식의 무조건적 수용을 전제하지는 않는다. 한 신부모에서 비록 배웠지만, 다른 길을 가는 제자들의 경우도 발견하는 것이 어렵지 않다.

이제 소개할 두 명의 무당은 모두 독립된 무당으로서 자신의 길을 새롭게 모색하는 과정에 있다. 흥미로운 것은 두 명 모두 '전통적인' 신부모 밑에서 내림굿을 했으나, 신부모와 이별 한 후 자신의 길을 찾는다는 공통점을 가지고 있다. 하지만, 그들이 각각 찾아가는 독립된 무당의 이미지는 약간의 차이를 보이고 있는데, 그 과정에서 학적 담론이 그들의 정체성 구성 과정에서 전유되고 영향을 미치는 지 살펴볼 것이다.

(1) 무운 : '무교 사제'

40세의 무운은 출판된 자신의 자전적인 이야기 속에서나 필자와의 인터뷰 속에서 자신을 무교의 "사제"로 규정하고 있다. 심지어 그는 "저는 따로 본명이 없습니다. 무운이 제 이름입니다"라고 할 정도로 무당으로서 재생된 자신의 삶에 깊은 의미를 부여한다. 자전적인 이야기와 자신의 굿 전통에 대한 매뉴얼이 함께 포함된 책의 서문에서 그는 그 책을 쓸 수밖에 없었던 이유를 다음과 같이 설명한다. 즉, 그것은 한국 무속에 대한 부정적인 선입견을 교정하고 자신의 굿 전통의 전통성과 올바른 절차를 전수하는 것이다. 다른 한국 무당들의 자서전적 글쓰기의 형태와는 다르게, 그 책은 많은 학자들의 연구서들이 비록 아카데미칼한 글쓰기에서는 벗어나지만 인용되거나 발췌되어 있다. 필자와 처음 만났던 자리에서 그는 자신이 얼마나 한국 무속에 대한 체계적인 지식을 가지고자 애쓰는지 설명했다.

> 금년 초에 나는 김금화 선생님이 청와대 앞에서 하기로 하셨던 굿
> 이 취소되었다는 소리를 듣고 얼마나 가슴이 아팠는지 몰라요. 물론 다

다만, 엄격한 도제관계의 해체는 신제자에게 더 넓고 자유로운 선택의 길을 제공하고 있다는 의미에서 '구성'이라는 개념을 부각시킨 것이다.

른 기성 종교들의 반대가 너무 심했다는 이유에서죠. 참으로 안타까웠던 게 김금화 선생님을 좀 집단적으로 지원하고 후원해 줄 수 있는 단체가 없다는 것이었죠 … 무교를 종교로 인정받게 하기 위해서는 우리도 교육 단체를 만들 필요가 있다고 봐요. 그래서 그 졸업생들이 서로 뭉치는 거죠 … 바로 그것 때문에 제가 무교 사제단을 만든 거예요. 무교 사제들의 단체 … 나는 내 굿을 배우고자 하는 사람이면 누구에게나 가르칠 준비가 되어 있어요. 그렇지만, 우리 단체 내에서는 다른 무당 회원들의 일에는 서로의 요청이 없다면 절대 간섭하지는 않아요 …

그는 무당으로서 자신의 역할을 이해하고 받아들이는 데 가장 중요했던 것은 신아버지로 부터의 가르침이었다고 술회했다. 그의 신아버지는 무속 연구자들 사이에서 굿의 전통성과 아름다움을 잘 보존하고 있는 것으로 알려져 있으며, 무운은 그런 신아버지 밑에서 배웠다는 사실을 상당히 자랑스러워했다. 그가 신아버지를 만나게 된 것은 당시 한국의 전통예술에 깊은 관심을 가지고 있었고 방송계에 근무했던 자신의 사촌 형을 통해서였는데, 무운은 신아버지 밑에서의 도제관계를 다음과 같이 회상했다: "내 신아버지는 정말 어머니의 마음을 가지고 계셨죠. 굿을 어떻게 하는지 또 무당의 길이 무엇인지를 가르쳐주셨어요. 내가 굿에서 실수를 하면 그 실수들을 지적해주시고, 정말 점잖게 다시 설명을 주시곤 했어요. 그러나 내가 무당으로서 바른 길에서 조금이라도 벗어나면 정말 엄격하셨죠. 내가 그런 분을 신아버지로 모셨다는 게 천지신명님의 축복이라고 생각해요."

그의 신아버지가 자비롭고 존경스러운 스승으로 기억되고 있다 하더라도, 그의 기억 속의 실제 배움 과정은 일반 학교에서의 가르침과는 판이하게 달랐다. 그는 다음과 같이 회상했다: "쉽게 배울 수 있는 게 없어요. 그저 보고 배우는 거죠. 그게 바로 옛날 무당 스타일이죠!" 게다가 그는 신아버지와 자신 사이에 일종의 갈등이 있었음을 드러냈다. 어찌 보면, 필자와의 인터뷰 중에 회상한 그의 신아버지의 이미지는 자신의 책속에 묘사된 자애로운 어머니같은 이미지와 모순되어 보인다. 그러나 그 책의 목적이 한국 무속의 이미지를 개선하는 데 있으며 전통적인 무당에게서의 도제관계를 통한 배움의 과정이 자신의 샤면쉽이 가진 정통성을 보장한다는 차원에서 본다면, 인터뷰 내용과 책의 내용의 가지는 모순점은 이해할 만하다.

어쨌든, 무속의 전통적인 권위를 구현하고 있는 신아버지 아래에서의 도제관계가 어떻게 무운의 기억에서 재구성되는지를 잠깐 살펴보았다. 무운이 재구성한 과거의 긍정적인 기억들은 무당으로서 자신의 정체성을 구성하는 데 권위적인 힘을 가진 전통과의 일체화 전략이 표상된 것으로 볼 수 있다. 그러나 모든 정체성이 일체화와 차별화를 통해서 구성되듯이, 무운의 기억 역시 전통의 부정을 통해서 강화된다. 무운의 경우 이 차별화의 전략은 자신의 독립적인 정체성을 확립하기 위한 것으로써, 전통의 구현자로서 신아버지와의 사이에 나타나는 갈등으로 재현된다.

도제 관계를 통한 3년여의 시간이 지났을 때, 무운은 당시 건강이 좋지 못했던 신아버지를 대신해 굿을 할 기회를 갖게 된다. 물론, 그는 신아버지의 명예에 누를 끼치지 않기 위해서 최선을 다해 굿을 공연했다. 하지만, 신아버지의 반응은 자신이 생각했던 것과는 정반대였다고 한다. 그것은 신아버지에게서 발견한 질투심이었다. 무운은 자신이 한 거리를 마쳤을 때 들었던 신아버지의 말을 다음과 같이 기억한다 : "세상에나, 언제 니가 내걸 다 훔쳐갔니!"

그때부터, 무운이 신아버지의 굿을 볼 수 있는 기회는 줄어들었다. 신아버지는 굿당 방안에서 자신이 굿을 시작할 때 마다, 무운에게 "저기 서낭당에 가서 북어가 몇 마리나 쌓여 있는지 세어봐라!"라고 지시했다. 처음에는 북어들의 개수에 특별한 의미가 있을 것이라고 생각했다. 신아버지의 말씀이니 어떤 특별한 의미가 있을 거라고 생각했다는 것이다. 그러나 그런 일들은 신아버지의 공연 시간만 되면 반복적으로 지속되었다고 한다. 그런 일들이 반복되고 나서야 그는 북어의 개수를 세어 오라는 신아버지의 지시가 특별한 의미를 갖는 것이 아니라 자신으로 하여금 신아버지의 굿을 더 이상 "훔쳐가지" 못하게 하려는 것임을 알게 되었다. 마침내, 무운은 신아버지 모르게 녹음기를 이용해서 굿을 녹음하고, 결국은 굿을 익힐 수 있었다고 한다. "참으로 웃기지만, 내가 신아버지가 하시는 굿을 흉내는 낼 수 있지만, 오랜 세월 동안 축적된 그 지식 참된 지식은 훔칠 수 없잖아요? 난 아직도 왜 신아버지가 질투하셨는지 정말 이유를 모르겠어요." 어쨌든, 이런 갈등들 이외에도 신아버지 가족 내에 잠재되어 있던 자잘한 갈등 때문에 결국 무운은 신아버지와 결별을 하게 되었다고 한다. 흥미롭게도, 그는 자신의 어렵고 폐쇄적이었던 학습 경험을 돌이켜 자신이 어렵게 배웠던 굿 문서를 책으로 출판하게 된다.

이 책요? 이거 12000원 밖에 안해요. 나를 아는 사람들이 나보고 그래요. '너 미쳤어? 니가 어떻게 배운 건데, 그걸 그렇게 쉽게 뿌려?' 라구요. 하지만, 바로 그거예요. 그것 때문에 내가 책을 쓴거죠. 내가 그렇게 어렵게 배웠기 때문에, 나는 나눠주고 싶었던 거죠. 하지만, 내가 확신하는 것은 누군가 이 책을 읽는 무당이 나를 흉내낼 수는 있지만, 내 경험의 핵심을 빼갈 수는 없다는 거죠.

무운이 고통스럽게 배웠던 것 그저 "눈치껏 보고 배워야 했던" 것을 책의 출판을 통해 많은 사람들에게 공개한다는 행위는 스스로를 신아버지로부터 차별화시키려는 노력으로 이해할 만하다. 앞서 소개한 인터뷰 내용과 자신의 학습경험은 서로 관련되어 해석할 만하다. 즉, '무교'와 다른 기성종교와의 차이에 관심을 두었던 무운의 인터뷰에서도 보이듯이, 그는 도제관계에 의한 폐쇄된 형태의 무속의 교육체계가 다른 제도 종교들과 비교했을 때 '무교'를 훨씬 열등한 위치에 놓일 수밖에 없는 원인으로 파악하고 있는 것이다. 그리고 바로 이 지점에서 무운의 전통에 대한 부정이 이루어진다. 그러나 여기서 기억해야 할 점은, 신아버지 밑에서 이루어졌던 교육에 대한 기억으로 구현되는 전통에 대한 부정은 전통에 대한 '침묵'의 방법으로 이루어지는 것은 아니라는 점은 기억해야 한다. 즉, 그것이 부정되든 혹은 긍정되든 간에, 여전히 그의 곁에서 무당으로서 자신의 정체성을 확립하는 데 중요한 상징이 되고 있다는 점이다.

그렇다면, 무운이 독립된 무당으로서 자신의 정체성을 확립하는 데 전통이라는 상징이외에는 어떤 준거점들이 작용하고 있을까? 앞서 보았듯이, 무운은 자신의 신앙과 실천을 지칭하는 데 '무巫'나 '무속'이라는 용어보다는 '무교'라는 용어를 사용하고 있음을 알 수 있다. 무교라는 용어는 '무속'이나 '무' 보다는 종교학자들이나 신학자들에게 더 널리 쓰이는 개념으로서, 무속문화의 종교성을 부각시켜 이해하고자 하는 의도적 개념으로 파악된다. 저급한 민속이나 전통적인 관습 혹은 미신의 함의를 지닌 무속 개념에 대한 기존 학자들의 비판을 무운 역시 잘 알고 있었다. 사실, 필자가 처음 무운의 신당을 방문했을 때, 무운이 자신이 행하는 굿 전통이라 말하는 한양 천신굿에 대한 이야기가 필자와 무운 사이에 오갔다. 그는 천신굿은 "조흥윤 선생님도 말씀하셨듯이, 천신굿은 하늘의 높은 신을 대접하는 굿"이라는 것이다. 하지만, 당시 필자의 기억으로는 천신굿은 상류층이나 부유층이 재수를 기원하는 굿으로서, 하층민이나 빈곤층이 사용하는 재수굿과 같은 것을 대신하는 개념일 뿐이다. 따라서 천신굿의 '천'은 하늘을 의미하는 한자어 '天'이 아니라 '천거하다' 혹은 '공물'의 의미로 사용되는 단어인 '薦'인 것이다.[22] 이러한 이야기를 필자가 무운에게 했을 때 그는 당장 자신의 서재로 가서 조흥윤의 책을 꺼내들고 그 부분을 확인하며, "이상하다. 왜 내가 그렇게 알고 있었지…"라며 약간의 혼란을 보였던 적이 있다. 이 에피소드 외에도 자신의 굿과 무속에 대한 설명을 하는 가운데 끊임없이 무속 학자들의 이름을 언급했던 것을 필자는 기억하는데, 이것은 그가 무속 연구 전문가들의 설명에 깊은 관심을 가지고 있는지를 잘 보여주는 사례들이다. 또한, 인터뷰 초기에 그가 다른 여타 종교와의 비교를 통해서 무속의 열악한 환경을 토로한 것은 그가 무속을 정체성을 이해하는 준거점이 어디에 놓여 있는지를 잘 알게 해준다고 볼 수 있다. 즉, 한국 무속의 종교적 정체성을 강조하는 담론들이 무운의 자기 정체성에서 중요한 모델(model of)로 작용하고 있는 것이다.

그에 따르면, '무교'는 모든 종교들에서 발견되는 세 가지 조건을 충족하고 있다. 사제, 교의, 의례는 각각 계자(무당), 무가, 그리고 굿이 각각의 조건에 상응한다는 것이다. 이러한 개별 구성요소는 무속의 종교성을 강조하고자 했던 민족주의적 종교 담론과 약간의 시각차를 보인다. 예컨대, 조흥윤은 무의 종교성을 강조하면서 신령, 중재자로서의 사제, 그리고 신도 그룹을 들어 종교로서 무속을 설명한 바 있다.[23] 무운이 속한 한양굿의 전통과 조흥윤의 연구 영역의 밀접한 관련성을 미루어 봤을 때, 무운이 제시한 종교로서의 무교는 오히려 20세기에 한국에 수입되었던 서구의 근대적 종교 관념―사실 이 관념이 지금까지도 한국사회의 공적인 문화에 더 크게 작용하고 있다고 할 수 있다―에 더 의존하고 있는 것으로 보인다.

실제로, 한국 사회에 다른 생활 영역과 구분된 것으로서 종교라는 관념이 생성된 것은 20세기 이후의 일이다. 동아시아문화권에서 사용되고 있는

22_ 조흥윤, 앞의 책(1990), 124쪽.
23_ 조흥윤, 『무와 민족문화』(민족문화사, 1994), 23~24쪽.

'종교'라는 개념은 '릴리지온'의 번역어로서 19세기 종교학이 일본에 수입되면서 생겨난 것으로 설명된다.[24] 서구의 근대성과 '종교' 개념은 사실 한국 무속의 미신으로서의 이미지를 형성하는 데 주된 역할을 하게 되는데, 그 과정을 이끌었던 여러 가지 요인들 중에서 무속의 중심적 세계관 중 하나인 '무속 신령과 물리적 현상 세계와의 긴밀한 관련성'은 무속을 미신으로 규정하는 데 결정적인 역할을 하였다. 즉, 사적 영역으로서 종교 관념 그리고 물리적 세계를 지배하는 근대적 과학과 달리 물리적 현상에 끊임없이 개입하는 신령의 존재는 무속의 위치를 근대적 과학의 범주 내에도 혹은 근대적 종교 관념 그 어디에도 분류시켜 놓을 수 없었던 것이다. 한마디로, 서구적 근대 개념과 그 내용에 포함될 수 없었던 세계관이나 실천들의 대부분이 타자화되고 '미신'으로 분류되는 길을 걸었다고 볼 수 있다. 어쨌든, 현대 한국 사회에서 무속의 종교성을 강조하는 최근의 논의들은 이러한 서구의 근대적 종교성에 대한 비판에서 출발하고 있지만, 어쨌든 무운의 종교 개념에서 종교의 지적 차원과 조직적 차원이 부각되고 있다는 점은 주목할 만하다.

사실 서구의 근대적 종교 개념은 계몽주의와 낭만주의의 결합에 의해 구성된 것으로 이해할 수 있다. 계몽주의 종교 관념은 스미스(W. C. Smith)가 이야기하듯이 지적 경향(intellectual tendency)으로 특징지을 수 있다.[25] 즉, 17세기의 계몽주의 전통에서는 종교의 "인지적, 지적, 교의 혹은 교리적인 측면"이 강조되었으며, 종교는 곧 관념 혹은 신념, 그리고 교의의 체계라는 인식이 팽배해있었던 것이다.[26] 19세기 낭만주의시기에 이르러, 지나치게 지

24_ 장석만, 「개항기 한국사회의 "종교" 개념 형성에 관한 연구」(서울대학교 박사학위논문, 1992). 한편, 그의 연구에 따르면, 한국의 경우 1883년 한성순보에서 처음 이 단어가 사용되었다.

25_ Wilfred C. Smith, *The Meaning and End of Religion*, New York : Harper & Row, 1978, p.38.

26_ Stanley. J. Tambiah, *Magic, Science, Religion, and the Scope of Rationality*, Cambridge :

적 측면에 경도되었던 종교 관념은 인간의 내면적인 체험을 강조하면서 생명력을 갖게 되는데, 이는 종교를 사적이고 개인적인 영역으로 위치시키는 결과를 낳게 된다. 하지만, 낭만주의적 종교 연구의 경향에도 불구하고, 19세기와 그 이후의 종교 연구에서는 계몽주의적 합리성과 새롭게 발굴된 역사관념 혹은 역사적 지식의 결합으로 진화론적인 입장이 전면에 나서게 되었다. 그리고 20세기 초 한국에 수입된 종교 관념은 바로 이러한 서구의 지적 전통의 산물이었으며, 이후 한국 사회에서 종교는 과학과 함께 근대화 혹은 문명화라는 수레의 두 바퀴의 역할을 담당해 왔다.[27]

무운의 종교 이해에서 강조되는 교의적 차원은 결국 지적 전통 혹은 신학적 교의에 중심을 두고 있는 근대적 종교 관념이 전승된 것으로 이해될 수 있다. '종교'라는 새로운 분류체계와 그것이 가진 권력, 그리고 무운의 사제자로서의 정체성 형성 과정은 해킹(Hacking)이 서술한 것처럼, 새로운 서술 양식(종교)과 새로운 행동 양식의 루핑 이펙트라는 해석틀 안에서 이해할 수 있다. '종교' 관념이 무운의 경험을 서술할 수 있는 새로운 힘 있는 상징이 되었다고 본다면, '무교 사제'라는 무운의 자기 정체성 분류와 굿 매뉴얼의 출판은 전통의 구현자로서 신아버지와의 차별화를 정당화하고 종교에 대한 학적 담론들이 무운의 정체성 확립을 위한 새로운 준거틀로 작용하고 있음을 보여주는 것으로 해석될 수 있는 것이다.

그러나 여기서 주의해야 할 점은 무운의 근대적 종교 관념의 수용을 수동적이고 일방적인 것으로 이해해서는 안 된다는 점이다. 근대적 종교 관념과 관련된 가장 큰 특징 중에 하나는, 물질세계는 과학적 합리성에 의해 지

Cambridge University Press, 1999, p.5.

[27] 장석만에 의해 파악된 개항기 종교에 대한 계몽지식인들의 입장은 4가지로 나누어지는데, 이 중 반종교적 입장을 제외하고 나머지 3가지 입장은 종교와 근대화의 관계에 대개 긍정적인 입장을 보이고 있다. 장석만, 앞의 글 참조.

배되는 세계이며, 이 세계에 초자연적인 존재가 개입되어서는 안 된다는 것이다. 이런 맥락에서 현실세계에 끊임없이 개입하는 신령의 존재를 바탕으로 하는 무속 실천은 이른바 '미신'의 영역으로 분류될 수밖에 없었던 것이다. 무운의 자기 정체성 구성 과정에서 일종의 준거틀로써 작용하는 근대적 종교 관념은, 무운으로 하여금 교의적 차원으로서 굿 매뉴얼(문서)을 정리 출판하고 "무교사제단"을 조직하게 하지만, 물질세계에 대한 초자연적 존재의 개입이라는 무속적 세계관을 굳이 전면에 내세우지 않음으로써(신령의 존재가 제외되는 것을 보라) 근대적 종교 관념을 전유한다고 말할 수 있다.

(2) 다니 : 전통, 민중, 그리고 사제

무당으로서 다니의 정체성 구성 과정은 그녀가 살아왔던 한국 현대사에서 시기별로 중핵적으로 작용했던 학적 담론 혹은 이데올로기와 어떻게 서로 고리관계를 이루고 있으며, 현재의 다니의 정체성을 구성하고 있는지를 잘 보여준다. 앞서 무운처럼 다니 역시 전통적인 신어머니 밑에서 교육을 받았으나, 신어머니와의 이별 후 새로운 형태의 정체성을 만들어 가고 있다. 그녀의 정체성을 시기별로 구분한다면 세시기로 나누어볼 수 있는데, 각각의 시기를 특징짓는 관념들은 전통, 민중, 그리고 사제라 할 수 있다. 그녀의 생애사가 재구성되는 가운데 그러한 키워드들이 어떻게 학적담론과 관계하는지 간략하게 살펴보겠다.

① 신어머니와의 도제관계

8세 때 내림굿을 했으나, 내림굿을 주재했던 신어머니의 건강 때문에 신언니로부터 굿을 배우게 된다. 서울로 이사를 한 후 다니는 두 명의 큰만신과 관계를 맺게 되는데, 첫 번째 스승과의 관계는 18개월을 넘기지 못했다. 다니에 따르면, 그 이유는 어쩌면 당시 문화재 지정과 관련한 두 스승의 갈

등이 주된 원인이었다. 다니와 동향 출신의 한 유명한 민속학자의 소개로 다니가 배웠던 굿 전통을 따르는 다른 큰만신의 굿에 갔다는 것이 그 원인이었다. 물론, 처음에는 그 민속학자의 권유를 거절했으나, 그녀는 자신이 어렸을 때 배웠던 것과 동일한 굿에 대한 매력을 참을 수 없었다고 한다. 결국, 서울에 와서 만난 첫 번째 스승과 이별하고 두 번째의 스승 – 이 만신은 결국 인간문화재로 지정되었다 – 밑에서 오랜 기간 학습하게 된다. 새로운 신어머니는 다니를 친딸처럼 아끼며 가르침을 베풀었다고 한다. 다니는 매일 아침 신어머니의 신당을 방문하여 정안수를 갈고 틈이 날 때 마다 신어머니의 장구 앞에서 굿을 연습했다. 더구나, 당시 신어머니는 자신의 굿을 소개하는 책을 출판하기 위한 준비 중이었고, 다니는 그 과정에서 신어머니의 이야기를 기술하고 정리하는 역할을 하면서 자신의 배움을 더 체계화할 수 있었다고 한다. 이와 함께, 다니는 신어머니에게 가장 장래성 있는 제자로 인정을 받게 되었다고 한다.

② 신어머니와의 결별과 민중무당

1983년 인천의 한 부두에서 열렸던 큰 규모의 굿에서 다니는 교수, 학생, 그리고 기자들에게 많은 관심을 받게 된다. 그 후 어느 날 탈춤과 농악에 관심을 갖고 공연을 하던 몇 명의 대학생들이 그녀를 찾아와 굿을 가르쳐달라고 부탁하게 된다. 그들은 한 미술 갤러리에서 열리게 되는 송년파티에서 굿을 공연할 계획이었다. 하지만 3주라는 시간은 굿 공연을 학습하기 위해서는 너무 모자란 시간이었다. 결국, 다니가 그 굿을 대신하게 되었으며, 그 굿 공연은 다니로 하여금 더 많은 학생들과 관련을 맺게 하는 사건이었다. 당시 굿에 관심을 두고 있었던 학생들은 소위 민중운동에 깊이 관여되어 있던 사람들이었는데, 그들과의 활동은 다니에게는 무당으로서 자신의 역할이 무엇인가를 고민하게 하는 새로운 세계의 경험이었다고 한다.

그러나 다니의 이러한 대외적 활동이 신어머니와의 결별에 직접적인 원인이 되지는 않았다. 신어머니가 문화재로 지정되고 난 이후에 많은 사람들이 신어머니에게 내림굿을 하길 원했다고 한다. 사람이 많으면 당연히 말도 많아지듯이, 어린 나이에 보여주는 다니의 재능과 신어머니와의 친밀한 관계는 주변의 질투 대상이 되었다고 한다. 결정적으로, 문화재 지정과 관련한 신어머니에 대한 좋지 못했던 루머를 퍼뜨린 장본인으로 오해받게 되면서 그리고 더 많은 오해의 중첩들로 인하여 결국 다니는 신어머니와 결별을 하게 되었다. 이러한 오해와 자신에 대한 신어머니의 불신에 대한 실망 이외에, 다니는 자신과 신어머니의 결별 이유를 무당으로서 자신의 정체성에 대한 의문에서 찾았다. 문화재 지정 이후 중산층 이상의 계층만을 상대하게 된 자신의 신어머니와 학생들과의 활동을 통해서 깨닫게 된 새로운 정체성 즉 고통받고 억압받는 사람들의 억울함을 풀어주는 역할을 책임진 무당으로서의 자신의 정체성 분류는 무당으로서 신어머니와 자신의 길을 서로 다르게 느끼게 만들었다고 한다. 다니는 다음과 같이 당시의 마음을 표현한다.

그것은 정말 새로운 경험이고 새로운 문화였어요. 그때까지 나는 '굿은 그냥 집이나 굿당에서만 돈받고 하는 것'이었죠. 그러나 학생들과 함께 하면서, 나는 굿 안에 있는 정치적인 무엇을 느끼게 된 거죠… 정치적 의미를 포함하는 굿을 하기 위해서, 나는 책을 많이 읽었어요. 어느날, 나는 한 오빠한테 이렇게 물었죠. '민중이 뭐에요?'라고. 그 선배오빠는 '민중은 무당하고 비슷한 것이다…무당은 삶속에서 다른 사람들을 도와주는 거야. 무당은 무시당하는 사람을 위해 굿을 하는 거고. 굿을 통해서 무당은 산자와 죽은자의 한을 풀어주는 것이다.' 이렇게 이야기하더라구요. 나는 내가 그런 일을 하고 있다는 것을 알고 참 행복했어요. 나중에 그 오빠가 많은 책들을 추천해주기도 했구요. 그런 책들을 읽으면서 당시 독재에 대해 비판적인 마음도 가질 수 있었죠…
그때 내가 들었던 이야기들은 모두 정부와 변화하는 세상에 대한 것들
이었죠…"

　　다니가 학생들과 활동하던 80년대는 학생운동가들을 포함한 많은 문화
운동가와 지식인들이 민중문화운동이라는 이름으로 반독재와 민주화투쟁을
하던 시기였다. 그리고 그 운동 안에는 굿의 여러 요소들이 사용되었다. 그
들과 함께 다니는 굿을 통한 민주화 운동을 전개했다고 볼 수 있다. 흥미롭
게, 다니의 신어머니가 국가에서 지정한 '진정한' 혹은 '전통적인' 샤먼쉽을
대표했다면, 다니는 자신의 정체성을 국가 권력에 저항하는 세력의 영웅으
로 확립하게 된 것이다.

　　③ 민중무당에서 전통종교의 사제로
　　민중무당으로서의 삶에 대해 다니가 모신 신령의 반응은 사뭇 달랐다고
한다. 시위 현장에서 아무렇게나 대해질 수밖에 없었던 신의 물건들은 일종
의 신성 모독과도 같은 것이었다. 더욱이 시위현장에서 죽은 자들을 위한
여러 굿 공연은 다니가 모시는 신령들에게 부정한 것이었다.[28] 어느 날 사
회 운동가들과 함께 하기로 했던 공연을 앞두고 수일 전부터 잠겨버린 목
상태는 그녀로 하여금 신의 분노를 가늠케 했다. 결국, 민중무당으로서의
활동들을 그만둘 수밖에 없었던 계기가 되었던 것이다. 하지만 그녀가 민중
운동과 관련된 활동을 하던 당시 맺게 된 학자들과의 인연은 지속되었으며,
그들 중 한 여성 신학자와의 만남은 이후 다니의 새로운 활동과 정체성 형

---

[28]　죽은자를 위한 굿 자체를 부정한 것으로 보기에는 어렵다. 다만, 다니에 따르면, 죽은자를 위한 굿을
할 때는 그 만큼 더 복잡한 의례 절차가 필요하기 마련인데, 그런 부분을 간과한 것이 문제였다고 말한다.

성의 계기가 되었다. 즉, 그 여성 신학자와의 만남과 유대는 90년대 한국의 종교 간 대화의 모임에서 활동하던 타종교의 사제들 혹은 신학자들과의 만남으로 확대되었던 것이다.

　최근, 다니는 그리스도교 목사가 운영하는 명상센터에서 자신의 삶을 이야기한 적이 있었다. 이 명상 센터는 종교 간의 대화에 익숙한 종교인들이 함께 참여하고 있지만, 많은 사람들은 그리스도교 전통(가톨릭 포함)에 속해 있었다. 참여한 사람들의 종교적 배경을 고려해서였는지, 그녀는 자신의 꿈에 관한 이야기로 시작했다.

　　나는 참 이상한 무당이라고 생각해요. 저는 무당이잖아요. 그런데 베드로, 십자가, 십계명을 보는 무당을 생각해보셨어요? 정확히 언제인지는 모른지만, 십자가가 제 치마로 내려오는 거예요. 그리고 다른 꿈에서는 베드로가 지팡이를 짚고 와서는 '저 사람들과 같이 공부해라'라고 말씀하시는 거예요. 또 다음 날 꿈에는 하늘에서 어떤 글자가 막 떠다니다가 돌판에 박히더라구요. 처음에는 그 판에 있는 글자들이 뭘 의미하는지 몰랐는데, 나중에 보니 십계명인거예요…그런 꿈들을 꾸다가 이런 생각이 들더라구요. '내가 사제자로서 제대로 된 길을 가고 있는 걸까?'…나는 문화재가 되고 싶은 마음은 없어요…우습게 들릴지 모르지만 내 친구들 중에는 다른 종교의 사제가 참 많아요. 어떤 목사는 굿이나 고사도 드려달라고 한다니까요…

　이능화나 최남선이 이미 20세기 초에 한국 무속의 종교적 특성을 강조했지만, 실제로 한국 무속의 종교적 측면이 강조되고 주류 담론으로 들어온 것은 70년대와 80년대의 그리스도교 신학자들에 의해서였다고 볼 수 있다. 신학의 토착화라는 이슈와 함께 무속이 한국의 종교 문화의 지핵 혹은 다종교 공존의 근원으로서 이해된 것이다. 다른 사람들과 소통하기 위해서 다니는 많은 부분 그들에게 친숙한 종교 용어들을 선택한다. 그리고 그 속에서 자신의 무당으로서의 정체성을 전통종교의 사제로 분류한 것이다. 만약 민중무당으로서의 정체성이 계급의식에 기반한 주류의 사회·정치적 담론들을 따라 형성된 것이었다면, 사제로서의 다니의 정체성은 계급이나 특정한 사회·정치적 입장을 넘어서고 있다. 명상센터의 한 청중이 다니가 말한 "옳은 길"이 무엇인지를 질문했을 때, 다니는 다음과 같이 대답했다. "저는 무속에서 바른 길이라는 것은 자손 잘되게 기도하고 남한테 해를 입히지 않는 것, 그런 것이라고 생각해요. 또 무속에서 핵심적인 것은 가족의 평화, 마을의 행복, 삶을 존중하고 건강하게 사는 것이라고 생각해요… 우리 삶에서 이런 것 말고 다른 것이 있나요?" 이런 그녀의 대답은 종교가 계급의식에 기초한 정치의식의 범주로 판단될 수 없음에 대한 확신일 것이다.

이상의 생애사 요약을 통해서, 우리는 무당으로서 다니의 자기 정체성이 한국의 사회 정치적 상황, 그리고 학적 담론의 맥락과 병행하고 있다는 것을 알 수 있다. 그리고 그녀의 생애사에서 각 시기의 정체성을 표상하는 개념들인 '한국의 전통문화', '민중 혹은 저항의 상징', '전통종교'라는 무속 분류들은, 무속 실천자로서 다니의 정체성 형성의 준거틀로써 기능하면서 다니의 정체성 구성 과정에서 상호작용하고 있다고 말할 수 있다.

'한국의 전통문화'로서 무속은 일제시기 식민담론과 민족담론에서 비롯되고 해방 후 군사혁명 및 독재를 정당화 하려는 문화정치의 맥락에서 이해될 수 있고 동시에 인간문화제라는 제도, 정기적인 대중 공연 및 방송 출연 등의 다양한 매트릭스matrix 안에서 강화된 분류이자 사회적 구성물이라고 할 수 있다. 무속에 대한 다른 분류들인 '민중' 및 '전통종교' 역시 각각의 매트릭스 내에서 형성된 사회적 구성물이라 할 수 있다. 그러나 중요한 점은 이러한 무속의 분류를 무당들은 자신의 정체성을 구성하는 데 준거틀로써 전유해 왔으며, 다양한 무당의 무속실천 방식의 토대를 이루고 있다는 점이다. 더욱이 하비Harvey가 밝히고 있듯이, 무당은 "강한 목표 지향성"을 가지며 "타자에 대한 예민한 감수성"을 지니고 있다고 한다.[29] 또한 최정무 역시 무당의 예민한 사회적 감수성이 독립된 무당으로 가는 데 필수 요소임을 언급한 바 있다.[30] 이런 의미에서 우리는 다니의 정체성 변화를 다니를 둘러싸고 있는 사회 정치적 주류 담론에 대한 다니의 민감한 사회적 감수성이 결합된 산물로 이해할 수 있다.

한편, 무당과 무당 혹은 무속에 대한 학적 담론의 관계는 어떤 면에서 일종의 권력관계로 파악할 수 있을 것이다. 특히, 60년대 후반부터 문화재 지정과 관련한 무당과 학자의 관계는 좋은 예가 될 것이다. 그러나 필자는, 앞서 무운이 근대적 종교 관념을 전유하는 것에서 보았듯이, 무속과 무당에 대한 특정한 시기의 학적 담론들의 변화가 다니에게 일방적으로 영향을 미쳤다고 보기에는 무리가 있다고 본다. 오히려, 필자는 무당으로서 그녀가 선택한 정체성의 변화과정은 독립된 무당의 이미지를 정의하는 학적 담론을 전유하는 과정에서 선택한 일종의 "전술(tactics)"로 이해한다.[31] 수년 동안 다니는 지역 축제와 같은 무대에서도 전통문화의 공연자로서 여러 번의 공연에 참가했을 뿐 아니라, 마니산 첨성단에서는 전통종교의 사제자로서 제천의례를 주관하기도 했다. 하지만, 무대 위의 굿 공연자로서 다니, 제천 행사의 사제자로서 다니, 또 어떤 경우는 민중무당으로서의 다니라는 복합

29_ Youngsook Kim Harvey, *Six Korean Women : The Socialization of Shamans*, Minnesota : West Publishing Co., 1979, pp.235~236.
30_ Chungmoo Choi, "The Competence of Korean Shamans As Performers of Folklore," pp.153~154.
31_ 여기서 전술(tactics)의 개념은 세르토(Certeau)에게서 차용한 개념으로서, 생산자의 역할을 담당하는 제도나 권력구조에 의해 전략적으로 제한된 환경 속에서 그 전략들을 전유하며 행동하는 소비자들의 방식을 이해하기 위해 사용된다. Michel De Certeau, *The Practice of Everyday Life*, translated by Steven Rendall, California : University of California Press, 1988.

적인 정체성은 현재의 다니에게 잘 통합되어 있는 것 같다. 여기서 "통합"
은 여러 정체성들이 결합하여 단일한 정체성을 창조해냈음을 의미하는 것
은 아니다. 오히려 다양한 정체성들이 공존하면서 다니 스스로가 마주하는
특정한 상황에 따라 일면을 강조하는 것일 뿐이다. 결국, 무속에 대한 다양
한 범주들은 특정한 의도를 지닌 권력의 실천으로 이해될 수 있지만, 다니
는 그러한 범주들을 자신이 마주하는 구체적인 상황들에 적절히 대응하는
것이 가능하도록 돕는 것이다.

3. 맺는말 : 변질이 아니라 다원성이다!

지금까지 두 무당의 이야기를 통해서, 우리는 어떻게 학적 담론에 의해
생성된 독립된 무당의 이미지가 그들의 정체성 형성과 "긴밀한 순환적
상호관계"를 맺고 있는지를 살펴보았다. 구체적으로, 그들의 정체성 형성
과정에 공통적으로 기능했던 한국 무속의 진정한(authentic) 전통이라는 관념
역시 '한국적인 것(Koreanness)'을 발견하려는 특정한 역사적 시기의 학적 담
론과 당시의 무당들의 요구가 결합된 구성물로 이해할 수 있다. 그 외의
'종교', '민중' 등의 관념들 역시 그러한 맥락에서 벗어나지 않는다.[32] 언뜻
보면, 그들의 이야기에서 등장하는 복합적이고 다양한 준거 모델들은 그들
의 정체성을 일관되지 못하고 분열되게 보일 수도 있다. 하지만, 통일되고
일관된 자아의 정체성은 근대적 개인에 대한 신화일 뿐이다. 이런 면에서

---

[32] 일제 식민주의 시대에 국학자들 사이에서 발견하고자 했던 "한국적인 것(Koreanness)"과 무속의 공
적인 담론 영역으로의 출현은 "진정한 전통" 혹은 "원형"으로서의 '한국무속' 이미지와 현실의 구성에 중요
한 계기로 이해할 수 있다. 이후, 한국의 60~70년대 박정희 정권의 독재 정당화의 수단으로 그리고 그 저항
운동의 이데올로기로서 창조된 다양한 무속의 이미지와 관련하여서는 김동규, 앞의 글 참고.

그들의 자서전적인 이야기는 일종의 공연 행위(performative acts)이자 자아를 구성하는 과정으로 보는 것이 타당할 것이다.[33]

사실 무속의 다원성에 대한 논의는 어쩌면 전혀 새로운 것이 아닐 수 있다. 이른바 무속의 "원형론"에 입각한 여러 연구서들에서 혹은 무속 전통의 발굴 및 보존을 강조해 왔던 연구서들에 의해 현대 한국 무속의 다원성은 이미 언급되었다고 볼 수 있다. 다만, 그러한 입장들은 다원성보다는 좀 더 보편적이고 여러 가지 다양한 현실을 관통할 수 있는 무속의 본질적 차원에 더 주의를 기울였기 때문에 다원성에 대한 적절한 설명을 제공하지 못했다는 차이점을 가진다. 더욱이, 원형론이나 비교를 통한 단일한 무속 체계의 발견에 관심을 가졌던 연구서들 대부분은 무속의 원형이나 본질에 너무 집착한 나머지, 현대의 다양한 무속 현상을 적절한 이해 없이 변질된 것으로 치부하기 일쑤였다. 제대로 배우지 못해 이른바 전통에서 멀어진 젊은 무당들의 의례들은 "짬뽕굿"으로 폄하되기 일쑤였으며, 어떤 무당들에 대해서는 그 무당의 자질에 대한 혹독한 비판이 학자들 사이에서나 무당들 사이에서도 암묵적으로 행해져 왔던 것도 사실이다. 하지만 필자가 주장한 바 있듯이, 이러한 원형론적 패러다임은 무속 현실에 대한 적절한 이해의 기반이 되지 못한다.[34] 이런 맥락에서, 필자가 제시한 학문적 담론과 한국 무속의 "루핑 이펙트"는 원형에서 변질되고 변화되었다는 동시대 무속문화에 대한 비판들에 대한 대안적인 시각을 제공한다는 의의를 지닌다.

앞서 소개된 두 무당 이외에 필자가 만났던 어떤 박수무당은 자신의 무

33_ Sidonie Smith & Julia Watson, *Reading Autobiography : A Guide for Interpreting Life Narratives*, Minneapolis : University of Minnesota Press, 2001, p.47.

34_ 김동규, 「강신무·세습무 유형론에 대한 일고찰」, 한국무속학회 편집, 『한국무속의 강신무와 세습무 유형구분의 문제』(민속원, 2006), 109~134쪽. 무속의 원형 담론에 대한 최초의 체계적인 비판은 김성례에 의해 처음 이루어졌다고 할 수 있다. 김성례, 「무속전통의 담론분석 : 해체와 전망」(『한국문화인류학』 22, 한국문화인류학회, 1990), 211~243쪽.

업을 "서비스업"으로 사업자등록을 내고 스스로를 심지어 "박리다매형 서비스업자"로 소개하기도 했다.[35] 본고에서는 무당의 자기 정체성 형성 과정에서 나타나는 다양한 모습들을 위주로 기술했지만, 사실 그들의 자기 정체성 확립에서 보이는 다양성만큼 한국 무속의 현실은 다양하다. 어쩌면, 이러한 다양한 무당으로서 자기 정체성 분류는 한 특정한 시기의 현상이 아니라 한국 무속의 역사에서 항상 있어온 현상이었을 수도 있다. 만약, 한국 무속은 다원성을 그 특징으로 인정하게 되면, 현대 사회에서도 무속이 사라지지 않고 존재할 수 있는 이유는 무엇인가 라는 질문에 대한 해답도 보다 쉽게 찾아질 수 있다. 즉, 그와 같은 다양한 모습의 무당과 다양한 형태의 무속실천(그것이 '짬뽕굿'이건 혹은 '전통굿'이건 간에)이 현대 한국인들의 다양한 요구에 부합한다는 사실이다. '짬뽕굿'이 유행하는 이유를 못 배우고 게으른 무당 탓으로 비판하기보다는 그러한 실천을 요구하는 무속의 잠재적 신도(고객)와의 합의에서 찾아야 하는 것이다. 이런 맥락에서 한국 무속의 현재적 모습에 대한 기술은 변화나 변질에 대한 평가 이전에 어떤 원인에 기인하여 그러한 다양한 형태의 무속문화가 가능할 수 있었는지에 대한 설명이 필요하다.

이제, 서두에서 던졌던 질문, "무속에 대한 긍정적인 이미지 및 그와 관련한 학적 담론은 무속 연구자들 사이에서 혹은 무속에 대한 긍정적인 시각을 견지하는 학자들 사이에서만 존재하는 인하우스게임(in-house game)의 산물에 불과한 것인가? 그렇지 않다면, 무속에 대한 학적 담론은 무속의 현실을 구성하는 또 하나의 에이전트(agent)로 이해될 수 있을까"에 대한 대답은 명확해진다. 그 대답은, 무속에 대한 혹은 무당에 대한 학적 담론에서 구성

35_ 『한국무교신문』(2011년 8월 29일자)에는 김금화의 일대기를 그린 다큐멘터리영화 '비단꽃길'의 촬영 동기가 소개되고 있는데, 그 안에서 그녀는 다음과 같이 진술한다 : "행여나 세인들이 사사로운 것에만 관심을 둘까봐 촬영을 꺼리기도 했지만 굿은 조상의 맥이고 종합예술이기 때문에 이를 사람들에게 알리고 싶었다."

된 분류는 사회적 변화에 예민한 감수성을 지닌 무당들과의 끊임없는 피드
백을 통하여 한국 무속의 스펙트럼을 더욱 광범위하게 확장해 왔으며, 무속
의 다양한 현실을 구성하는 하나의 주체로 이해될 수 있다는 것이다. 결국,
한국 무속의 스펙트럼의 확장은 동시대의 무속 실천에서 발견되는 다원성
의 근거가 되는 것이다.

이 글은 『종교연구』 66집에 실린 글을 부분적으로 수정하고 보완한 것임을 밝힌다.

경기 도당굿 '화랭이' 개념에 관한 문화기술지 연구

목진호
한국예술종합학교 강사

1. 머리말

1) 문제제기 및 연구목적

경기 도당굿은 한 민족의 고유한 문화적 특징을 가장 잘 보여주고 있는 민간의식 분야 중 하나다. 민간의식은 문文·사史·철哲·화畵·물物·축築·식食·의衣·종宗·악樂 등이 복합적으로 얽혀있는 특징을 갖는다. 이러한 특징들은 오랜 역사적 유래와 변천과정을 거쳐 사료나 유물, 예능전승을 통해 세대 간으로 이동한다. 경기 도당굿 역시 오랜 전승의 형태를 간직한 민간의식 분야라고 말할 수 있다.

경기 무악巫樂은 경기권역의 무巫 의식에서 쓰이는 음악을 말한다.[1] 이 중 대표적인 것을 꼽는다면 경기 도당굿이라고 말할 수 있다. 그 이유는 경기 도당굿에 담긴 예술성과 예인들의 활동에서 찾을 수 있기 때문이다.[2] 이 무악은 삼현육각 반주구성에 따라 취타吹打나 별곡別曲 등의 민간풍류음악에서부터 시나위라는 굿 음악에 이르기까지 다양한 음악성을 갖추고 있다. 또한 이 무악을 연행한 예인들은 채보와 연주는 물론이거니와 도살풀이 · 태평무 · 승무 · 살풀이 등 민간무용의 역사에 투영되어 왔다.

그동안 연구성과는 현지조사를 통한 문화인류학적 연구,[3] 무가에 대한 국문학적 연구,[4] 음조직에 대한 음악학적 연구[5] 등으로 대별할 수 있다. 이와 같은 연구는 경기 도당굿의 개념과 실체를 파악하는데 많은 도움을 주었다.

그런데 경기 무악의 연행자를 지칭하는 용어들은 시기마다 상이하게 나타났다.[6] 현재 활발히 사용되고 있는 '화랭이'라는 용어 역시도 역사적 유

1_ 이글에서는 무악의 연행범주를 악(樂) · 가(歌) · 무(舞) · 희(戱)를 총체적으로 포괄하는 개념으로 사용한다. 또한 '화랭이'를 가리키는 학술적 용어로서, 필자는 경기 세습무나 경기 무악의 연행자라는 표현을 사용하기로 한다.

2_ 해방 전후 민악(民樂)과 무용을 주도했던 예인들로는 한성준 · 지영희 · 김숙자 · 이동안 · 한영숙 등이 있다. 이들은 무계(巫系)출신으로서 한국전통예술계 전반으로 활동한 이들이며, 지갑술 · 이용우 · 조한춘 · 오수복 · 방돌근 등은 경기 도당굿과 관련해서 주요한 활동을 펼친 이들이다.

3_ 심우성 역(적송지성, 추엽 륭 공저), 『조선무속의 연구』 상 · 하(동문선, 1978); 이혜구, 「무악연구 : 청수골의 도당굿」, 『사상계』 제3권(사상계사, 1955), 212~25쪽, 『한국음악연구』(국민음악연구회, 1957), 164~182에 복간.

4_ 서대석, 『한국무가의 연구』(문학사상사, 1980); 김헌선, 『한국 화랭이 무속의 역사와 원리』(지식산업사, 1997); 김헌선, 『경기도 도당굿 무가의 현지 연구』(집문당, 1995); 오수복 외 구술(하주성 정리, 해설), 『경기도의 무가』(경기문화재단, 2000).

5_ 이보형, 「시나위 청」, 『한국음악연구』 제8호(한국국악학회, 1979), 31~43쪽; 이보형, 「무속음악장단의 음악적 특징」 『한국음악연구』 제19호(한국국악학회, 1991), 125~132쪽; 박정경, 「경기도 남부 도당굿 중 제석굿 무가의 음악적 특징」(한국정신문화연구원 석사학위논문, 2002) 및 『한국무속학』 제7집(한국무속학회, 2003), 143~196쪽; 성금련 편, 『지영희민속음악연구자료집』(교문사, 1986); 최스칼렛, 「지영희의 『지영희민속음악연구자료집』 中 경기무속 연구」(한예종전통예술원 석사학위논문, 2009); 국립국악원, 『한국음악 : 경기 도당굿』 제30집(국립국악원, 1998); 장기석, 「경기 도당굿에서 화랭이의 음악 분석」(용인대예술대학원 석사학위논문, 2003); 임수정, 「경기도 도당굿의 장단 분석」(중앙대대학원 석사학위논문, 1995).

6_ "사니(男巫)": 이두현 · 장주근 · 정병호 · 이보형, 『무형문화재조사보고서 : 경기도 도당굿』 제186호(문화재관리국, 1990), 764쪽; "화랭이" : 앞의 책, 768쪽; "工人(男巫)" : 이혜구, 「무악연구」, 『한국음악연구』, 167~169쪽; "남무(男巫)" : 박헌봉, 『무형문화재조사보고서 : 진쇠장단외 11장단』 제28호(문화재관리국, 1970), 883쪽; "남자(巫堂)" : 유기룡 · 이보형, 『무형문화재조사보고서 : 시나위』 제85호(문화재관리국,

래나 명확한 정의 없이 쓰고 있는 실정이다. 오히려 이 용어는 학술용어로 활발히 사용되기 이전에 현장에서 흔히 불리던 속어俗語에 불과했다. 현장의 용어이기에 현장에서 체험했던 연구 참여자들의 의식을 통찰해 보는 것은 매우 의미 있고 중요하다고 할 수 있다.

이 통찰을 위하여 제기할 문제는 과연 연구 참여자들이 '화랭이'라는 용어와 관련되어 어떤 일을 보고 들었으며, 무슨 생각을 했는지에 관한 것이다. 그리고 이를 통해 '화랭이'의 역사성, 사회성, 현장성, 기능과 역할 등에 관한 사항은 이 논문에서 해결해야할 과제이다.

따라서 이글의 목적은 경기 도당굿 '화랭이' 개념에 대한 연구 참여자들의 경험과 인식을 알아봄으로써, 이 개념에 대한 의미를 파악하는 데에서 찾을 수 있다.

2) 선행연구 검토

1920년대로부터 1950년대까지는 경기 무악의 연행자를 일컬어서 박사博士・화랑花郎・낭중郎中・양중兩中・광대廣大・창우원관倡優顚官・재인才人・우인優人・남무男巫・무부巫夫・산이 등으로 불렀다. 이능화李能和(1869~1943)는 여무女巫와 남무를 구별했다. 남무는 다시 박사・화랑・낭중・양중・광대・창우원관・재인・우인 등과 같다고 했다. 그는 이수광李睟光(1563~1628)의 『지봉유설芝峰類說』을 들어 설명하면서, "지금 세속에서 남무를 화랑이라 부르는 것은 그 본래의 의미와는 다르다"라고 주장했다.[7] 1937년 아키바 다카시秋葉 隆(1888~1954)와 아카마쓰 지조赤松智城(1886~1960)는 "남부지방의 경

1971), 552~553쪽.

7_ 이능화 저, 이재곤 역, 『조선무속고』(동문선, 1991), 14~20쪽.

우, 무부는 재인才人·공인工人·광대廣大·창부倡夫·화랑花郞이라고 칭한다"
고 했다.[8] 1944년 일제 강점기 도당굿의 현장을 묘사한 이혜구는 공인 또
는 남무라고 칭했다.

1960년대부터 70년대 중반까지의 조사보고서에는 악사·남무·재비꾼
등의 호칭을 사용했다. 이 조사보고서들은 선율악기의 연주자를 대상으로
했다. 박헌봉은 1966년 자료에서 악사나 남무로 불렀다.[9] 1968년 유기룡과
홍윤식은 악사나 재비, 또는 재비꾼이라는 호칭을 사용했다.[10] 1970년 박헌
봉·유기룡·홍윤식은 재비꾼이라는 호칭을 사용했다.[11] 1971년 유기룡·
이보형은 지갑술池甲戌(1909~1980)의 제보를 싣고 있는데, 여기에는 남자男子
라는 호칭을 사용했다.[12]

1970년대 말에서 1990년대 중반까지 조사보고서에는 고인·남무·잽
이·악공·창부倡夫, 선증애꾼(선굿꾼, 선굿창부)·공인·화랭이·창우로 나타
났다. 1978년 장주근은 해방 이후 문헌상에서 '화랭이'라는 호칭을 처음으
로 사용했다.[13] 1983년 정병호외 조사자들은 고인·남무·잽이·창부·악
공·광대고인廣大鼓人이라고 칭했다.[14] 또한 같은 해 황루시는 "남자 굿꾼을
화랭이라고 부른다"고 하면서 이 호칭을 사용했다.[15] 1990년 이두현·장주
근·정병호·이보형은 각기 다르게 칭했다. 첫 번째 글에서 '화랭이'·사

8_ 심우성 역, 앞의 책(하), 41쪽.

9_ 박헌봉, 앞의 책, 879쪽, 883쪽.

10_ 유기룡·홍윤식, 『무형문화재조사보고서 : 경기시나위』 제45호(문화재관리국, 1968), 213쪽, 222쪽.

11_ 박헌봉·유기룡·홍윤식, 『무형문화재조사보고서 : 시나위(도살푸리, 살푸리)』 제76호(문화재관리국, 1970), 221쪽.

12_ 유기룡·이보형, 앞의 책, 551~553쪽.

13_ 장주근, 「무속」, 『무형문화재조사보고서 : 경기도편』(민속원, 1978), 106~130쪽.

14_ 문화재관리국, 「제6장 수원지방의 무의식」, 『한국민속종합조사보고서』(문화재관리국, 1983), 187~206쪽.

15_ 황루시·이보형 공저(사진·해설 김수남), 『경기도 도당굿』(열화당, 1983), 32쪽.

니·남무, 두 번째 글에서는 선중애군(선굿꾼, 선굿창부)·공인, 세 번째 글에서는 '화랭이', 네 번째 글에서는 창우라 칭했다.[16]

1990년대 말에서 2000년대 말까지 대다수 글에서 '화랭이'라는 호칭을 주로 사용했다. 1999년대 이후 장철수, 이정재, 이용범, 김헌선, 손태도, 이필영李弼永, 하주성, 박정경 등의 연구자들은 '화랭이' 또는 '화랑이'라는 호칭을 사용했다.[17] 경기 전통예술 연구 시리즈 Ⅳ 『경기굿』(용인 : 경기도문화의 전당 국악당, 2008)에는 김헌선, 이보형, 홍태한, 김은희, 허용호, 이용범, 박정경, 이용식, 윤동환, 김형근, 임혜정, 김영운, 홍태한 등, 모두 14명이 저자로 참여했다.[18] 이들 대부분의 저자들은 '화랭이'라는 호칭을 사용했다.

〈표 1〉 '화랭이' 호칭의 종류

연대	호칭
1920년대~1950년대	박사(博士)·화랑(花郎)·낭중(郎中)·양중(兩中)·광대(廣大)·창우원관(倡優顚官)·재인(才人)·우인(優人)·무부(巫夫)·공인(工人)·남무(男巫)·산이
1960년대~70년대 중반	악사·남무·재비꾼
1970년대 말~1990년대 중반	고인·남무(男巫)·잽이·악공(樂工)·창부(倡夫)·공인·창우·'화랭이'·선증애꾼(선굿꾼, 선굿창부).
1990년대 말~2000년대 말	'화랭이'·화랑이·산이

16_ 이두현·장주근·정병호·이보형, 『무형문화재조사보고서 : 경기도 도당굿』, 755~756쪽.

17_ 장철수, 「전통·신앙 및 종교 개관」, 『경기민속지』(경기도박물관, 1999), 10-15쪽; 이정재, 「경기동부의 무속신앙」, 『경기민속지』, 258쪽; 이용범, 「경기남부의 무속신앙」, 『경기민속지』, 377~419쪽; 김헌선, 「경기 북부의 무속신앙」, 『경기민속지』, 304쪽; 김헌선, 『한국 화랭이무속의 역사와 원리1』(지식산업사, 1997); 김헌선, 『경기도 도당굿 무가의 현지 연구』(집문당, 1995); 손태도, 「광대 집단의 가창 문화 연구」(서울대대학원 박사학위논문, 2001); 이필영, 「화랭이 무가와 판소리의 연행방식 비교 : 군웅노정기와 제석굿을 中心으로」(서울 : 경기대대학원 석사학위논문, 1999); 하주성, 『경기도의 굿』(경기문화재단, 1999), 19~26쪽.

18_ 김헌선, 「경기굿의 판도와 의의」, 『경기굿』(경기도문화의 전당 국악당, 2008), 13~36쪽; 이보형, 「경기굿의 총괄적 면모」, 『경기굿』, 37~56쪽; 홍태한, 「경기굿 무가의 구비문학적 특징」, 『경기굿』, 57~85쪽; 김은희, 「경기도 지역 집굿의 갈래와 의의」, 『경기굿』, 111~140쪽; 허용호, 「경기 마을굿의 특징과 지역적 편차」, 『경기굿』, 141~168쪽; 박정경, 「경기 무가의 음악적 특징」, 『경기굿』, 191~271쪽; 이용식, 「경기도 무악의 특징」, 『경기굿』, 273~293쪽; 윤동환, 「경기굿의 현황과 전망」, 『경기굿』, 297~313쪽; 김형근, 「경기굿의 연구사 검토 및 연구 자료 개괄」, 『경기굿』, 315~338쪽; 임혜정, 「경기굿 전승자와 전승 실태」, 『경기굿』, 339~361쪽.

이상과 같이 '화랭이' 개념과 관련하여 선행연구를 검토한 결과, 시기별 호칭의 종류를 살펴볼 수 있었다. 이제 필자는 분석틀을 마련하기 위하여 선행연구의 경향을 다음과 같이 분류했다. 첫째, 역사적 관점에서 호칭을 다룬 글(이능화, 1927; 아키바 다카시 · 아카마쓰 지조, 1937; 송방송, 2007; 손태도, 2001). 둘째, 현장적 관점에서 보고서 형식으로 연구한 글(이혜구, 1944; 박헌봉, 1966; 홍윤식 · 유기룡, 1968; 유기룡 · 홍윤식 · 박헌봉, 1970; 유기룡 · 이보형, 1971; 장주근, 1978; 김헌선, 1995). 셋째, 사회적 관점에서 단골제도나 결혼에 관한 측면을 다룬 글(김은희, 2008; 이용범, 1999; 임혜정, 2008). 넷째, 화랭이의 예술적 기능의 측면을 다룬 글(이두현 · 장주근 · 정병호 · 이보형, 1990; 이보형, 2008; 이용식, 2008; 박정경, 2008)로 연구경향을 파악했다.

　　이에 따라 본 연구는 '화랭이' 개념을 파악하기 위한 분석틀로서 역사적 관점, 현장적 관점, 사회적 관점, 기능적 관점 등, 이상 네 가지 관점을 구조화했다.

3) 연구방법

(1) 문화기술지 연구

　　'화랭이' 개념에 관한 이 연구는 질적 연구방법의 한 가지인 문화기술지 연구방법을 활용한다. 문화기술지 연구방법은 현장을 방문하여 특정한 문화적 집단의 행동양식, 사고유형 등을 기술하고 분석한 후 해석의 과정을 거치는 연구방법을 의미한다.

　　"문화기술지는 문화공유집단이 갖고 있는 가치, 행동, 신념, 언어의 공유되고 학습된 패턴을 기술하고 해석하는 질적 연구 설계의 한 형태다(harris, 1968). 연구의 과정과 결과로서(Agar, 1980), 문화기술지는 해당 연구에서 최종적으로 작성된 산물일 뿐만 아니라 문화공유집단을 연구하는 하나의 방식이다"[19-

(2) 연구 참여자 선정 및 적합성

연구 참여자들은 경기도 도당굿보존회에서 활동하고 있는 전수조교 1인, 이수자 중 2인, 이상 3인이며, 이들 세 명은 모두 60세 이상이다.

선정의 적합성은 세 가지로 요약할 수 있다. 첫째, 이들은 '화랭이'로 불리던 사람이거나 그 집안에서 자랐으며, 또한 그들과 무리지어 무업에 종사하던 사람이다. 둘째, 이들은 현재도 보존회를 통해 전승활동 및 무업에 종사하고 있다. 셋째, 이전 세대의 조사대상자는 전부 사망했기 때문에, 그전까지 구술 자료를 제공한 대상자를 만나기 어려운 상황이다.

연구 참여자와의 면담내용은 녹음과 채록의 과정을 통해 구술 자료로 활용될 것이다. 이들과의 면담은 직접 방문하여 이루어졌다. 1회 소요시간은 1시간 이내이다.

(3) 자료수집 및 절차

본 연구에서 자료수집 및 절차는 자료수집, 범주화를 포함하는 내용분석을 말한다.(Morse & Field, 1995) 자료수집 및 절차는 네 가지 과정에 따라 진행하게 된다. 첫째 관찰, 둘째 질문(반 구조화된 개방형 질문), 셋째는 결과분석이다. 결과분석은 구술된 자료를 네 가지 관점에 입각하여 코드화하고 범주화하는 것을 말한다. 넷째는 분석된 결과를 연구자 시각에서 해석한다.

첫 번째 면담은 2011년 5월 4일 15 : 30~16 : 20(50분간)에 경기도 수원시 팔달구 팔달로에 위치한 김순중金順重의 자택에서 이루어졌다. 김순중은 1947년 생生으로서 현재 중요무형문화재 제98호 경기도 도당굿 이수자이며, 직업은 무업이고, 이용우李龍雨(1899~1987)의 외손녀다. 이용우는 경기 도당굿

19_ 조흥식 · 정선욱 · 김진숙 · 권지성 공역(John W. Creswell 저), 『질적 연구방법론』(학지사, 2010), 105쪽.

의 맥을 이어온 산 증인으로서, 도대방을 역임한 이종하李鍾夏의 아들이다.

두 번째 면담은 2011년 5월 24일 15 : 30~16 : 20(50분간)에 경기 수원시 천천동에 위치한 장영근張榮根의 자택에서 이루어졌다. 장영근은 1945년 생生으로서, 현재 중요무형문화재 제98호 경기도 도당굿 전수조교를 맡고 있으며, 현재 직업은 악사이고 장유순의 아들이다. 장유순은 경기 도당굿의 피리명인으로 알려져 있다.

세 번째 면담은 2011년 5월 30일 19 : 30~20 : 10에 경기 화성시 원평리에 위치한 조광현曺光鉉 자택에서 40여 분간 이루어졌다. 조광현은 1941년 생生으로서, 직업은 무업이고 현재 중요무형문화재 제98호 경기도 도당굿 이수자이며, 경기 도당굿의 명인들과 함께 무업을 했다고 한다.

(4) 자료 분석 방법

본 연구자는 주제별분석법을 이용하고자 한다. 주제별분석법은 코드 code화 과정, 해체 과정, 재구성의 과정을 말한다. 주제별 분석법의 코드화 과정은 면담한 자료를 채록하여 부호화(하위범주) 하는 절차이다. 해체 과정은 부호화한 자료를 네 개의 관점에 따라 분석틀에 배치하는 것이다. 재구성의 과정은 배치된 하위범주를 통해 상위범주를 추출하는 것이다.

자료 분석에 사용될 분석의 틀은 선행연구 검토를 통해 도출한 네 가지 관점이다. 첫째, 역사적 관점은 역사·인명·호칭에 대한 설명을 포함하고 있는 경우이다. 둘째, 현장적 관점은 일화나 체험 등을 토대로 파생된 사유와 느낌을 표현하는 경우이다. 셋째, 사회적 관점은 고유한 풍습이나 제도, 사회적 대우와 관계된 경우이다. 넷째, 기능적 관점은 역할과 기능에 관계된 경우이다.

첫째, 역사적 관점 : H(historical) - 역사적 상황, 호칭

둘째, 현장적 관점 : C(cognitive) - 체험, 사유(심리적 과정)

셋째, 사회적 관점 : S(social) - 결혼, 생업, 제도

넷째, 기능적 관점 : F(functional) - 예술적 기능, 역할

마지막으로 분석결과에 대한 해석은 선행연구 검토에서 나타난 네 가지 관점에 입각하여 연구자의 견해를 가미한 설명을 말한다. 결론적으로 이 과정에서 핵심주제를 산출한다.

〈표 2〉 개념분석의 틀

역사적 관점	현장적 관점
사회적 관점	기능적 관점

⇩

결과 해석

(5) 연구의 신뢰가치성과 한계

본 연구는 신뢰가치성을 갖기 위해서 연구자의 선입견을 최소한으로 하는 반 구조화된 개방형 질문을 사용했다. 반 구조화된 개방형 질문은 어떤 사항에 대해 피조사자가 겪은 바를 자발적으로 구술할 수 있도록 포괄적으로 질문하는 방식이다. 그렇지만 본 연구자는 선행연구 검토로부터 도출한 네 가지 관점에 입각하여 연구문제와 질문지를 작성했다. 이점이 문화기술지 연구의 한계로 남는다.

2. 분석결과

분석결과는 하위범주와 상위범주를 산출하여 기술記述하는 것을 말한다. 하위범주는 개별 면담자료를 코드code화시키는 작업 후, 네 가지 관점에 따른 분석틀에 따라 배치한 것이다. 이 과정 중 코드화된 자료가 다시 재정리되는 해체 과정을 여러 차례 반복하기도 하였다. 상위범주 구성의 근거는 하위범주의 공통적인 주제로 선별하는 본 연구자의 판단에 기초한다. 이를 재구성의 과정이라 일컫는다.

분석틀의 네 가지 관점은 역사적 관점, 현장적 관점, 사회적 관점, 기능적 관점이다. 첫째, 역사적 관점에서 구성한 상위범주는 세습, 호칭이다. 둘째, 현장적 관점에서 구성한 상위범주는 숨김, 수치심 등이다. 셋째, 사회적 관점에 따라 구성한 상위범주는 집단내혼, 천시, 단골판이다. 넷째, 기능적 관점에서 구성한 상위범주는 예능전승, 악사, 선굿꾼이다.

1) 역사적(historical) 관점

역사적 관점은 역사적인 상황에 대한 설명을 위주로 한 구술의 경우에 적용된다. 이는 과거 전승자들의 인명이나 호칭을 둘러싼 설명이 있는 경우도 포함한다. 상위범주는 세습과 호칭이다.

세습은 '화랭이' 개념의 역사적 성격을 드러낸다. 일반적인 의미에서 세습이란 '화랭이'라고 불리던 사람들의 직능과 기예를 가계로 전하는 행위를 뜻한다. 이 관점에서는 세습무, 세습무부, 열두 화랭이를 하위범주로 두고 있다.

호칭은 시대상을 반영하는 측면을 가지고 있다. 이 관점에서는 선관, 악공, 화난이, 선희, 선중애꾼, 선학습꾼, 앉은학습꾼, 미지, 남속세, 여속세, 산이속세, 지미를 하위범주로 두고 있다.

(1) 세습世襲

母　父　祖　祖　僧　僧　古　古　先
親　親　母　父　祖　祖　祖　祖　祖
　　　　　母　父　母　父　祭
仁　名　聲　名　復　名　光　名　日
束　鐘　陽　鍾　州　榮　山
張　자　禹　자　金　자　金　　龍
氏　오　氏　오　氏　오　氏　　雨
　　　　　　　　　　　　에
祭　祭　祭　祭　祭　祭　祭　祭　代
日　日　日　日　日　日　日　日　에
　　　　　　　　　　　　　　　서
五　十　九　五　正　十　六　十
月　二　月　月　月　二　月　二
十　月　二　十　十　月　十　月
九　二　十　一　五　三　三　十
日　十　一　日　日　日　日　三
　　七　日　　　　　　　　　日
　　日

이용우선생의 『선조제일록』

　　이글에서 세습무란 '혈연 중심의 가계로 직능과 기예를 이어가는 무계'
로 정의하고자 한다. 연구 참여자 김순중은 '화랭이'로 불리던 이용우의 외
손녀다. 그녀는 집안내력을 담은 『선조제일록先祖祭日錄』을 제시하면서 세습
무계의 자손임을 밝히고 있다.[20]

20_　장주근, 「무속」, 『한국민속종합조사보고서 : 경기도편』(1978), 121쪽에 보면 "그의 부친은 이종하李鍾
夏, 조부祖父는 이규인李奎仁, 증조부曾祖父는 이광달李光達이며…자기 숙부叔父 이종만李鍾萬이 부조합
장副組合長을 했다"라는 이용우와의 대담을 싣고 있다. 이 『선조제일록』을 보면, 이용우의 부는 종(鍾)자
를, 조부는 규(圭)자를 쓰고 있고, 증조부는 영(榮)자를 쓰고 있다. 고조부는 빠져있다. 그러므로 이용우에
의해 쓰여진 『선조제일록』을 근거로 할 때, 장주근의 조사에서 증조부로 기록된 이광달의 광(光)자는 영
(榮)자일 가능성이 높다. 왜냐하면 장주근의 조사는 이용우와의 대담을 통해서 이루어졌기 때문이다. 그리
고 심우성 역, 『조선무속의 연구』하, 284쪽을 보면, "이종만의 증조부 이계명李啓明의 표창방表彰方을 관
官에 출원出願…"이라는 구절이 있다. 이를 근거로 보면, 이용우의 『선조제일록』에서 누락된 고조부의 명
(名)은 이종만의 증조부와 동일하기 때문에 계(啓)자라고 볼 수 있다.

내가 아는 거, 우리 할아버지 이용우씨 증조할아버지 이종하씨…
또… 그 윗대가 누구라고 하더라! … 증조 할아버지대까지만 알아… 그
걸 드릴까?…어머니는 이옥례. 우리 할머니 이름은 잠깐만요…(신당으
로 가서 아래의 책을 찾아가지고 나옴)…여기에 보면 족보가 다 나와
있어…[21]

또한 경기 세습무부는 굿 반주자의 역할을 하거나 굿거리에 참여하여
일정한 역할을 맡았다. 연구 참여자 장영근의 가계는 증조부 장만용, 조부
장점학, 부친 장유순으로 이어져 왔다. 그의 친척들은 무업을 하는 경우가
많았다고 전하는데, 그가 기억하는 인명들은 역사적으로 내려오는 세습무
부들이다.

증조할아버지가 장만용, 산이였지, 시나위는 이거야! 경기도에서
따라갈 사람이 없어! 우리 할아버지 장점학, 우리 할아버지가 문상근씨
고모하고, 장가간 거지… 우리 증조할아버지가… 집안네 화랭이 많지
뭐, 수원서, 남양 쪽에는 문상식이라고 있어. 남양 권의 정양봉씨, 수원
에는 이장관, 이덕만, 오필선, 이용우씨는 우리 아버지 사촌이니까.[22]

열두 화랭이에 관한 설명은 연구참여자 조광현의 견해다. 그는 과거 '화
랭이'와 함께 굿을 다니던 박수무당이다. 이 구술에서 세습의 구조나 의미
가 드러나고 있다.

21_ 김순중의 구술 자료(2011년 5월 4일).
22_ 조광현의 구술 자료(2011년 5월 30일).

화랭이의 내력은 인저 옛날부터 대대손손 내려오는 화랭이야. 그러면 할아버지가 아들을 가리킨 거야, 아들이 또 자기 아들을 또 가리킨 거야. 사촌도 가리키고, 육촌도 가리키고, 그러니까 열두 화랭이여, 열두 화랭이가 왜 화랭이냐 허면, 인저 이 짝패가 오늘 저녁에 굿을 갔어, 그럼 양쪽 화랭이가 모여서 굿을 했을 거 아냐, 그럼 오늘 저녁에 이 짝 화랭이패가 굿이 또 있어, 그러니까 이왕이면 밥 반 숟갈씩 노나 먹더라도 우리 같이 가서 일 치르고 하루 그냥 놀자 이렇게 해서 우~ 몰려가서 열두 화랭이여, 그래서 재개집이가 "내 굿헐래야 화랭이 새끼덜 몰켜 다녀 석석이 쳐 먹는 거 뵈기 싫어 못헌다" 말이 있어. 그건 할아버지가 조카도 가리키고, 아들도 가리키고, 손자도 가리키고, 옛날에는 대대손손 내려오면서 배웠으니까.[23]

(2) 호칭

호칭은 역사적 개념과 무관하지 않다. 용어가 만들어져 사용되는 것은 역사적 산물이기 때문이다. 다양한 용어는 '화랭이' 개념의 역사적 관점을 설명해주는 단서가 된다.

화랭이라는 건⋯ 무업에⋯ 화랭이로 종사를 해서⋯ 사니까 저 불쌍한 무당의 서방이라고 할 수 없으니까 화난이라고 한 거야⋯ 저 쳐 덕 보면서 사는 사람이라고⋯ 신선한 음악을 한다 이거야. 음악을 해서 기쁘게 해준다. 그래서 산이가 아니고 선희야. 신선선자, 기쁠 희자. 그래서 그게 선증애꾼, 선학습꾼, 앉은 학습꾼 그렇게 되는 거야. 화랭이 소리를 안 들을려구.[24] (밑줄은 필자)

23_ 조광현의 구술 자료(2011년 5월 30일).

선희仙熹, 선학습꾼, 선증애꾼, 앉은학습꾼 중 선증애꾼이라는 호칭은 여러 조사 자료에서도 발견된다.[25] 장영근의 구술은 자기 집안 내에서 '화랭이'라는 말을 쓰지 않았다는 것을 표명한다.

아니! 화랭이라고 하나? 우리가 숨기는데, 집안 네에서는 깎듯이…
이 양반들이 직업은 비록 천한 직업을 가져, 화랭이 소리를 들어도, 행
동만큼은 그게 아니야…[26]

'화랭이' 집안에서는 서로 '화랭이'라는 말을 쓰지 않았고, 이는 제3가 주도적으로 썼다는 것을 알 수 있다. 산이속세, 남속세, 여속세라는 용어는 속세가 자식을 뜻한다고 해석하면 산이의 자식, 남자의 자식, 여자의 자식이라고 풀이된다.[27] 이런 종류의 말은 은어라고 한다. 흔히 이는 무업을 하는 사람들끼리만 통하는 곁말이라고도 한다.[28] 이들의 은어에도 산이속세는 있어도 화랭이속세가 보이지 않는 것은 위의 의견을 간접적으로 뒷받침하고 있다.

산이라고 해서 산이속세… 자식들은 산이속세, 여속세, 남속세, 또
손주들은 자동.[29]

24_ 장영근의 구술 자료(2011년 5월 24일).
25_ 두 번째, 음악면의 단락에서는 '선증애꾼'(선굿꾼, 선굿창부)으로 부르며, 악기 연주하는 경우는 '공인'으로 부른다. 이두현·장주근·정병호·이보형,『무형문화재조사보고서 : 경기도 도당굿』, 755~756쪽; 이용식,「경기도 무악의 특징」,『경기굿』, 273~293쪽.
26_ 장영근의 구술 자료(2011년 5월 24일).
27_ 하주성,『경기도의 굿』(경기문화재단, 1999), 340쪽.
28_ 김헌선,『한국 화랭이 무속의 역사와 원리』(지식산업사, 1997), 43쪽에는 "화랭이는 세습무가계의 남무를 지칭하는 은어이다"로 기술되었다; 김헌선,『京畿道 都堂굿 巫歌의 現地 硏究』(집문당, 1995), 36쪽에는 "화랭이와 미지는 세습무계 집단에서 사용하는 은어이다"로 기술되었다.
29_ 조광현의 구술 자료(2011년 5월 30일).

2) 현장적(cognitive) 관점

현장적 관점은 '화랭이'라는 호칭을 경험한 사건과 체험을 초점으로 한다. 이 관점은 개개인의 유년기나 성장기, 또는 성년기에 겪어왔던 일화나 체험 등을 구술하는 경우이며, 이 체험과 결부되어 파생된 사유와 느낌을 표현하는 경우에 해당한다. 이 관점에서 상위범주는 수치심, 숨김이다.

수치심은 이 당사자들의 심적 상태를 반영하는 중요한 개념이다. '화랭이'라는 호칭에서 해당 당사자 가족들은 모멸감과 수치심을 느꼈다. 이 개념에는 수치심, 아버지, 허세, 화랭이 자손 등이 있다.

숨김은 '화랭이' 당사자들의 행동양식이다. 이들은 자신의 경험을 가족들에게 돌아가지 않도록 행동했다. 이 행동양식은 숨기거나 거부, 또는 금기로 나타났다. 하위범주는 숨김, 무관심, 거부, 금기 등이 있다.

(1) 수치심
연구 참여자의 체험에는 화랭이 집안으로서 받았던 수치심을 담고 있다.

> 꺼려했던 것이 아니라 옛날에는 수치였어요. 직금서야 인제들… 옛날의 화랭이들… 인정을 해주는 거죠.[30]

> 우린 아주 어려서부터 귀에 적신 사람이여. 지금 요새니까 그렇지 그 땐 그 드러운 얘기 말도 못해![31]

30_ 김순중의 구술 자료(2011년 5월 4일).
31_ 장영근의 구술 자료(2011년 5월 24일).

연구 참여자의 체험과 사유에는 '화랭이'로 불렸던 아버지에 대한 기억, '화랭이'로 놀림 받았던 것에 대한 보상심리로서의 허세 등이 있었다. 또한 이들은 '화랭이' 자손으로서 놀림 받던 기억을 갖고 있었다.

장희성씨 해금의 대가야. 이 양반들이 그 단체에 간 거야, 전라도 지방에 갔는데, 단체가 안되면 밥 먹을 수 없잖아. 그래서 옷을 잡히고, 이렇게 밥 먹고 빈 몸으로 올라 온 거야, 그런 수모를 당하고… 조맹인이. 임춘앵이, 박진진의 단체를 우리아버지와 이용우씨가 다녔어요. 영등포 영보극장이 국악전문 극장이야. 그럼 우리 어머니와 내가 밤새 옷을 만들어서 명보극장에 갖다 드린 거야. 그럼 이양반이 여자들하고, 약주 잡숫고… 오늘 갖다 드리면 내일 아침엔 옷을 버린 거야. 그럼 다음날 옷을 밤새 두드려서 갖다드리고 내가 그렇게 고생한 사람이야.[32]

화랭이집의 아들이라고, 그런 설움을 받았지, 그 때 당시 권세를 부리는 거는 우리 엄니가 떡 가져오시잖아, 이 떡을 학교 가져가요, 어린 마음에, 그럼 애들이 그거 좀 얻어먹으라고. 그럼 그게 권세야, 그걸로 스트레스 푸는 거야.[33]

응. 화랭이, 저 화랭이 새끼야. 이러면서.[34]

32_ 장영근의 구술 자료(2011년 5월 24일).
33_ 장영근의 구술 자료(2011년 5월 24일).
34_ 김순중의 구술 자료(2011년 5월 4일).

(2) 숨김

연구 참여자들을 비롯한 소위 '화랭이'로 불린 이들은 자신들의 신분이나 과거를 숨기고 싶어 했다.

> 충격도 많지, 아! 여북하면 지금 화랭이 집안네 아들들이 지금 다 숨기고…[35]

이용우의 가계에서도 역시 무업을 하고 있다는 것을 가족에게도 숨기려 했다.

> 숨기셨죠. 왜냐하면 자손들한테 그 걸 보이기가 싫어서… 그래서 할아버지 집에 가면 그냥 방문 쓱 문 열고 들어가지 못해요. 바깥에서 "할아버지 저 왔습니다"…하면 "좀 있다 들어와라" 하면 향키고 하다가 부적상이고 다 치고, 향냄새도 다 풍기고 그 다음에 들어오라고 해요. 그래서 전혀 몰랐어요.[36]

또 다른 양상은 무관심, 거부, 금기로도 나타난다.

> 오수복 선생님이 내려와서, '할아버지께 배워라' 그랬는데, 별로 관심이 없어가지고.
> 관심 없다고. 안 했어요, 안 했는데…[37]

35_ 장영근의 구술 자료(2011년 5월 24일).
36_ 김순중의 구술 자료(2011년 5월 4일).
37_ 김순중의 구술 자료(2011년 5월 4일).

듣기 싫으니까 우리 이모나 삼촌덜이 머리를 절래절래 혼들지[38]—

그랬는데, 지금 약간 핏줄은 못 속이나봐, 거기에 관심이 조금 있는 아이가, 우리 막내삼촌의 큰 아들이, 그 소리가 그렇게 구수하다는 거야, …근데 뭐 우리 외삼촌이 입 뻥긋도 못하게 해요. '이 새끼가 그 까짓게 뭐가 구수하다고 하느냐?'고.[39]—

3) 사회적(social) 관점

사회적 관점은 결혼이나 생업, 단골판 등의 제도적 측면과 인간관계나 사회적 관계에 초점을 맞췄다. 이 관점에 따라 구성된 상위범주는 집단내혼, 천시, 단골판이다.

집단내혼은 이들 집안들의 사회적인 성격을 반영한다. 해방 이후에도 이들의 결혼풍속은 이런 경향을 일부 유지했던 것으로 나타났다. 여기에서 하위범주는 집단내혼, 일반인과 결혼 못함, 고유한 풍습 등이다.

천시는 사회적 편견에 따른 천시와 친척들로부터의 터부시하면서 당하는 천시로 나뉜다. 하위범주는 사회적 천시, 친족 내에서의 천시 등이다.

단골판은 생업과 연결해서 주목하게 되는 일종의 무단巫團제도이다. 하위범주는 단골판, 공연활동 등이다.

38_ 김순중의 구술 자료(2011년 5월 4일).
39_ 김순중의 구술 자료(2011년 5월 4일).

(1) 집단내혼[40]

집단내혼은 세습무계世襲巫系 내에서 혼사를 치르는 것을 말한다.

> 큰 외숙모 집안도 산이, 둘째 외숙모는 사강 산이, 우리 막내 외숙
> 모도 산이, 그때는 엄청 완고했나 봐요, 산이 아니면 결혼 안 해줬나
> 봐요. 우리 할아버지가.[41]

상영근의 구술에 의하면, 집단내혼의 경우 10촌 이상 먼 집안이어야 한
다. 과거에는 연애결혼보다는 중매나 부모세대의 약속에 따라 혼사가 이루
어지는 경우가 많았으므로, 아래의 조사내용과 같은 방식이었을 것으로 사
료된다.

> 우리 집안의 음식들이 비교가 안 돼. 우리가 댕겨본다고, 아들도
> 그렇고, 딸도 그렇고, "애 쓸 만해, 그럼 아무개 아들한테 정혼 좀 해보
> 지" 그런다고, 그러면, 10촌 지나면 정혼하는 거야. 내 동생이 예를 들
> 면 내 대부 뻘 되는 집안에 갔어, 그러면 내려온 내력이 있으니까, 죽었
> 다 깨도 대부야, 거리가 먼 집안 같으면 사돈 어쩌고 하겠지만, 내 동생
> 이 갔어도 대부야.[42]

집단내혼의 이유는 여러 가지가 있다. 그 중에는 다른 일반인들이 상종
을 하지 않으려고 한 데서 이유를 찾는 견해도 있다.

40_ 여기에서 집단의 의미는 세습 무계(世襲巫系)를 지칭하는 의미로 사용한다.
41_ 김순중의 구술 자료(2011년 5월 4일).
42_ 장영근의 구술 자료(2011년 5월 24일).

무당끼리 혼인하니까… 재계집하고 혼인을 못해, 쌍것들이니까 양
반의 딸하고는 혼인을 못해… 그 때는 무당은 사람으로 인정도 안했
어….[43]

한편, 이들 집안의 음식이나 고유한 풍습 때문이라는 주장한 견해도 접
할 수 있다.[44]

우리 집안에서는 평민들한데 안 보내… 우리 집안의 음식들이 비교
가 안 돼.[45]

(2) 천시

경기 무악의 연행자들은 사회적 천시를 많이 받았다. 일반인들은 무업
을 하는 이들을 대상으로 '화랭이' 또는 '화랭이 새끼'라고 조롱하거나 무시
했다.

어 저! 동네사람들 지나가면 거 화랭이 새끼라고 그래, 화랭이 새끼.[46]

또한 무업을 계승하는 일가친척을 친척 내에서 천시하는 사례도 있다.

43_ 조광현의 구술 자료(2011년 5월 30일).
44_ 임혜정은 「경기굿 전승자와 전승 실태」에서 "화랭이는 여무(女巫)인 미지와 부부관계를 맺는 세습
남무(男巫)인데…화랭이는 미지가 맡아 하는 굿을 보조하면서 음악을 맡는 악사의 역할을 한다."고 보았다.
임혜정, 「경기굿 전승자와 전승 실태」, 『경기굿』, 339~361쪽 참조.
45_ 장영근의 구술 자료(2011년 5월 24일).
46_ 장영근의 구술 자료(2011년 5월 24일).

네. 그래 가지고 내가 이렇게 가자나요. 문도 안 열어줘요. 무당 왔다고… 무당의 속세를 니네 할아버지 돌아가시면서 뚜껑을 덮었는데, 니 년이 또 열어 놨다 이거지, 신을 받았으니까, 니 년이 뚜껑을 열어놨으니까 니가 책임져, 나는 니 이모도 아니고, 스님이다. 문 딱 걸어 잠궈.[47]

사회적인 편견은 과거로 올라 갈수록 더했다. 다음 구술 자료는 과거 일반인들이 어떻게 그들을 대했는지, 그 태도를 보여준다.[48]

지미는 무당이여. 화랭이는 남자고. 그러게 굿하는 대문간에서 "어이 샌님 굿하러 왔습니다" 하면 "어 올라오너라" 그러고 그 집 마나님한테, "마나님", "샌님", 그 전에 장영근이 할아버지, 오진수 아버지 할아버지들이 다 우리 할아버지더러 "샌님, 마님" 찾았어, 불렀어, 우리들보고는 "도련님", 또 처녀들보고는 "아, 아가씨 어디 다녀오세요" 하고,[49]

(3) 단골판

연구 참여자 장영근에 의하면, 경기 세습무들의 주요 생업은 단골판이다. 단골판은 특정한 지역 내에서 신도들을 관리하는 권한이나 제도를 말한다.

47_ 김순중의 구술 자료(2011년 5월 4일).

48_ 1944년 일제 강점기 도당굿의 현장을 묘사한 이혜구의 『무악연구 : 청수골의 도당굿』은 경기 도당굿에 관한 절차를 소상히 밝히고 있다. 그런데 여기에는 '화랭이'라는 언급은 전혀 보이지 않는다. 단지 '공인'(工人) 또는 '남무'(男巫)라고 기록되어 있을 뿐이다. 당시 70세의 김운선(男巫, 1874)은 남무로서 현재의 무부 역할을 펼쳤던 것으로 나타난다. 한편 저자는 "창극조를 소리하는 사람은 자기를 광대라 칭하고 굿에서 소리하는 사람을 박수라 하여 광대보다 천시하는 경향이 있었다"고 소개하면서 굿하는 사람들의 사회적 위치를 언급하였다. 이혜구, 「무악연구 : 청수골의 도당굿」, 『사상계』, 177쪽 참조.

49_ 조광현의 구술 자료(2011년 5월 30일).

예를 들어서 여기 천천동이야, 그럼 여기는 다 내 단골이야. 그럼 걷고… 굿하기도 하고, 3년 거리로 하는데, 단골들이 3년 넘으면 굿해 달고 얘기를 해.[50]

이와 같은 단골판이 점차 약화되어 나타난 생업의 형태는 공연활동이다.

화랭이로 굿을 어디 가면, 네 목을 쥐야 갔대요. 네 사람 목을 치를 할아버지를 쥐야 만이 그 굿에 참가를 했대. 그렇허고 그… 김진진이 여성국악단, 그걸 총지휘를 허셨지. 우리 할아버지가.[51]

4) 기능적(functional) 관점

기능적 관점은 '화랭이'라 불린 경기 무악의 연행자의 기능이나 역할에 초점을 맞춘 것이다. 이 관점에서 나타난 상위범주는 예능전승, 악사, 선굿 꾼이다.

예능전승은 굿판에서 필요한 예술적 기능의 학습과정을 말한다. 하위범 주로는 귀불림, 회초리, 외부인의 참여 배제 등이 있다.

악사는 무녀의 굿반주를 맡는 사람들이다. '화랭이'는 우선적으로 악사 를 뜻한다. 하위범주로는 악사, 악사 중 선굿꾼, 역할 구별 등이 있다.

선굿꾼은 악기연주 이외의 가무기능을 맡는 경우에 해당한다. 경기 무악 의 연행자들이 도당굿에서 연희를 펼칠 때 가창이나 무용, 그리고 선거리 등 을 맡았다. 하위범주로는 서낭굿, 맹인굿, 손굿, 정애비, 오방짓 등이 있다.

50_ 장영근의 구술 자료(2011년 5월 24일).
51_ 김순중의 구술 자료(2011년 5월 4일).

(1) 예능전승

세습무계世襲巫系는 이 구조를 유지하기 위해 친족이나 가계구성원에게 예능을 전했다. 이는 세습무부인 할아버지가 딸에게 무녀역할을 지도하거나 시어머니가 며느리나 딸에게 지도한 경우를 뜻한다. 다음의 인용문은 이 과정을 잘 드러내준다.

> 우리 어머니를 가리키실려고… 이제 당신 딸을 산이제를 가리킬려고 불러서 허는 거예요. 그러면 우리 엄마가 돌아가시기 전에 할아버지가 무서워서 그 앞에서는 연습을 해요. 제석거리라든가… 제석거린가 봐 인제 생각하니까, 그 문서를 가지고 그 앞에서 하다가 집에 오면 획 내던져 '골치 아파서 대가릿 속에 하나도 안 들어오는데, 그걸 가리킬려고 그런다'고 뭔데 그래 이렇게 보니까 제석거리야. 결국은 그래 엄마가 못 허시고 내가 대를 이은 거지.[52]

귀불림이라는 용어는 세습의 전승방식을 잘 드러내준다. 이 전승방식의 특징은 듣고 보고 따라하는 데에 있다.

> 집안네 배울 때도 없잖아. 오늘은 이 집 모이고 내일은 저 집 모이고, 맨날 모인다고, 그럼 안에서 기능 갖춘 사람이 놀아, 그러면 며느리나 딸들이 주방에 있잖아, 그럼 안에서 그 사람들 들으라고 논거야, 그러면 인저, 그게 바깥에서 들은 거야, 그럼 그게 귀에 젖어가지고, 자연적으로 하게 되어있어, 자연적으로 흥이 생기고, 솔방울을 들고 시늉을 한다든지, 빗자루를 들고 시늉을 한다든지, 부짓깡으로 솥투껑을 두드

52_ 김순중의 구술 자료(2011년 5월 4일).

린다던지… 그걸 두드리다 익혀놓으면, 당골네가 굿을 하게 되면, 어느 날 갑자기 에미야 제석거리 해봐라! 가르쳐주지도 않고 제석거리 하라고 그래, 얘 그만큼 귀불림 해줬는데, 왜 듣지 못하고 이 모양을 하냐고! 안에서 논게 공부시킨거야. 그렇다고 딸, 며느리 앉혀놓고 이거해봐라 할 수는 없잖아. 이런 귀불림을 해줬는데, 그렇게 듣고도 하질 못하느냐?[53]

회초리는 집안의 어른이 자신보다 낮은 서열의 자손이나 친척에게 훈계나 교훈의 가르침을 위한 목적으로도 활용됐다. 또한 이는 학습을 게을리 하는 경우에도 사용됐다.

그거는 그전에 가르킬래면, 회초리로 아래 종아리를 때려서 가르켰어.[54]

그럼. 임선문씨가 우리 증조할아버지한테 배운 거야. 이용우씨는 나하고 어떻게 되느냐하면, 외사촌이야, 이용우씨하고 우리아버지하고 나이 차이가 많잖아, 우리아버지가 이용씨한테 맞았어. 우리아버지가 술 좋아하고 그러니까, 매를 때린 거야. 우리 아버지가 저 아래지… 살아계시면 108살인가 이용우씨가 우리아버지는 92이지. 말띠. 어른이니까, 토막에 올라가라. 매를 때린 거야.[55]

53_ 장영근의 구술 자료(2011년 5월 24일).
54_ 조광현의 구술 자료(2011년 5월 30일).
55_ 장영근의 구술 자료(2011년 5월 24일).

전승의 또 한 가지 장치는 외부인의 참여를 배제하는 것이다. 이는 무업과 관련한 악기연주나 그 외의 기능을 무계집단에 국한시킨 것을 뜻한다.

> 화랭이 아닌 사람은 배울 수가 없었어, 누가 가르켰나! 안 가르켜
> 줘, 화랭이들이 저희 동기간끼리 몰켜 다니며 굿했지, 이런 무쟁이 갈
> 켜서 다니질 않았어.[56]

(2) 악사

다음 구술 자료들은 '화랭이'라고 할 때, 주로 악사를 지칭하는 의미로 쓰였음을 알려준다. 이들이 다룬 악기는 피리, 대금, 양금, 거문고, 가야금이다. 악기연주는 무녀의 굿음악 반주로서 기능한다.[57]

> 웬 만한 데는 다 쓰나 봐요. 큰 데… 그러니까, 피리, 대금, 양금,
> 거문고, 가야금, 이동안씨 화령전에서 단장이었든 이동안씨 있잖아요.
> 그 곰보, 그 양반도 우리 할아버지한테 살푸리춤 공부 와서 배우고…
> 가야금 같은 거 배우는 거 내가 눈으로 몇 번 봤어.[58]

> 화랭이라는 것은 악사들더러 화랭이라고 하는 거여.[59]

56_ 조광현의 구술 자료(2011년 5월 30일).
57_ 심우성 역, 『조선무속의 연구』 하, 41쪽. "이들의 가장 중요한 역할은 무녀의 굿을 보조하는 무악연주
였다."
58_ 김순중의 구술 자료(2011년 5월 4일).
59_ 조광현의 구술 자료(2011년 5월 30일).

피리, 피리 갈키고, 깽깽이 갈키고, 젓대 갈키고… 남자들은, 여자
들은 굿, 부정물리는 거니, 시루비는 거니, 제석굿이니, 대감이니… 종
아리… 터럭에 올려놓고 쳐 잘못 배웠으면…[60]

악사들 중에서 여러 기능을 갖춘 사람들이 있었다. 이들은 정애꾼, 선굿
꾼, 앉은굿꾼이라고 불렸는데, 주로 서서 하는 소리를 담당했다. 그렇지만
화랭이와 악사가 다른 이름으로 변별되는 것이 아니라 '악사 중에서 선굿
꾼'이 있었다고 한다.

악사야, 악사 중에 앉은 정애꾼, 서서하는 정애꾼 있다고, 선굿꾼,
앉은 굿꾼, 똑같은 맥락이야.[61]

그런데, 선굿에 해당하지 않으면서 연희되는 기예가 있다. 예를 들면,
줄타기나 땅재주, 민요나 농악 등이 그것이다. 이런 기예들과 화랭이의 기
능은 다른 영역이므로, 역할 구분이 되어야 한다고 한다.

그렇지. 그 한계를 지어야해. 광대는 농악하는 사람들 그 쪽이고…
포함되는 거고, 거기에 줄 타고, 살판하고 그러잖아, 그러니까 그쪽이
고, 우리 이쪽의 화랭이들은 전악이야, 원래 고인이라고 했어. 고인! 우
리음악이 받치는 음악이야 신령님한테… 신에게 받친다. 그래서 조상
님헌테 바치는 음악을 하는 사람이라고 해서 고인이라고 했어. 고인.

60_ 조광현의 구술 자료(2011년 5월 30일).
61_ 장영근의 구술 자료(2011년 5월 24일).

(3) 선굿꾼

'화랭이'의 기능은 선굿꾼의 역할도 포함했다. 선굿꾼의 역할은 서낭굿, 손굿, 맹인굿, 정애비, 오방짓 등으로 나타난다.[62]

서낭굿도 화랭이가 하는 거여. 옛날에는… 손굿! 남자가… 맹인굿 같이 허고…[63]

화랭이를 갖다 뭐를 갖다 화랭이라고 하느냐 하면, 줄도 타고, OOO 처럼 정애비도 갖고 놀구, 오방짓을 다 하는 것이 화랭이여.[64]

아래의 〈표 3〉은 분석결과 중 상위범주와 하위범주를 정리한 것이다. 하위범주는 연구 참여자의 진술을 토대로 코드화과정에 따라 만들어진 것이며, 이를 네 가지 분석틀에 따라 해체 과정을 거쳐 배치된 것이다. 상위범주는 하위범주에서 공통분모를 가진 주제로 귀결시킨 결과이다.

〈표 3〉 상위범주와 하위범주

분석틀	상위범주	하위범주
역사적 관점 H(historical)	세습무, 세습무부, 열두 화랭이,	세습
	선관, 악공, 화난이, 선이, 선증애꾼, 선학습꾼, 앉은 학습꾼, 미지, 남속세, 여속세, 산이속세, 지미	호칭
현장적 관점 C(cognitive)	숨김, 무관심, 거부, 금기	숨김
	수치심, 아버지, 허세, 화랭이 자손	수치심
사회적 관점	집단내혼, 일반인과 결혼 못함, 고유한 풍습	집단내혼

62_ 이보형의 「경기도 무속음악 개설」에는 다양한 호칭이 등장한다. 그는 무업(巫業)에서 선굿소리 하는 경우에 선굿꾼 또는 화랭이, 악기 연주하는 경우는 잽이, 터벌림 시 악기연주와 춤을 추는 경우에도 화랭이, 청배 시에는 창부 또는 화랭이로 지칭하였다. 이보형, 「경기굿의 총괄적 면모」, 『경기굿』, 37~56쪽 참조.
63_ 조광현의 구술 자료(2011년 5월 30일).
64_ 김순중의 구술 자료(2011년 5월 4일)

S(social)	사회적 천시, 친척 내에서의 천시	천시
	단골판, 공연활동	단골판
기능적 관점 F(functional)	귀불림, 회초리, 외부인 배제	예능전승
	악사, 악사 중 선굿판, 역할구분	악사
	정애비, 서낭굿, 손굿, 맹인굿, 오방짓	선굿꾼

3. 결과 해석

이글은 '화랭이' 개념에 관한 의미를 밝히기 위한 목적을 가지고 있다.
이 목적을 수행하기 위해 분석한 결과를 제시하였고, 이제 네 가지 관점에
따라 결과에 대한 해석을 남겨두고 있다.

1) 역사적(historical) 관점

역사적 관점에서 얻은 분석결과는 '화랭이'가 세습무의 가계구조로 이
어져왔다는 점이다. 그런데 앞서 세습무라는 용어정의를 "혈연 중심의 가계
로 직능과 기예를 이어가는 무계"라고 규정한 바 있다. 이 때 혈연 중심의
가계로 이어지는 직능과 기예는 과연 무엇인지, 또는 현재의 세습무들은 선
조로부터 이어받은 직능과 기예가 무엇인지를 주목할 필요가 있다.

직능이라 함은 단골판에서의 사제적 기능과 이에 따른 수입의 독점권을
말한다고 볼 수 있다. 기예는 굿 연행에 필요한 모든 기술과 예능을 뜻한다
고 볼 수 있다. 현재 이러한 직능과 기예의 극히 일부가 전승된 상황임을
고려할 때, 화랭이의 직능과 기예를 혈연에 국한하여 오늘날까지 적용하기
에는 시대적으로 적합하지 않은 것으로 사료된다.

오히려 오늘날 세습의 의미는 "신분 · 재산 · 직업 · 기예技藝 · 생활양식

및 각종 규범 등이 혈연·지연·학연에 의하여 다음 세대로 전수되는 행위"
로서, "재산의 세습은 상속相續을 뜻하고, 학문이나 기예의 경우에는 사사師
事라는 개념이 널리 쓰였다"는 의견에서 더욱 설득력을 찾을 수 있다.[65]

'화랭이'는 제3자가 부르는 말이라고도 한다.[66] 이 속어는 화랑花郎처럼
유랑하는 집단과 유사하다고 해서 붙여진 이름으로 여겨진다. 그런데 제3
자라는 것은 일반인들을 뜻하기 때문에, 자기들 속에서는 어떻게 불렀는지
에 대한 물음이 가능하다. 필자의 참여관찰에 따르면, 연구 참여자와 이 분
야 종사자들에게 가장 일상적으로 사용되거나 선호되는 용어는 '산이'였다.
이 견해는 1982년 현장을 조사한 황루시의 글에도 잘 나타나 있다.[67]

일제 강점기 문화인류학자 아키바 다카시(秋葉 隆)는 산의 상징성에 주목
한다. 그는 조선인의 신성성을 대표하는 상징으로서 '산'을 도교의 도사道士
나 불교의 승려, 또는 덕물산의 신성부락 등과 같이 속세와는 정반대의 성
격을 갖는 것으로 해석한다. 이 신성성의 관념 안에 무당·화랑·재인·광
대를 일컫는 말로서 산이山者를 위치시킨다.[68]

한편, 미지·여속세 등은 다른 호칭과 달리 여성성을 갖고 있는 용어로
서, 무당이나 무당집안의 여성들에 한정된다. 그 외의 경우는 모두 남성에
해당한다.

65_ 한민족문화대백과사전 : http://encykorea.aks.ac.kr/"세습"

66_ 장주근, 「무속」, 『한국민속종합조사보고서 : 경기도편』, 122쪽. "이용우씨(李龍雨氏)에 의하면 경기도
(京畿道)에서도 세습무가(世襲巫家)의 남자(男子)를 "사니", 여자(女子)를 "미지" 또는 뒤집어서 "지미"들로
변(隱語) 쓰는 말은 전라도(全羅道)와 똑같았다. 따라서 "사니"란 광대(廣大)라는 말과 뜻을 같을 수도 있
다. 이들을 다시 제3자(第三者)들은 화랭이라 부르기도 했고, 직접호칭(直接呼稱)으로는 큰 만신(萬神)이라
고도 했고 단골 제도(制度)가 있는 관계(關係)로서는 "단골네"라고도 불렀다."

67_ 황루시·이보형 공저(사진·해설 김수남), 『경기도 도당굿』, 32쪽에서 황루시는 "본인들은 '산이(技
藝의 연희자)'로 불리는 것이 옳다고 주장한다"는 글을 남겼다.

68_ 심우성 역(추엽륭 저), 『조선민속지』(동문선, 1993), 289~293쪽.

2) 현장적(cognitive) 관점

현장적 관점에서는 '화랭이'라는 소리를 듣지 않기 위해 숨겨야만 했던 속사정을 이해할 수 있었다. 무계 내 식구들은 무업에 종사하는 것을 거부하는 모습도 보였다. 그 결과는 가계세습의 축소 내지 단절이다. 예를 들면, 이용우의 집안에서 집안내력을 숨겼던 것은 후손들에게 전승할 의지가 없었다는 것이고, 이는 세습의 단절로 이어질 수밖에 없는 것이다.

> 전혀 관심 없어요… 외갓집 자손, 할아버지 자손들은 한 명도, 할아버지 자손들은 한명도 여기에 관여를 안했어요… 없어요. 나 하나 밖에는 없어요.[69]

> 아! 나야 그걸 귀에 못 배길 정도로 들어가지고, 나중에 아주 거기에 대한 비난을 들어가지고, 여북하면 이 일을 안 하려고 그만 뒀던 사람이야.[70]

과거 '화랭이'로 불리던 사람들과 함께 일을 주고받았던 조광현의 경우, 젊은 자손들 중 배우는 사람들이 없었음을 관찰했다.

> 화랭이들. 노인들은… 나 무당 돼서 다닐 때는 벌써 화랭이들이 다 애들 별로 없었어, 지금은 애들이 많지만, 옛날에는 삼, 사십이 다 됐어. 나 무당 돼서 일 다닐 때는. 그렇거고 애들이 없었어. 그러니까 배

69_ 김순중의 구술 자료(2011년 5월 4일).
70_ 장영근의 구술 자료(2011년 5월 24일).

가지고 일을 허는 화랭이 틈에서 일을 했지, 나 보는 데 할아버지한테 종아리 맞아가며 배는 건 못 봤지.[71]

세습의 단절을 가져온 원인 중에서 주목할 만 한 점은 세습 가계 구성원들의 수치심에서 찾을 수 있다. 앞서 논의했던 대로, '화랭이' 집안에서는 서로 '화랭이'라는 말을 쓰지 않았고, 이는 제3자가 주도적으로 썼다는 것을 현장적 관점에서도 알 수 있었다. 왜냐하면 이들 집안에서는 이 용어에 수치심을 느끼는 경우가 많았기 때문이다. 제3자가 주로 썼다는 것을 역사적 관점에서 지적했지만, 이 말을 듣는 사람들의 입장은 수치심을 느끼는 용어였다는 것이 현장적 관점에서 중요하다.

이를 종합해보면 다음과 같다. 첫째, '화랭이' 용어는 당사자들에게 수치심을 불러일으켰다. 둘째, 이들 집안에서는 '화랭이' 소리를 듣지 않기 위해 무업의 내력을 숨기고 거부했다. 셋째, 숨기거나 거부했기에 세습의 단절이 왔다. 이 관점은 무업巫業 연행자들이 사유하고 체험하면서 형성한 인식이기에, 핵심주제는 수치심이라고 말할 수 있다.

3) 사회적(social) 관점

사회적 관점에서는 해방 이후 경기 무악의 연행자들에게 취해진 사회적 편견과 그들의 결혼, 생업이 어떠했는지에 대해 살펴보았다. 여기에서는 집단내혼과 생업에 국한하여 포괄적인 논의를 하고자 한다.

예전 경기 세습무계의 결혼은 일반 시민들과 어려웠고, 집단내혼을 선호했던 것으로 여겨진다. 아래의 글은 1970년대 이용우의 구술로서 일제강

71_ 조광현의 구술 자료(2011년 5월 30일).

점기와 해방 직후의 상황을 설명해주고 있다.

> 그도 지금까지 3, 4명의 부인이 있었는데, 다 무녀巫女들이었다고
> 한다. 그러한 사정은 이용우씨도 자기 모친이나 죽은 본처가 역시 "미
> 지巫女"였고, 지금 부인도 무관하지는 않으며, 전기한대로 우정원씨도
> 그래서, 이들이 대개 아직도 이조시대 계급내혼적인 상황 아래에 있다
> 는 것을 말해주고 있었다.[72]

그런데, 시대가 변해감에 따라 사회적 차별에 대한 경기 세습무계의 대
처양상이 달라진다. 이제 이들은 결혼도 집단내혼을 따를 필요가 없게 되고
직업도 자유로이 선택할 수 있는 시대를 맞이했다. 결과적으로 가계세습은
단절되어 갔던 것으로 여겨진다. 아래의 첫 번째 인용문은 장주근의 현장조
사에서 밝혀진 이용우의 구술내용이다. 두 번째 인용문은 그의 외손녀 김순
중의 구술이다.

> 그는 3남 3녀를 두었다. 장남은 경남에서 20년째 경찰에 복무하고
> 있고, 차남은 사업에 실패하고 노동일에 허덕이고 있으며, 3남은 서울
> 에서 철도청에 근무하고, 딸들은 출가해서 장녀는 수원, 차녀는 오산에
> 살고 있다. 그러나 딸이고 아들이고 간에 자기의 후계자는 하나도 없
> 고, 다 반대하며, 며느리들도 싫어하는 투다.[73]

72_ 장주근, 「무속」, 『한국민속종합조사보고서 : 경기도편』, 119쪽.
73_ 위의 책, 122쪽.

우리 아버님은 뭐를 허셨느냐면, 양악을 허셨어요. 아코디언 같은
거, 기타… 뭐, 이런 거 가지고 딴따라패 쫓아다니고, 그러다가 아마 눈
들이 마주쳤나봐, 아마 우리 엄마랑, 그렇게 해서 거기서 결혼을 허게
된 거지. 그래 그 뿌리가 있는가 보드라고. 음, 그러니까 꼭 산이 집안
끼리 결혼한 건 아니고, 우리 엄마만 그렇게 된 거라고.[74]

그나마 생업활동으로서 이들의 악사활동은 강신무의 굿으로 옮겨가게
된다.

강신무의 굿에 잽이樂土로 가지말자, 어울리지 말자 하는 말도 했었다.
그러나 결국은 강신무의 굿에 우리 세습무가 잽이로 나가게 됐다.
아무래도 음악 예술성은 가계를 이어가면서 익혀오는 우리가 월등 낫
고, 그들은 우리 장단에 발도 못 맞추며, 또 가락이 다르기도 하다.[75]

그런데 장영근의 구술에 의하면, '화랭이'들의 생업은 단골판이나 악사
역할을 통해 이어갔다고 한다. 하지만 이 단골제도는 해방 이후 소멸직전에
있었다.[76] 이용우의 구술 내용은 당시 경기도의 상황을 유추하게 해준다.

옛날 여기의 단골제도는 잘 지켜졌었다. 가령 시골에서 수원에 이
사 온 사람은 전 시골의 무당과 단골관계를 유지하고 그렇게 인정됐다.

74_ 김순중의 구술 자료(2011년 5월 4일)
75_ 장주근, 앞의 책, 124쪽.
76_ 심우성 역, 『조선무속의 연구』하, 292쪽. "이와 같이 무와 무악인의 생활은 조선조 말기에 상당히
조직화된 집단을 이루며 발달하였다. 그러나 갑오의 혁신 이후, 하루아침에 그 쇠망을 맞이하여 오늘날에는
불과 전남의 여러 곳에서 모질게 형체만 남기고 있는 상태에 이르렀다."

남의 단골 구역에 다른 무당이 들어가서 굿을 하면 기구들을 뺐기고 쫓겨났었다. 그 단골 구역은 사고 팔고 하는 대상도 되었다. 가령 부인 무당이 죽고, 사니가 다시 미지를 얻을 수가 없으면 팔았다. 전세를 주는 예는 못 봤고, 아마 없었을 것이다. 경기도의 선만신(萬神, 降神巫)에는 단골제가 없고, 신神이 짚혔으니 어디 가건 굿을 하고, 결과적으로는 단골집을 뺐기도 하고, 그러한 선만신들이 많아서 <u>단골제도는 일찍 흐트러지고 없어졌다.</u> (밑줄은 필자).[77]

위 구술 내용은 일제강점기와 해방 이후를 겪은 이용우의 체험을 담고 있다. 이 내용을 감안한다면, 장영근의 구술에서 나타난 단골판의 의미는 세습무계의 단골판이 아니라 단골과 신도의 관계를 뜻하는 것으로 해석하는 것이 타당하다.

종합해보건대, 해방 이후 경기 세습무부들의 자손들은 사회적 천시를 많이 받았으며, 집단내혼이나 단골판을 따르지 않고 직업과 결혼을 자유로이 선택했다. 악사로 활동했던 이들도 강신무굿으로 빠르게 흡수되어갔고, 단골판은 신도와 무당 간의 개인적인 관계로 변해갔다. 그러므로 세습의 단절로 이어진 주된 원인은 사회적 천시에서 찾을 수 있다.

4) 기능적(functional) 관점

기능적 관점의 분석결과에 따르면, '화랭이'들의 기능은 악기를 연주하는 악사를 뜻하는 것이었고, 더불어서 가무를 동반하는 앉은거리와 선거리를 포함하는 역할도 하였다. 여기에서는 경기 세습무부들의 기능과 역할에

77_ 장주근, 앞의 책, 123쪽.

대해 논의하고자 한다.

선굿에 해당하지 않으면서 굿판에서 연희되는 종목으로 줄타기나 땅재주, 민요나 농악 등이 있다. 앞서 장영근의 구술에 의하면, 화랭이의 기능은 광대나 사당패의 기능과 다르다는 견해를 밝힌바 있었다. 이에 대해 아래의 두 인용문에 나온 구술 자료는 서로 다른 의견을 보이고 있다.

> 우정원씨禹正元氏에 의하면… 굿에서 흔히 난장판이 벌어지고, 줄타기니 땅재주니 하는 구경거리들도 있어서 남사당패와 화랭이패가 혼동될 수 있으나, 그것은 어디까지나 별개別個의 것이었다… 고창굿을 하는 지방地方 주최측主催側에서 사제자司祭者의 무리로서 화랭이패를 부르는 동시에 구경꾼들을 모으기 위해서 따로 남사당패를 부르기도 한 것이지, 남사당과 화랭이는 어디까지나 다르며…[78]

사니廣大와 사당패와의 유사점 차이점에 대해서는 그는(이용우씨를 말함, 당년 79세) 위 우정원씨禹正元氏(66세)와는 이야기를 달리했다.

> 줄타고 땅재주 넘고, 소리[唱]하고 음악器樂하고 하는 일들은 본래 사니들이 하던 것이다. 땅재주에는 넘어가면서 틀고 넘어가는 수수틀림이라는 재주도 있었다. 그 땅재주나 줄타기를 사당패들이 사니들에게서 배워간 것이다.[79]

해방 전후를 주요 활동시기로 살다간 두 사람이 이와 같은 이견을 보

78_ 위의 책, 120쪽.
79_ 위의 책, 122쪽.

이고 있다. 이 논의에 대해 정약용丁若鏞(1762~1836)의 『목민심서牧民心書』에는 무부를 뜻하는 방언의 하나로서 광대를 일컫고 있으며, 광대가 화랑과 같음을 피력했다.[80]

"또한 『나례청등록儺禮廳謄錄』(1626)에 기록된 상송재인들은 중국 사신 영접행사에 늘 동원되던 무부들로서, 관련물품으로 보아 쌍나무다리타기, 외나무다리타기, 그리고 받침대를 사용한 땅재주가 있었던 것을 알 수 있다"[81]

이들의 연희에 대해 설명한 글에 따르면 "재인才人은 줄타기 따위의 재주를 넘거나 짓궂은 동작으로 사람을 웃기는 예인藝人이고, 광대廣大는 창가唱歌에 능한 사람, 화랑花郎은 오로지 기악을 연주할 때에 염불을 하지 않고 무용을 하는 사람… 하는 식으로 다소 구별하여 생각하고 있는 지방도 있다"고 전하며, "그들 자신이 혹은 재인·공인이라 칭하고 혹은 광대·화랑이라 말하고 있을 정도로 그 구별이 명확하지 않은 것이 보통이다"고 기록됐다.[82]

이를 종합해보면, 조선시대 후기로부터 1894년 갑오개혁까지의 기간과 갑오개혁 이후로부터 해방 이전까지 상황이 다르며, 해방 이후에서 현재까지의 상황에 따라 무부들의 역할은 분화되거나 변화되어왔음을 짐작할 수 있다.

이런 변화의 요인 중 하나는 무부들의 다양한 활동에서 찾을 수 있다. 무부들은 종교적 기능을 벗어나 예술적 기능을 그 시대의 사회적 상황에 맞게 창출했다. 사회적 요청에 따른 기능의 변화는 역사적·정치적·종교

80_ 정약용, 『목민심서』 사전6조, 제2조, 하. "화랑(花郎) 즉(卽) 무부방언왈광대(巫夫方言曰廣大)."
81_ 전경욱, 「조선최고의 예인집단 '재인청'과 그들의 연희」, 『학술세미나발표집 : "재인청의 역사를 찾아서"』 (수원 : 경기도 도당굿보존회, 2011), 127~132쪽.
82_ 심우성 역, 『조선무속의 연구』 하, 41쪽.

적·경제적 여건에 따라 달라지므로, 이에 대한 구체적인 논의는 추후에 해결해야할 과제이다.

해방 이후 경기 세습무부들의 기능변화로서 대표적인 것은 재수굿이나 새남굿에 악사로 참여한 것에서도 찾을 수 있다. 강신무의 수가 늘어감에 따라 세습무부를 악사로 요청하는 일이 늘어났다. 반대로 마을굿은 쇠퇴해 갔고, 결과적으로 경기 세습무부가 맡았던 선거리, 예를 들면 서낭굿·맹인굿·손굿·정애비·오방짓·소리·춤·청배 등의 기능은 사라져간 것이다. 그러므로 '화랭이' 개념의 기능적 의미로서 핵심주제는 악사와 선굿꾼이라고 말할 수 있다.

아래의 〈표 4〉는 '화랭이' 개념을 설명하는 핵심주제이다. 역사적 관점에서는 세습, 현장적 관점에서는 수치심, 사회적 관점에서는 천시, 기능적 관점에서는 악사와 선굿꾼 등이다.

〈표 4〉 '화랭이' 개념의 핵심주제

역사적 관점 : '세습'	사회적 관점 : '천시'
현장적 관점 : '수치심'	기능적 관점 : '악사, 선굿꾼'

4. 맺음말

이 논문은 '화랭이'라는 개념의 의미를 밝히기 위해 역사적 관점·현장적 관점·사회적 관점·기능적 관점 등, 네 가지 분석틀에 따라 참여관찰과 심층면담의 질적연구방법론을 활용한 글이다.

먼저, 역사적 관점에서는 세습의 구조를 엿볼 수 있는 문헌자료인 『선조제일록』을 통해 이용우의 고조부 이름과 증조부의 이름이 장주근의 조사보고서(1978)에 기록된 규圭나 광光자가 아니라 규圭자와 영榮자일 가능성에 대해 밝힌 바 있다.

또한 '화랭이'와 관련한 호칭으로서 선관, 악공, 화난이, 선이, 선증애꾼, 선학습꾼, 앉은 학습꾼, 미지, 남속세, 여속세, 산이속세, 지미 등이 현장에서 쓰였다. 그런데 정작 '화랭이' 소리를 듣던 당사자들은 '화랭이'라는 말을 전혀 쓰지 않았고, '산이'라는 말을 썼다.

둘째, 그 당시 현장에서 '화랭이' 소리를 듣던 당사자들은 이런 가계나 무계집단의 전통을 숨기기 위해 애를 썼으며, 생업을 위해 의례히 대물림해 왔던 무업을 포기하거나 거부하는 경향을 보였다. 이들은 어린 시절부터 무巫에 관련한 사회적 편견 속에서 수치심도 느껴왔다.

셋째, '화랭이'라는 용어는 무巫를 천시하던 사회성을 반영했다. 일반인들은 '화랭이'라는 말을 조롱과 야유가 섞인 의미로 사용했기 때문이다. 또한 일반인들은 이들과 혼인하는 것을 꺼려했으며, 이 집단 구성원들에 대한 사회적 편견을 일상으로 표출했다. 이러한 사회적 대우 때문에 '화랭이' 구성원들은 생업으로 무계의 기능을 이어받지 않았다. 이러한 결과, 이들의 전통적 직능과 기예는 세습되지 못하고 소멸되어갔다.

넷째, 이들의 역할과 기능은 무당의 굿반주 악사를 뜻하였으며, 이들 악사 가운데 일부가 서낭굿이나 손굿의 노정기, 군웅노정기나 맞군웅, 돌돌이, 장문잡기, 부정청배, 제석청배, 시루청배, 조상청배, 군웅청배를 담당했다. 이 집단 구성원의 대다수가 악사로 활동했다.

현장의 연행자들은 어린 시절이나 과거 체험 속에서 '화랭이'라는 말을 주위로부터 들어왔다. 필자는 이 말에 들어있는 다양한 의미들을 네 가지 맥락 속에서 찾아 핵심주제를 산출해낼 수 있었다.

핵심주제는 역사적 관점에서는 세습, 현장적 관점에서는 수치심, 사회적 관점에서는 천시, 기능적 관점에서는 악사 또는 선굿꾼이다.

'화랭이' 개념은 경기도 무ᄑᆢ 의식에 관여했던 집단구성원들에 관한 호칭인 동시에 그들에 관한 사회 신분적 의미와 그 구성원들의 자의식, 그리고 무ᄑᆢ 의식 안에서의 여러 기능을 포함하는 의미를 함축하고 있다.

이 글은 2012년 6월 30일 발행한 『국악원논문집』 제25집(서울 : 국립국악원, 2012), 87~118쪽에 게재됨.

샤머니즘의 본질과 내세관 그리고 샤먼유산들 ‖ 양종승

Claudia Muller-Ebeling, Christian Ratsch, Surendra Bahadur Shahi, "Shamanism and Tantra in the Himalayas", Thames and Hudson Ltd., 2002.

Dharma Kaji Lama, Nepalese Shaman, the Healer, "International Symposium - Discovery of Shamanic Heritage", 189-20, 1998.

J.T. Hitchcock and R.L. Jones ed, "Spirit Possession in the Nepal Himalayas", Aris and Phillips Ltd., 1976.

Michael Oppitx, On Sacrifice, "Nepal, Past and Present", 1971.

_____, Drawings on Shmanic Drums, "Anthropology and Aesthetics", 1992.

Mircea Eliade, "Shamanism - Archaic Techniques of Ecstasy", Princeton University Press, 1974.

_____, A Drum in the Min Shan Mountains, "Shaman", Spring/Autumn, 2003.

Reinhard Greve, The Shaman and the Witch : An Analytical Approach to Shamanic Poetry in the Himalayas, Mihaly Hoppal and Otto von Sadovszky ed, "Shamanism : Past and Present (Part 2)", Budapest : Ethnographic Institute, Hungarian Academy of Sciences, 1989.

김태곤, 『무속과 영의 세계』, 한울, 1993.

박원길, 『북방민족의 샤머니즘과 제사습속』, 국립민속박물관, 1998.

양종승, 「무당 귀물(鬼物) 연구」, 『생활문물연구』, 국립민속박물관, 2001.

_____, 「히말라야 샤머니즘 – 영검을 쫓아가는 네팔」, 『민속소식』 182, 2010.

전북대인문학연구소, 『동북아 샤머니즘 문화』, 소명출판, 2000.

최길성, 「한국무속의 엑스타시 변천고」, 『아세아연구』, 고대아세아연구소, 1969.

_____, 『한국무속의 연구』, 아세아문화사, 1978.

_____, 『새로 쓴 한국무속』, 아세아문화사, 1999.

한국공연예술원, 『샤먼 유산의 발견 – International Symposium, Discovery of Shamanic Heritage』, 유네스코한국위원회, 한국공연예술원, 1998.

몽골 샤머니즘과 동물상징 ‖ 박환영

강토그토흐, 게, 「몽골 보리야드 족 샤마니즘의 이해」고려대 민속학연구소(편), 『몽골의 무속과 민속』, 월인, 2001.

김기선, 『한・몽 문화교류사』, 민속원, 2008.

김열규, 「동북아인(東北亞人)에게 샤머니즘은 무엇인가?」전북대 인문학연구소(편), 소명, 2000.

마르하오, 데, 「몽골 샤마니즘의 초원제(草原祭)에 대하여」고려대 민속학연구소(편), 『몽골의 무속과 민속』, 월인, 2001a.

_____, 「초원의 옹고드에게 올리는 제사의식」고려대 민속학연구소(편), 『몽골의 무속과 민속』, 월인, 2001b.

박원길, 『북방민족의 샤마니즘과 제사습속』, 국립민속박물관, 1998.

_____, 『유라시아 초원제국의 샤마니즘』, 민속원, 2002a.

_____, 『유라시아 초원제국의 역사와 민속』, 민속원, 2002b.

박환영, 「몽골 샤머니즘에 나타나는 색깔 상징에 대한 일고찰」, 『한국무속학』, 제5집, 한국무속학회, 2002.

_____, 「민속문화 속에 반영된 몽골귀신」, 『한국귀신학』창간호, 한국귀신학회, 2008a.

_____, 『몽골의 유목문화와 민속 읽기』, 민속원, 2005.

_____, 『몽골의 전통과 민속보기』, 박이정, 2008b.

비텝스키, 피어스(저), 김성례・홍석준(옮김), 『샤먼 : 영혼의 여정・트랜스, 엑스터시, 치유・시베리아에서 아마존까지』, 창해, 2005.

西村幹也, 「부활하는 전통종교」, 경기도박물관(편) 『몽골 유목문화』, 경기도박물관, 1999.

소브드, 체, 「'에르히 메르겐(名弓)' 전설과 무속신앙과의 관련성」전북대 인문학연구소(편), 소명, 2000.

유원수, 『몽골비사』, 사계절, 2004.

이안나, 『몽골 민간신앙 연구』, 한국문화사, 2010.

이정희, 『재미있는 몽골 민담』, 백산자료원, 2000.

이필영, 「몽골 홉스굴 지역의 샤마니즘」고려대 민속학연구소(편), 『몽골의 무속과 민속』, 월인, 2001.

장장식, 『몽골민속기행』, 자우, 2002.

_____, 『몽골 유목민의 삶과 민속』, 민속원, 2005.

장장식・전경욱, 「동몽골 보리야드 족의 샤마니즘」고려대 민속학연구소(편), 『몽골의 무속과 민속』, 월인, 2001.

체렌소드놈(지음), 이평래(옮김), 『몽골 민간신화』, 대원사, 2001.

체렌소트놈, 데, 「몽골비사(蒙古秘史)의 무속신화(巫俗神話)」전북대 인문학연구소(편), 소명, 2000.

푸레브, 어트거니, 「몽골 巫敎의 전반적 성격」, 고려대 민속학연구소(편) 『몽골의 무속과 민속』, 월인, 2001a.

_____, 「몽골의 무교(巫敎)의 신령(神靈), 옹고드(Ongod)의 특징」고려대 민속학연구소

(편), 『몽골의 무속과 민속』, 월인, 2001b.

_____, 「홉스굴 호수 인근 지역의 신당과 그 위치」 고려대 민속학연구소(편), 『몽골의 무속과 민속』, 월인, 2001c.

하이시히, 발터(지음), 이평래(옮김), 『몽골의 종교』, 소나무, 2003.

험프리, 캐롤라인·오논, 우르궁게(공저), 민윤기(옮김), 『샤머니즘 이야기 1』, 제이엠비인터내셔널, 2010a.

_____, 『샤머니즘 이야기 2』, 제이엠비인터내셔널, 2010b.

Humphrey, C and Onon, U, *Shamans and Elders : Experience, Knowledge, and Power among the Daur Mongols*, Oxford : Clarendon Press, 1996.

Hansen, H, *Mongol Costumes*, etnografisk bamling, 1950.

Mongush, M and Humphrey, C, "Tuvinian Lama-Shamans : Some Stories from Möngün Taiga", *Journal of the Anglo-Mongolian Society*, vol. XII, no. 1&2, 1991.

Purev, O, *The Religion of Mongolian Shamanism*, Ulaanbaatar, 2002.

Vitebsky, P, "Some Medieval European Views on Mongolian Shamanism", *Journal of the Anglo-Mongolian Society*, vol. 1, no. 1, 1974.

대만 샤머니즘 연구의 흐름과 동향 ‖ 상기숙

董芳苑, 『台灣民間宗教信仰』, 台北 : 長春文化事業股份有限公司, 民國73(增訂版).

姜義鎭 편저, 『臺灣的民間信仰』, 台北 : 武陵出版社, 1985.

王延林, 『常用古文字字典』, 台北 : 文史哲出版社, 민국82.

追雲燕, 『臺灣民間信仰諸神傳』, 彰化縣 : 逸群圖書有限公司, 民國82.

楊錦銓, 『說文意象字重建』, 台中 : 陳素娟出版, 민국85.

宗懍 저·상기숙 역저, 『荊楚歲時記』, 집문당, 1996.

湯可敬 纂, 『說文解字今釋』上册, 湖南 : 嶽麓書社, 1997.

黃丁盛, 『臺灣民俗廟會』, 台北 : 生活文化事業公司, 1997.

徐正光·林美容 主編, 『人類學在臺灣的發展 : 經驗研究篇』, 台北 : 中央研究院 民族學研究所, 1999.

居閱時·張玉峰, 『今日臺灣風俗』, 福建人民出版社, 2000.

王見川·李世偉, 『臺灣的民間宗教與信仰』, 台北縣 : 博揚文化事業有限公司, 2000.

吳瀛濤, 『臺灣民俗』, 台北 : 衆文圖書, 民國89.

蔡相輝·吳永猛 편저, 『臺灣民間信仰』, 台北 : 國立空中大學, 民國90.

宋兆麟, 『巫覡』, 北京 : 學苑出版社, 2001.

林國平, 『閩台民間信仰源流』, 福建人民出版社, 2003.

張珣·葉春榮 合編, 『臺灣本土宗敎研究 : 結構與變異』, 台北 : 南天書局, 2006.

林進源 主編, 『臺灣民間信仰神明大圖鑑』, 台北 : 進源書局, 2007.

馬如森, 『殷墟甲骨文實用字典』, 上海大學出版社, 2008.

劉璧榛, 『認同・性別與聚落－噶瑪蘭人變遷中的儀式研究』, 台北 : 行政院原住民族委員會・國史館
　　　臺灣文獻館, 民國97.

胡國楨・丁立偉・詹嫦慧 合編, 『原住民巫術與基督宗教』, 台北 : 光啓文化, 2008.

胡台麗, 「儀式與影像研究的新面向 : 排灣古樓祭儀活化文本的啓示」, 『民族學研究所集刊』 第86期,
　　　台北; 中央研究院 民族學研究所, 民國88. 5.

劉璧榛, 「只有女人可以做巫師」, 『人籟論辨月刊』, October, 2006.

胡台麗, 「排灣古樓祭儀的元老經語與傳說」, 『民族學研究所資料彙編』第20期, 台北; 中央研究院 民
　　　族學研究所, 2007. 10.

中研院民族所民衆宗敎研究群 主辦, 『臺灣漢人民間宗敎研究理論與方法』, 台北; 中央研究院 民族學
　　　研究所, 2009. 11. 27・28.

상기숙, 「대만 해신신앙의 연원과 특징 고찰－마조를 중심으로」, 『중국학논총』 제31집, 한국중
　　　국문화학회, 2010.

_____, 「대만 민간신앙의 제 양상 고찰」, 『동방학』 제20집, 한서대부설 동양고전연구소, 2011.

시베리아 민족들의 동물에 대한 관념과 상징 ‖ 이건욱

이건욱 등, 『중앙아시아의 유목민, 투바인의 삶과 문화』, 국립민속박물관, 2005.

_____, 『알타이 샤머니즘』, 국립민속박물관, 2006.

이건욱, 『부랴트 샤머니즘-어둠 속의 작은 등불』, 국립민속박물관, 2007

이정재, 『시베리아 부족신화』, 민속원. 1998.

조지 캐넌 저, 정재겸 역주, 『시베리아 탐험기』, 우리역사연구재단, 2011.

А.П. Володин(볼로딘), 『Ительмены.(이텔멘인들)』, СПб., 2002.

В.А. Туголуков(투골루코프) 등, 『История и культура Эвенов(에벤족의 역사와 문화)』 СПб.,
　　　1997.

В.В. Горбачеба(고르바쵸바), 『Обряды и праздники Коряков(코략의 풍속과 명절)』, СПб.,
　　　2004.

Г.Н. Румянцев(루만체프), 『Происхождение хоринских бурят(호리 부랴트의 기원)』, Улан-Удэ,
　　　2002.

Е.Д. Прокофьева(프로코피예바), 「Шаманские костюмы народов Сибири(시베리아 샤먼들의
　　　무복들)」, 『Религиозные представления и обряды народов Сибири в 19 - начала
　　　20 века』, Сборник музея антропологии и этнографии, 1971.

Е.С. Новик(노빅), 『Обряд и фольклор в Сибирском шаманизме(시베리아 샤머니즘의 의례
　　　와 구비전승)』, Москва, 2004.

Л.В. Мельникова(멜니코바), 『Тофы(토파인들)』, Иркутск, 1994.

Л.В. Хомич(호미치), 『Ненцы(넨츠이)』, СПб., 2003.

Л.Р. Павлинская(파블린스카야), 「Мифы народов Сибири о происхождении смерти(죽음의 기원에 대한 시베리아 신화)」 в 『Мифология Смерти』, СПб., 2007

М. Кенин-Лопсан(케닌-롭산), 『Магия Тувинских шаманов(투바 샤먼의 의례)』, Кызыл, 1993.

_____, 『Мифы тувинских шаманов(투바 샤먼들의 신화)』, Кызыл, 2002.

М.Н. Хангалов(항갈로프), 『Собрание сочинений в трех томах. Том Ⅲ(논문 모음집 제3권)』, Улан-удэ, 2004.

Н.В. Васильева(바실례바) 등, 『История и культура Коряков(코략의 역사와 문화)』, СПб., 1993.

С.В. Березницкий(베레즈니츠키), 『Мифология и верования Орочей(오로치의 신화와 신앙)』, СПб., 1999.

Т.Ю. Сем(셈), К.Ю. Соловьева(솔로비예바), 『На грани миров. Шаманизм народов Сибири (세상의 끝에서, 시베리아 샤머니즘)』, 2006.

무속의례에서 놀이의 생성 −굿의 구성원리로 본 신놀이− ‖김덕묵

강학순, 「하이데거의 근원적 생태론」, 『하이데거와 자연, 환경, 생명』, 철학과 현실사, 2000.

김덕묵, 「황해도 진오귀굿 연구」, 한국학대학원 석사학위논문, 2000.

_____, 「황해도굿의 무속지적 연구」, 한국학대학원 박사학위논문, 2009.

_____, 「연극적 측면에서 분석해 본 황해도굿 −김매물의 굿에서 구성틀과 등장신격을 중심으로−」, 『한국무속학』 제21집, 2010.

김열규, 「韓國神話와 巫俗」, 『韓國思想의 深層研究』, 우석, 1986.

_____, 『韓國神話와 巫俗研究』, 일조각, 1987.

김익두, 『연극개론』, 한국문화사, 1997.

김태곤, 『韓國巫俗研究』, 집문당, 1985.

김형효, 「한국인의 공동심리 유형들과 그 양면성」, 『한국인, 심리학 그리고 문화』, 한국학중앙연구원 2007년도 국내학술회의 발표자료집, 2007. 8. 10.

大林太良, 兒玉仁夫·權泰孝 역, 『神話學入門』, 세문사, 1996.

박진태, 『韓國假面劇研究』, 세문사, 1985.

_____, 『탈놀이의 起源과 構造』, 새문사, 1990.

벨, 캐서린, 류성민 역, 『의례의 이해』, 한신대출판부, 2007.

서대석, 『韓國巫歌의 研究』, 문학사상사, 1988.

서연호, 「한국무극의 원리와 유형」, 『한국무속의 종합적 고찰』, 고대 민족문화연구소, 1982.

성병희, 「민속놀이의 특성과 연구사」, 『민속놀이와 민중의식』, 집문당, 1996.

엘리아데, 미르치아, 이은봉 역, 『종교형태론』, 한길사, 1996.

오세정, 『한국 신화의 생성과 소통 원리』, 한국학술정보, 2005.

와츠, 마이클, 전대호 역, 『Martin Heidegger』, 랜덤하우스 중앙, 2006.

유동식, 『民俗宗敎와 韓國文化』, 현대사상사, 1978.

＿＿＿, 『한국무교의 역사와 구조』, 연세대출판부, 1992.

윤병렬, 「도(道)와 존재 – 노자와 하이데거의 사유 세계 엿보기」, 『하이데거 철학과 동양사상』, 철학과 현실사, 2001.

이균옥, 『동해안 지역 무극 연구』, 박이정, 1998.

이두현, 『韓國의 假面劇』, 일지사, 1979.

＿＿＿, 『韓國假面劇選』, 교문사, 1998.

이미원, 『연극과 인류학』, 연극과 인간, 2005.

조동일, 『탈춤의 역사와 원리』, 기린원, 1988.

채희완·임진택, 「마당극에서 마당굿으로」, 『문화운동론』, 공동체, 1985.

최종성, 「진오귀굿 薦度祭次의 연속성 연구」, 서울대 석사학위논문, 1995.

카이와, 로제, 이상률 역, 『놀이와 인간』, 문예출판사, 1994.

하이데거, 마르틴, 전양범 역, 『존재와 시간』, 동서문화사, 2011.

허용호, 「'굿놀이'의 역사 기술을 위한 도론」, 『한국무속학』 제21집, 2010.

현용준·김영돈, 『제주도 무당굿놀이』, 문화재관리국, 1965.

호이징하, 요한, 김윤수 역, 『호모 루덴스』, 까치, 1993.

황루시, 「무당굿놀이연구」, 이화여대 박사학위논문, 1987.

한국 무속의 다원성 ‖ 김동규

김금화, 『복은 나누고 한은 푸시게』, 푸른숲, 1995

＿＿＿, 『비단꽃 넘새』, 생각의 나무, 2007.

김동규, 「강신무·세습무 유형론에 대한 일고찰」, 『한국무속의 강신무와 세습무 유형구분의 문제』, 한국무속학회 편집, 민속원, 2006.

＿＿＿, (Kim, Dong Kyu), "Looping Effects between Images and Realities : Understanding Plurality of Korean Shamanism," Ph.D. Dissertation, University of British Columbia, 2012.

김성례, 「무속전통의 담론분석 : 해체와 전망」, 『한국문화인류학』 22, 한국문화인류학회, 1990.

＿＿＿, "Korean Shamanic Heritage in Cyber Culture," 『샤머니즘 연구』 vol 3, 2001.

김인회, 『韓國巫俗思想硏究』, 집문당, 1993.

김헌선, 『한국화랭이 무속의 역사와 원리』, 지식산업사, 1997.

남근우, 「복원주의 민속학의 아이러니 : '강릉단오제'의 곤경을 중심으로」, 『한국민속학』 52, 한국민속학회, 2010.

장석만, 「개항기 한국사회의 "종교" 개념 형성에 관한 연구」, 서울대학교 박사학위논문, 1992.

조흥윤, 『한국의 무』, 정음사, 1990.

＿＿＿, 『무와 민족문화』, 민족문화사, 1994.

Certeau, Michel De, *The Practice of Everyday Life*, translated by Steven Rendall California : University of California Press, 1988.

Choi, Chung-moo, "The Competence of Korean Shamans As Performers of Folklore.", PhD diss., Indiana University, 1987.

_____, "Nami, Ch'ae, and Oksun : Superstar Shamans in Korea." In *Shamans of the 20th Century*, edited by Ruth-Inge Heinze, 51-61, New York : Irvington Publishes, 1991.

Harvey, Youngsook Kim, *Six Korean Women : The Socialization of Shamans*, Minnesota : West Publishing Co., 1979.

Hacking, Ian, *Rewriting the Soul*, New Jersey : Princeton University Press, 1995.

_____, *The Social Construction of What?*, Massachusetts : Harvard University Press, 1999.

_____, *Historical Ontology*, Cambridge & Mass : Harvard University Press, 2002.

Kendall, Laurel, *Shamans, Nostalgias, and the IMF : South Korean Popular Religion in Motion*, Honolulu : University of Hawaii Press, 2009.

Kim, Chongho, *Korean Shamanism : The Cultural Paradox*, Burlingon : Ashgate Publishing Company, 2003.

Smith, Wilfred. C., *The Meaning and End of Religion*, New York : Harper & Row, 1978

Smith, Sidonie & Julia Watson, *Reading Autobiography : A Guide for Interpreting Life Narratives*, Minneapolis : University of Minnesota Press, 2001.

Tambiah, Stanley J., *Magic, Science, Religion, and the Scope of Rationality*, Cambridge : Cambridge University Press, 1999.

Vitebski, Piers, *Shamanism*, Norman : University of Oklahoma Press, 2001.

경기 도당굿 '화랭이' 개념에 관한 문화기술지 연구 ‖ 목진호

김은희, 「경기도 지역 집굿의 갈래와 의의」, 『경기굿』, 용인 : 경기도문화의 전당 국악당, 2008.

김태곤, 『한국무속연구』, 집문당, 1981.

김헌선, 『경기도 도당굿 무가의 현지 연구』, 집문당, 1995.

_____, 『한국 화랭이무속의 역사와 원리』, 지식산업사, 1997.

_____, 「경기굿의 판도와 의의」, 『경기굿』, 용인 : 경기도박물관, 1999.

_____, 『경기도 도당굿』, 국립문화재연구소, 1999.

_____, 「경기북부의 무속신앙」, 『경기민속지』, 용인 : 경기도박물관, 1999.

김형근, 「경기굿의 연구사 검토 및 연구 자료 개괄」, 『경기굿』, 용인 : 경기도박물관, 1999.

문화재관리국, 「제6장 수원지방의 무의식」, 『한국민속종합조사보고서』, 문화재관리국, 1983.

박정경, 「경기 무가의 음악적 특징」, 『경기굿』, 용인 : 경기도박물관, 1999.

박헌봉, 『무형문화재조사보고서 : 진쇠장단외 11장단』 제28호, 문화재관리국, 1970.

박헌봉 · 유기룡 · 홍윤식, 『무형문화재조사보고서 : 시나위(도살푸리, 살푸리)』 제76호, 문화관

리국, 1970.

　　　　　　　　　　　　, 『무형문화재조사보고서 : 시나위(도살푸리, 살푸리)』 제76호(정정 및 보완자료), 문화재관리국, 1970.

서대석, 『한국무가의 연구』, 문학사상사, 1980.

송방송, 『증보한국음악통사』, 민속원, 2007.

심우성 역(적송지성, 추엽 륭 공저), 『조선무속의 연구』 상·하, 동문선, 1978.

　　　　(추엽륭 저), 『조선민속지』, 동문선, 1993.

오수복 외 구술(하주성 정리, 해설), 『경기도의 巫歌』, 수원 : 경기문화재단, 2000.

유기룡·이보형, 『무형문화재조사보고서 : 시나위』 제85호, 문화재관리국, 1971.

유기룡·홍윤식, 『무형문화재조사보고서 : 경기시나위』 제45호, 문화재관리국, 1968.

윤동환, 「경기굿의 현황과 전망」, 『경기굿』, 용인 : 경기도박물관, 1999.

이두현·장주근·정병호·이보형, 『무형문화재조사보고서 : 경기도 도당굿』 제186호, 문화재관리국, 1990.

이보형, 「시나위 청」, 『한국음악연구』 제8호, 한국국악학회, 1979.

　　　, 「경기굿의 총괄적 면모」, 『경기굿』, 용인 : 경기도박물관, 1999.

이용범, 「경기남부의 무속신앙」, 『경기민속지』, 용인 : 경기도박물관, 1999.

이용식, 「경기도 무악의 특징」, 『경기굿』, 용인 : 경기도박물관, 1999.

이재곤 역(이능화 저), 『조선무속고』, 동문선, 1991.

이정재, 「경기동부의 무속신앙」, 『경기민속지』, 용인 : 경기도박물관, 1999.

이필영, 「화랭이 무가와 판소리의 연행방식 비교 : 군웅노정기와 제석굿을 중심으로」, 경기대대학원 석사학위 논문, 1999.

이혜구, 「무악연구 : 청수골의 도당굿」, 『사상계』 제3권, 사상계사, 1955.

임혜정, 「경기굿 전승자와 전승 실태」, 『경기굿』, 용인 : 경기도박물관, 1999.

장기석, 「경기 도당굿에서 화랭이의 음악분석 : 제석굿에서 화랭이 조한춘의 무가와 장단을 중심으로」, 용인대학교 대학원석사학위논문, 2004.

장주근, 「무속」, 『한국민속종합조사보고서 : 경기도편』, 민속원, 1978.

장철수, 「전통신앙 및 종교 개관」, 『경기민속지』, 용인 : 경기도박물관, 1999.

赤松智城·秋葉隆, 『朝鮮巫俗의 硏究』 上·下, 경성 : 朝鮮印刷株式會社, 1937.

전형대·김헌선, 「경기도 지역 화랭이 무가 연구」, 『한국문학연구』 제4호, 경기대학교 한국문학연구소, 1995.

조흥식·정선욱·김진숙·권지성 공역(John W. Creswell 저), 『질적 연구방법론』, 학지사, 2010.

하주성, 『경기도의 굿』, 수원 : 경기문화재단, 1999.

허용호, 「경기 마을굿의 특징과 지역적 편차」, 『경기굿』, 용인 : 경기도박물관, 1999.

홍태한, 「경기굿 무가의 구비문학적 특징」, 『경기굿』, 용인 : 경기도박물관, 1999.

황루시·이보형 공저(사진·해설 김수남), 『경기도 도당굿』, 열화당, 1983.